“福建省中小学名师工程丛书”编委会

福建省中小学名师工程丛书

指尖数学

——融合手持技术的教学创新

黄炳锋 著

海峡出版发行集团 THE STRAITS PUBLISHING & DISTRIBUTING GROUP | 福建教育出版社

图书在版编目（CIP）数据

指尖数学：融合手持技术的教学创新/黄炳锋著.
—福州：福建教育出版社，2016.1
（福建省中小学名师工程丛书）
ISBN 978-7-5334-7002-9

Ⅰ. ①指… Ⅱ. ①黄… Ⅲ. ①数学课—课堂教学—教学研究—中小学 Ⅳ. ①G633.502

中国版本图书馆 CIP 数据核字（2015）第 245520 号

福建省中小学名师工程丛书
Zhijian Shuxue——Ronghe Shouchi Jishu de Jiaoxue Chuangxin
指尖数学——融合手持技术的教学创新
黄炳锋　著

出版发行　海峡出版发行集团
福建教育出版社
（福州梦山路 27 号　邮编：350001　网址：www.fep.com.cn
编辑部电话　0591—83786769
发行部电话　0591—83721876　87115073　010—62027445）
出 版 人　黄　旭
印　　刷　福建东南彩色印刷有限公司
（福州市金山工业区　邮编：350002）
开　　本　720 毫米×1000 毫米　1/16
印　　张　16.25
字　　数　240 千
版　　次　2016 年 1 月第 1 版　2016 年 1 月第 1 次印刷
书　　号　ISBN 978-7-5334-7002-9
定　　价　35.00 元

如发现本书印装质量问题，请向本社出版科（电话：0591—83726019）调换。

总　序

2014年教师节前夕，习近平总书记同北京师范大学师生代表座谈时的讲话指出："一个人遇到好老师是人生的幸运，一个学校拥有好老师是学校的光荣，一个民族源源不断涌现出一批又一批好老师则是民族的希望。"民族振兴、社会进步有赖于教育，中华民族伟大复兴需要一大批好老师勇当中华民族"梦之队"的筑梦人，扎扎实实做好塑造灵魂、塑造生命、塑造人的工作。

新中国成立以来，福建基础教育界涌现出一大批在省内外享有盛誉的教学名师。这些名师，成就了一代又一代学生的人生辉煌，这些学生中有许多成为国内外知名的政治、经济、军事等方面的杰出人物。诸多名师的示范、辐射和引领，对福建基础教育质量在上世纪五十年代末跃居全国前列功不可没。改革开放后，福建省委、省政府进一步加大教育投入，坚持教育优先发展，始终将建设一支师德高尚、业务精湛、结构合理、充满活力的高素质专业化教师队伍作为重要的战略举措，并在全国率先出台了一系列政策措施，对提高基础教育师资队伍水平、激发广大教师投身教育综合改革的积极性主动性创造性产生了重要的作用。

2010年，为贯彻落实省政府《关于进一步加强中小学教师队伍建设的意见》，福建省教育厅印发了《关于实施福建省中小学名师培养工程的通知》，计划用3年时间，培养一批教育理论素养深厚、教育教学艺术精湛、在省内外有较大影响的教学名师，以此带动中小学教师队伍整体素质和水平的提高。2011年，省教育厅在全省遴选了首批96名中小学、幼儿园优秀教师作为培养人选，并成立了"福建省中小学名师培养工程专家工作委员会"，负责具体组织实施名师培养工程。

3年来，专家工作委员会遵循教师专业发展和名师成长的规律，精心设计培养方案，认真组织工程实施，严格培养过程管理，通过专家指导、理论深造、课题研究、名师访学、考察学习、学术交流和著书立说等方式，促进培养人选尽快成长，在实践中形成了具有福建特色的名师培养模式。名师培养工程以“教学主张”为引领，要求教学名师应有突出的教学专长、鲜明的教学风格和自己的教学信条与教学主张，并在教育教学实践中取得突出的成绩。在专家的指导和引领下，名师培养人选努力学习、积极探索、更新观念、大胆创新，在实践中创造性地发展、总结了许多新的教学模式、教学方法和先进的教育思想、教育理念。这些新模式、新方法、新思想、新理念是名师培养人选教育教学成就的总结提升，也是他们刻苦钻研的思想结晶，反映了我省首批名师培养人选孜孜不倦的探索精神和教育教学研究水平，是名师培养工程取得的一项重要成果。

介绍、宣传和推广教学名师的创新经验、先进理念和教学主张，也是名师培养工程的一项重要工作。因此，我们决定组织出版“福建省中小学名师工程丛书”，将教学名师的教学主张，以及先进的教学经验、教学方法等予以整理汇集，以与省内外同行和广大教育工作者共飨。

福建省教育厅厅长　鞠维强

2014年12月

教学主张：教师从优秀走向卓越的专业生长点

教学主张是名师教学的内核和品牌，缺乏教学主张，或者教学主张不鲜明、不坚定，就称不上是真正意义上的名师。无论是名师个体的自我成长还是名师工程的定向培养，主张的提出是关键（前提），主张的研究是核心（中心）。

教学主张是名师的教学思想、教学信念。思想来自于思考，优秀教师在教学实践活动中都会自觉不自觉、有意无意地对相关问题进行思考，并在此基础上产生或形成对教学的一些看法、想法、念头、观点，我们将其统称为教学思考。这些思考不乏是有价值的见解，但总体而言，是相对零散，不够系统的；是相对浅层，不够深度的；是相对模糊，不够清晰的。只有经过理性加工和自我孵化，教学思考才能提升和发展成为教学思想。教学思想是教师对教学问题的系统的、深刻的、清晰的思考和见解，它具有稳定性和统领性。稳定性意味着思想一旦形成，不容易改变；统领性指的是对教学行为的影响力，行为是由思想而生的。

教学主张是名师的“个人理论”，它来自实践又高于实践。理论来自实践，优秀教师在教学实践活动中都会形成和积累一些行之有效的做法、招数、策略、特点、亮点，我们将其统称为教学经验，这是真正原生态、原发性的东西。我们认为，相应的实践经验无疑是促进理论滋生的最有价值的资源，教师的个人理论一定是来自教师个人的实践和经验，但是，由实践到理论，由个人经验到个人理论，这个过程不是自发产生和实现的。名师不仅要有实践意识，而且需要有理论自觉，一方面把自己的经验，把自己的所行、所见、所闻、所得加工、提炼、升华为理论；另一方面，用先进科学的理论反思、批判、充实、引领自己的实践和经验。通过这样的双向互动，把自己的经验要素转化为充满思维和智慧含量、可资借鉴（更具有普适性和启发性）的“理论因子”，从而不断形成和完善自己关于教学的“个人理论”，这就是教学主张的内核。

总之，教学主张引领教师从教学思考走向教学思想，从教学经验走向教学理论，这是教师从优秀走向卓越从而实现自我超越的根本支点。对名师个人而言，提出教学主张就是给自己树立一面旗帜！打造一只“天眼”！大凡成功的、有影响的教学名师和流派均有自己鲜明的、独特的、坚定的教学主张，教学主张是教师走向教育家的必经之路。因此，提出教学主张不仅是名师个人成长的关键环节，也是名师工程培养名师的核心抓手。

名师不仅要敢于、善于提出教学主张，而且还要围绕教学主张系统开展研究，它主要包括以下两个方面：

一、教学主张的理论研究

这一研究类似于学者、专家的学术研究，它使名师研究区别于普通教师的所谓校本研究。理论研究的过程是理论思维的过程，是一种形而上的研究。恩格斯曾经精辟地指出：“一个民族想要站在科学的最高峰，就一刻也不能没有理论思维。”中小学名师的教学理论研究就是对自己教学主张的理论论证，它要求教师暂时搁置自己的实践和经验，在理论的高度和轨迹上进行系统和抽象的论证和阐明，从而把自己的教学主张阐明得深刻、清楚、丰富，有逻辑性、有思想性。这个过程对一线的教师是个巨大的挑战，但是名师必须接受这个挑战，并在这个挑战中实现自我突破、自我超越、自我提升，这样才能从普通教师走向教育家。

理论研究的内容和要点主要有：

1. 教学主张的概念和内涵界定。提出一个主张意味着提出一个或若干个概念，理论研究都必须从概念界定开始，概念界定也就是界定概念的内涵和外延。关于概念的界定，有必要强调两点：第一，要基于概念的本意，任何概念都有自己的本质内涵，它是在历史的过程中形成的人类共识，名师的概念解读要以此为出发点和起点。第二，要有自己的新意，名师对教学主张及其概念要是没有自己独特的见解、看法和感悟，那么这个主张及其研究就没有多大的价值和意义。名师一定要善于从不同角度和方面去挖掘、揭示和阐述概念的内涵，这是把教学主张写得丰满和厚实的逻辑前提。

2. 教学主张的理论基础和依据。理论基础是某种主张、某种观点立论的理论依据。任何新主张、新观点都不可能是凭空产生的。名师的教学主张、观点，它的提出和发展同样有其理论基础。教师在提出教学主张的同时，一定要从哲学、认识论、心理学、教育学等学科去寻找其立论的依据。关于理论基础与教学主张的关系，我们要特别强调“有机性”三个字。有机性指两者之间的关系是内在的，不是外加的，就像地基与房屋的联系是一体的而不是拼凑的一样。名师一定要把教学主张的最直接的最核心的理论基础找出来、挖出来，务求准确、简洁、到位，并把两者的内在的逻辑联系揭示清楚，使其成为一个有机的理论体系。

3. 教学主张的具体观点和内容。这是名师研究的中心任务。概念界定和理论基础的寻找只是研究的前奏和起点，教学主张的观点和内容的展开才是研究的重头戏。教师一定要根据教学主张研究的主题、概念内涵和理论基础，从学科教育教学的不同方面和角度去挖掘、构建、提炼教学主张的核心要点，并加以系统阐述，使其成为一个结构和体系。所谓“横看成岭侧成峰，远近高低各不同”，对一个问题要从尽可能多的角度去思考，才能认识更全面、更透彻、更有新意。

二、教学主张的实践研究

这一研究本质上就是中小学教师的行动研究，它使名师研究区别于专家、学者的所谓学术研究。实践研究就是行动研究，是一种形而下的研究。

名师的实践研究的主要内容包括：

1. 教学主张的教材化研究——使教学主张有根有源。教学主张作为名师思想和智慧的结晶，是名师钻研和解读教材的独特视角，是名师发现、挖掘教材新意的探测器。正如尼采所说：有各式各样的“眼睛”，因而有各式各样的“真理”。名师要用主张来统领、解读教材，这是给教材注入、渗透主张、思想、智慧的过程，使教材个性化、生命化；与此同时，不断从教材中挖掘和提炼出体现和反映教学主张的内容和意义出来，使主张变得厚重、丰富，有根有源。

2. 教学主张的教学化研究——使教学主张看得见、摸得着。教学主张不仅要进入教材，还要进入教学。教学主张的教学化研究，简单的说就是要用教学主张作为教学的导向，并将其融入教学实践的每一个“毛孔”，使名师的教学活动“烙上”自己的思想和个性，进而形成自己的风格。著名特级教师于漪说的好：“教出自己个性的时候，才是学生收获最大的时候。”而教出风格的时候，才是名师成熟的时候。

3. 教学主张的人格化研究——使教学主张名师化、精神化。教学主张不但要进入教材、进入教学，还要进入教师本人，成为教师人格的一部分和特征。名师的主张不仅通过教材、教学表现出来，还要通过名师自己的生活和为人表现出来，这样才更令人信服。

三年来，我们坚定地要求和不遗余力地指导名师培养人选提炼教学主张并围绕教学主张开展深度的研究，这是我们名师培养工程的主题、主线索、主工作。现在摆在我们面前的一本本专著就是这一研究的代表性成果。三年之前，不仅学员，就连我们名师工程的专家委员，都觉得，这是一项不可能完成的任务。名师就是要做“不可能实现的事情”。我们欣慰地看到，不少名师培养人选通过三年的刻苦努力，实现了专业发展的自我蜕变和自我超越，成为真正意义上的名师了。

作为名师培养工程的一名导师，笔者深深地感到：名师是可以培养的，而培养的法宝就是教学主张。

福建省中小学名师培养工程专家工作委员会　余文森

2014 年 10 月

目　录

序

纵观人类社会文明进步的历程，我们会发现，人类是一种应用科技的动物，在我们的种族、社会的进化史和未来发展中，技术起着重要的作用。人类社会进步是以技术进步为标志的。一般地，技术的进步使我们的生活越来越容易——人类为了使自己更省时省力且可靠地做事而不断地发明工具。

在数学教育中使用技术由来已久。从上世纪 70 年代初开始，数学和数学教育在不断地引进信息技术：先是算术四则运算计算器，然后是科学计算器、各种微机应用软件、图形计算器和 CAS 的手持计算器等。现在，发达国家在数学课堂中使用图形计算器已经成为常态，并且他们在考试中也允许使用。我国数学教师对教学中使用信息技术的兴趣也在持续增长，例如他们中有大批几何画板软件的发烧友。而像计算机代数系统、统计分析系统和动态几何系统这些技术，已经变得越来越有用，且随着成本的降低，正被不断地应用到数学教学和学习中。现在已经出现了许多功能强大、用途明确的数学应用软件，包括 Mathematica、Matlib、电子制表软件、统计分析系统、z+z 超级画板、动态几何系统软件、几何画板等。这些软件是用专门的程序语言编制的，它们的操作界面非常友好，人们只要稍作学习就可以轻松使用。当然，只有充分把握了数学、学生学习和数学教学的规律，才能在数学教学中真正用好这些技术，才能把信息技术在观察、探究、建模或问题解决中的作用发挥出来。

《国家中长期教育改革和发展规划纲要（2010—2020年）》（下文简称《规划纲要》）指出，信息技术对教育发展具有革命性影响，必须予以高度重视。要通过教育信息化体系的建设促进教育内容、教学手段和教学方法的现代化。要强化信息技术应用，提高教师应用信息技术水平，更新教学观念，改进教学方法，提高教学效果。鼓励学生利用信息手段主动学习、自主学习，增强运用信息技术分析问题、解决问题的能力。应当说，《规划纲要》吹响了加快教育信息化进程的号角。可以毫不夸张地说，课堂教学中强化信息技术的应用，是建设创新型国家人才的需要，与国家的未来发展、学生的前途命运高度相关。因为信息技术本质上是数学技术，所以在提高学生利用信息手段自主学习，增强运用信息技术分析问题、解决问题的能力上，数学课程负有更大的责任。数学教学中使用信息技术是天经地义的，广大中学数学教师应当对此作出积极回应。

作为福建省中小学名师培养工程的培养对象，黄炳锋老师在数学教学与信息技术整合方面给出了积极的、负责而扎实的回应。事实上，他在十多年前就加入了我组织的“信息技术与高中数学课程整合”的课题研究，他的积极进取、虚心好学给我留下了深刻印象。他很早就有一个愿望，要将自己对数学教育教学和融合手持技术的课堂教学的理解与喜爱用文字表达出来，而且很努力地做了，本书就是这种努力的结晶。

我在课题研究中提出了“理解数学，理解学生，理解技术，理解教学”是当今数学教师专业化发展的必由之路的观点。黄老师从“理解和喜爱”的角度阐述了融合手持技术的数学课堂教学的特点，并用翔实的案例去解读这“四个理解”。他是个有心人，在“整合”研究与实践中，注意总结经验、积累案例，在利用手持技术开展数学实验、数学探究学习的过程中，逐渐形成教学特色与风格，并从理论层面对信息技术用于数学教学开展深入思考，以实现数学教育的多元价值为方向，以数学技术、数学问题和数学文化的融合为目标，提出了自己的教学主张。

“指尖数学”形象而生动地阐明了“动手操作”对于“数学育人”的重要性，也表达了黄老师的教学主张，即“在手持技术支持下，教师以理解数学为基础进行教学设计，以手持技术为工具开展数学实验；学生以培养实践能力和创新意识为目标，在问题导引思考中进行探究活动”。这一主张与教育信息化的时代背景相融合，拓展了数学教育改革的空间，改变了数学课堂的教育习惯，为转变学生的学习方式和教师的教学方式提供了强大的教学环境支撑。

作为一线教师，黄老师能在实践基础上进行理性概括，勇于从理论和实践两个方面阐述自己的教学主张，这是难能可贵的。理论上，黄老师为自己的教学主张赋予了“融合技术，手脑并用，问题导引，深度探究”的内涵，并给出了相应的理论支撑，同时从培养学生的创新精神和实践能力的高度，确定了信息技术环境下的数学实验、数学探究的教学视点，并用教学实例加以佐证；实践上，黄老师给出了几种常见课型的教学设计和融合技术的思考，提供了丰富的教学课例，让我们看到了他是如何将自己的理念付诸课堂教学改革的实践，用以促进学生的数学理解，提升学生的数学素养，提高数学课堂教学质量，这就给他自己的教学主张奠定了具有说服力的实践基础。

本书中提到的TI图形计算器是计算器的高端产品，它不仅是计算、作图的工具，更是一个真正意义上的数学实验室。它具备中学数学学习所需要的符号运算系统、代数操作系统、数据分析系统、程序编制系统、数据采集系统以及课堂导航系统等，可以随时随地检验自己的想法，可以便捷迅速地进行操作和运算，可以定时收集数据并及时进行分析，可以进行动态演示、轨迹跟踪、模拟实验，还可以收集课堂教学信息、记录学生学习过程、传送教师的调查问卷。它的多元关联、动态演示、信息传输、交流互动等功能都是数学学习所需要的。将TI手持技术应用于数学教学，是指尖数学这一教学主张的本质特征，因此书中还用许多经典的案例和实践活动呈现问题，引导学习和数学探究过程，用拓展阅读展示技术所带来的变化，结合多姿多彩的图象变换以及生动活泼的语言，引导读者在阅读中体会技术的力量。

今年四月，教育部出台了《关于全面深化课程改革落实立德树人根本任务的意见》，再次提出“充分利用现代信息技术手段，改进教学方式，适应学生个性化学习需求”的要求。我认为，数学教育改革发展到今天，没有信息化手段的介入，难以取得突破性进展。因此，广大数学教师应抓住教育信息化带来的机遇，在深化数学教育改革中作出自己的贡献。希望本书能对读者朋友们有所启迪。

章建跃

2014年岁末于人民教育出版社

前　言

“指尖数学”是我的教学主张。

教学主张反映了教师的坚持和特色，它是教师的教学思想与信念，是教师对教学问题的系统的、深刻的、清晰的思考与见解，具有稳定性、统领性和鲜明性的特点。

之前对于教学我没敢提自己的主张，只敢提我的喜好。我喜欢一切能用于教学的科学技术，比如幻灯机、投影仪和因特网；我喜欢把信息技术整合到数学课堂，在课堂中，我使用过的信息技术有几何画板、超级画板、演示幻灯，等等。直到我加入章建跃教授的科研团队，参与全国“TI手持技术与高中数学课程整合”的课题研究，结识了一批对数学课程理解深刻、对技术应用认识独到、对数学教育热爱、对教学规律执著追求的良师益友，我才明白我的喜好与当前科技发展的趋势相吻合，是值得主张的。这时，我的学生开始使用 TI-Nspire CX-C CAS 图形计算器，我的数学课堂做到人手一台“计算器”，在无线导航系统的支持下，真正实现了即时调查、实时交互、自主探究等先进的教学方法。

我是“名师工程”培养对象，余文森教授说每个名师的教学都应该有自己的主张，教学主张来自教学思考。我比较喜欢在教学之余进行思考，尽管这些教学思考还相对零散，不够系统，缺乏深度。我思考的主要内容有三个方面，其一，为什么要学习数学？数学的本质和特性是什么？数学与其他学科的差异在哪？其二，怎样学习数学？数学的课堂如何教学？什么样的教学模式适合于探究性教学呢？其三，信息技术如何整合到数学课堂？数学教学为什么要借助 TI 手持技术？T^3（Teacher Teaching with Technology）能给数学教学带来怎样的智慧和乐趣？这些思考有的发表于报纸杂志，有的应用于专题讲座、学术报告，还有的散落在我的电脑的某些文件夹中，久而久之，积累了很多思考的“碎片”和心得体会。因此，我想何不趁着“名师工程”的培养要求，选择一条线索，把这些教学思考整理出来，于是就斗胆提出自己的教学主张。

教学主张来源于教师最喜欢的教学形式。TI 手持技术的先进性让我爱不释手，无线导航系统引人入胜的交互性让我流连忘返，用 TI 手持技术导引思考和数学探究就是我喜欢的教学模式，所以我的教学主张一定要与 TI 手持技术有关。

教学主张总结了教师最典型的教学特点。我的教学特点可以归纳为“问题导引思考，动笔先于指导”，即教师设计数学问题导引学生思考，在教师指导之前，学生需要动笔动脑。教学中，我一直关注课堂的设问与生成，问题是课堂的生命力，没有“问题”的课堂是有问题的、不成功的。因此，我的教学主张一定要结合“数学问题”与“教学设计”的理念，强调教师的主导作用。

教学主张生成于教师最深刻的教育科研。除了信息技术和教学设计，我还关注过“数学素养”“数学文化”以及“数学阅读”。这些教学之余的关注和思考，让我明白“数学课堂要教数学”，教数学不止教“数学知识”，比“知识”重要的是“能力”，比“知识”“能力”都重要的是“数学素养”。因此，我的教学主张还要融合“素养”“文化”以及“阅读”。

我选“指尖数学”作为教学主张，与苏联著名教育学家苏霍姆林斯基的《给教师的建议》这本书有关，书中说“儿童的智慧在他的手指尖上”，并指出“那些双手灵巧的儿童，热爱劳动的儿童，能够形成聪敏的、好钻研的智慧”，这里的劳动“是指复杂的、创造性的劳动，这种劳动里要有思想、有巧妙的技能和技艺”；还说，“如果一个人在学习上遇到困难，那么产生这些困难的最主要原因，就在于他不能看见事物之间的关系和相互联系”，而“直观的形态（在劳动活动中）”是最容易呈现事物之间的关系和相互联系的；最后还强调“要使手起到发展智慧的作用，还有必要进行经常的阅读：书籍不仅能造就聪明的头脑，而且能培养出灵巧的双手”。这条建议涉及的“劳动（操作）”“联系（理解）”和“阅读（学习）”，正是我一直探索追求的教育理念，正是我不断实践并身体力行的教学模式，与我的思考和教育科研如此接近，让我怦然心动。

再者，《国家中长期教育改革和发展规划纲要（2010—2020年）》指出，“信息技术对教育发展具有革命性影响，必须予以高度重视”，要以信息技术促进教育内容、教学手段和方法的现代化。要“强化信息技术应用，提高教师应用信息技术水平，更新教学观念，改进教学方法，提高教学效果。鼓励学生利用信息手段主动学习、自主学习，增强运用信息技术分析问题、解决问题的能力。加快全民信息技术的普及和应用”。这给数学教育改革规划了长远的目标，我们无法预知未来，但可以坚信新的技术将赋予数学新的内容、新的形式和新的内涵。尤其是当前，手机、计算机的键盘操作已经逐渐成为现代人，特别是现代学生的一种重要的交流、学习和活动的方式。因此，我就基于最新的TI手持技术，在操作、理解和学习的基础上，提出符合科技时代特征的教学主张——指尖数学，并赋予这个教学主张新的内涵。

教学主张是教学亮点，但并非日常教学的全部，所以教学主张还是我的“努力目标”。我想通过教学主张的实践与坚持，“大力推动信息技术在数学教学中的应用，提高教师应用信息技术水平，更新教学观念，改进教学方法，提高教学效果；鼓励学生利用信息技术手段，主动学习、自主学习，增强应用信息技术发现和提出问题、分析和解决问题的能力”，同时完善我本人的日常教学，让教学过程更加合理，让教学风格更加突出，让教学理念更加先进，让教学效果更加凸显。

本书由六章构成，主要阐述了教学主张的内涵、界定和价值取向，并在实践基础上进行了理论概括，在实践探索中提出了教学模式的构建，并用实例说明教学如何设计。

为了写这本书，我对教材中的很多章节进行了教学设计，多次开设教学公开课，这些教学实践给了我很多启发。我的导师章建跃教授一直坚持修改我的教学设计，在理论、观念、科研、写作、教学等多方面进行指导，他要求我要系统地进行课题研究，要勤于教学反思，加强总结。他强调“在实践基础上的理论概括”。虽然我的教学实践还不够深入，理论概括也可能没有达到他的要求，但我很努力地去做了，写作过程虽然很辛苦，但写作这件事让我很快乐，所以我非常感谢导师对我的指导。我的实践导师深圳中学的郭慧清老师多次指导我教学设计，在关键时候帮我理清努力方向，还有TI手持技术团队中的金克勤老师、桂思铭老师、李柏青老师、严兴光老师等，他们经常利用课题会议等机会帮助我解决案例中的疑难问题，交流教学教法的心得体会，尤其是金克勤老师还多次从教育教学的理念高度引导我思考教学的问题，经常鼓励我，促我成长，所以我非常感谢他们。我也感谢福建省中小学名师培养工程的悉心培养并资助出版本书，感谢教育部福建师范大学基础教育课程研究中心、福建教育学院的大力支持。我还感谢我的工作单位福建省福州第三中学给我提供各种学习机会，让我有了“实践”和“升华”。我更感谢我的家人，她们是这本书的第一读者，在我最需要的时候，我的妻子帮助我整理写作思路，我的女儿给了我信心和力量。

黄炳锋

2015年1月1日于闽江江畔

第一章

“指尖数学”的教学主张

“指尖数学”是体现教学特点的教学主张，它融合了先进的 TI 手持技术，其内涵可以概括为“融合技术，手脑并用，问题导引，深度探究”四个特征，其核心目标是通过数学实验培养学生的实践能力与创新意识，教学立足点是教师的“三个理解”. 本章阐述了指尖数学的概念形成与含义，并论述了指尖数学的内涵、理论依据、基本观点和实施教学的关键.

第 1 节　让智慧体现在学生的手指尖上

“指尖数学”是体现数学和技术相融合的课堂教学特点的教学主张.

教学主张是教师的“教学思想、教学信念”. 教师在教学实践中形成“教学思考”，经过理性加工和自我孵化，发展成“教学思想”，教学思想的最高境界是教学信念（教学信仰、教学信条）. 可见，教学主张生成于“教学思考”，发展成“教学思想”，最后提升为“教学信念”. “指尖数学”也是遵循教学主张形成过程的路线，通过加工、提炼而成的.

1. “指尖数学”的教学思考起源于信息技术对数学教学的影响

2005 年，联合国教科文组织把信息技术应用于教育（或教育信息化）的过程分为四个阶段：起步、应用、融合、创新. 从“起步、应用”到“融合、创新”，我国对信息技术应用于课堂教学的层次水平与认识，正遵循着四个发展阶段的逻辑主线日趋完善与成熟. 2010 年《国家中长期教育改革和发展规划纲要（2010—2020 年）》鲜明地提出“信息技术对教育发展具有革命性影响，必须予以高度重视”，并将其作为保障措施，以“加快教育信息化进程”为题单列章节加以阐述，再次为信息技术的发展吹响了号角.

事实上，日益发展的信息技术，正引领着人才培养方式的改革，它对数学教学产生的影响，已经从“起步、应用”时期的技术手段的展示使用，悄然过渡到“融合、创新”阶段的深刻变革，尤其是平板电脑、智能手机等移动技术的重大突破，给数学教育注入了新的理念和动力，使得数学教学内容、方法和模式也因此改变. 比如将含有代数运算系统的工具引入课堂，使原有的比较繁琐的化简与求值变得简单，从而促成了数学教学内容的删繁就简；又如有了数据处理的工具，原来无法当场实施的大数据的整理、分析等统计工作，将可以在课堂中让学生轻松完成，相应的教学过程将由教师展示转变为学生对真实数据的自主探究；再如，“融合技术”的课堂教学，特别强调动手操作、亲身实践的教学理念，学生的学习方法和行为特征将更突出“手脑并用，动手也动脑”的特点，而教师相应的教学方法和教学模式也一定随之改变. 不管我们是否愿意接受，今天的键盘操作（如手机、笔记本电脑的键盘操作）已经成为现代学生的一种重要的交流、学习和活动的方式. “为每个学生创造良好的教育”是“指尖文明时代”给教育提出的挑战，这种挑战是压力更是动力，势必会引导我们思考适合科技时代需求的数学内容，探索“融合技术”的教学模式，以适应学生交流活动和移动学习的需求，更好地让学生“在指尖上体现智慧”.

2. “指尖数学”的教学思想发展于手持技术与课程整合的研究

2010 年 9 月，在“教育信息化纳入国家信息化发展整体战略”良好的时代背景下，笔者加入全国教育科学“十一五”规划 2010 年度教育部重点课题“中小学数学课程核心内容及其教学的研究”的课题组，以人教 A 版课标教材为主要载体，对 TI 手持技术与高中数学课程整合的问题进行思考与研究.

在专家引领和同行帮助下参与课题实践研究，是修炼“内功”的良好契机. 课题研究过程中开设的教学观摩课和“工作坊”交流，成为“理论概括”的实践基础，有了理论概括就有了教学思想的提炼. 而每一次在国际、国内教学研讨会上展示的成果，开展的国际交流，都极大地拓展了教育视野，提升了对课程整合的理解. 对信息技术与高中数学课程整合的教学设计与完善实施过程的不断追求，成就了教学思想的自我孵化的过程.

简单地说，课题研究对教学思想的提炼与教学主张的逐渐明确有如下裨益.

其一，课题研究中引进的手持技术是当前应用于数学教学的最先进的信息技术，不仅为教学实践提供了强有力的支持，也因其突出的优势而保证了教学主张的先进与独特.

其二，基于教材又高于教材的教学设计，既是用教学主张独特地解读教材，又是从教材中为教学主张寻找支持，从而让教学主张进入教材. 从长远的意义来看，从教材中挖掘和提炼出体现和反映教学主张的内容和意义，将使教学主张变得更加厚实而丰富.

其三，基于课题研究的每一节课，因其具有融合手持技术的特点，从而让教学主张进入教学. 从外在的表现来看，为凸显手持技术的优势而设计的每一节课成就了教师个性和教学风格.

其四，融合技术的课题研究，同样要求教师“动手操作、亲自实践”，同样突出“手脑并用，动手也动脑”的特点，促使教学主张与教师融为一体，进而通过教师的思维方式、行为方式和生活方式表现出来.

3. “指尖数学”的教学信念形成于实践基础上的理论概括

福建省中小学名师培养工程制定的双导师培养机制，以及理论与实践结合的研修方法，为促成教学信念的提炼奠定了良好的基础．理论学习和实践研究是密不可分的，首先，在实践之前的理论学习能克服经验教学，并在理论指导下正确分析课堂的结构与教学环节的设计，琢磨教学实践中数学问题提出的背景条件和理论依据；其次，在实践之后的理论概括，是每一次实践的注解和理论提升，理论概括能引导教师从教学的整体分析中，归纳总结教学常规与基本观点，主动探索研究课堂教学规律和学生学习规律，思考教学的风格和特色，从而坚定教学信念．这里，“在实践基础上的理论概括”既是科研线路，也是科研方法．

同时，福建省中小学名师培养工程专家工作委员会多次以培训、行文的方式，从理论到实践，对“教学主张”的研究与提炼从专业的角度进行指导．特别地，在教学主张专题研修期间，更是通过专家理论指引和先行者的实践示范，以任务驱动的形式，保证了教学思考、教学思想与教学主张的进一步深化与提炼，促进了教学信念的形成．

4. “指尖数学”的教学主张取名于“儿童的智慧在他的手指尖上”

苏联著名教育学家苏霍姆林斯基在《给教师的建议》中说到“儿童的智慧在他的手指尖上”，并指出“那些双手灵巧的儿童，热爱劳动的儿童，能够形成聪敏的、好钻研的智慧”，这里的劳动是指“复杂的、创造性的劳动，这种劳动里要有思想、有巧妙的技能和技艺”；还说，“如果一个人在学习上遇到困难，那么产生这些困难的最主要原因，就在于他不能看见事物之间的关系和相互联系”，而“直观的形态（在劳动活动中）”是最容易呈现事物之间的关系和相互联系的；最后还强调“要使手起到发展智慧的作用，还有必要进行经常的阅读：书籍不仅能造就聪明的头脑，而且能培养出灵巧的双手”．

从这些给教师的建议中，可以看出苏霍姆林斯基不仅重视“劳动”在人的个性发展中的作用，而且也重视动手能力对智力开发的重要作用，他主张在学校开办“劳动”课程，以训练动手能力来促进学生的智能发展，认为复杂的、创造性的劳动是学生全面和谐发展的基础，“劳动与智力发展、道德发展、美感发展、体力发展之间，劳动与思想和个性等公民基础的形成之间有一条强有力的纽带”. 同时，他还强调事物之间的“关系”和“联系”能促进学科的理解，“阅读”能起到发展智慧的作用.

这些给教师的建议所涉及的“劳动（动手操作）”“联系（学科理解）”和“阅读（学习实践）”，对现代中学数学的教学依然具有极为重要的指导意义. “劳动”突出了动手操作，体现了学生“主动参与”和“实践创新”；“多元关联”是数学学科的特点，因此“联系”能反映对数学的理解；“阅读”作为数学学习实践的一种方式，凝聚着学生的审美情趣，又蕴含着许多丰富多彩的创造美的契机. 三者的有机结合，突出了手脑结合、手脑并用的特点. 可见，“手脑并用的教育”不仅体现了“知识建构”的学习理论，也能在教学中突出实践能力和创新精神的培养，发挥“数学育人”的教育功能，进而成为现代人学习数学的重要方法.

鉴于此，笔者融合手持技术，在“操作、理解和学习”的基础上，提出符合时代特点的教学主张——指尖数学.

第 2 节　指尖数学的概念与内涵

从字面看，指尖数学就是通过手指尖按动键盘的方式学习的数学，其过程看似简单地将信息技术当作普通的计算工具或阅读学习的屏幕，实际上，指尖数学的教学从内容到方式、从过程到方法、从实践到理念都具有深厚的内涵，被赋予时代的标记. 作为教学主张，指尖数学体现了数学和技术相融合的课堂教学活动的显著特点.

作为教学主张的指尖数学，其教学的核心目标与“数学育人”的目标一致，是为了提高学生的数学思维能力，培养学生的实践能力与创新意识. 而为了达成这一目标，它的方法与手段可以简单地阐述为“理解数学”. 教师为教学而理解数学，需要深入学习与研究数学，需要将数学与手持技术有机融合，数学的问题想清楚了，教学的问题就解决了；学生为了理解数学，需要在手持技术的支持下，通过数学实验还原“数学发现的火热过程”，通过数学探究体验“归纳与类比”的高级思维，并在“操作与思考”中经历知识的形成与应用的过程. 为了使学生更好地理解数学，教师还需要融合先进的信息技术，发挥信息技术的力量，改进教学方法，完善教学过程. 可以说，指尖数学的提出，是“为教学理解数学，为理解改进教学”.

指尖数学的教学主张，可以表述为：在手持技术支持下，教师以理解数学为基础进行教学设计，以手持技术为工具开展数学实验；学生以培养实践能力和创新意识为目标，在问题导引思考中进行探究活动.

作为教学主张的指尖数学，其内涵可以概括为“融合技术，手脑并用，问题导引，深度探究”四个特征.

1. **融合技术**

融合技术是指尖数学教学的本质特征，没有技术参与的传统课堂的教学不是指尖数学的教学，这里的技术主要指 TI 手持技术，而为保证教学正常实施所需的其他技术，如投影仪、展台、白板等技术工具，或演示文稿、几何画板、超级画板等信息技术不是指尖数学教学的本质特征.

TI 手持技术是由 TI-Nspire CX-C CAS 图形计算器、TI-Navigator™无线导航系统以及相关的技术支持构成. TI 图形计算器是计算器的高端产品，具有中学数学学习所需要的符号代数系统、几何操作系统、数据分析系统、程序编制系统等，除了计算与画图，还可以进行动态演示、轨迹跟踪、模拟实验等. 这款计算器还具有强大的数据收集功能，利用配套的探头（比如温度传感器、距离测量仪等），可以收集到反映事物变化状况的真实数据，并用图形、数据表等方式记录和显示，数据的收集和变化可以实现动态关联，从而能从多角度进行开发和利用. 给 TI 图形计算器配备无线网络适配器、路由器和教师软件，就形成 TI 无线导航系统，建成一个教学班级的网络环境. 教学时，学生使用图形计算器探究并解决数学问题，教师通过无线导航系统与学生的手持设备连接，可以实现即时调查、实时演示、批阅作业、发送文件、使用公文包等. 手持技术中的多元关联、动态演示、信息传输、交流互动等功能都是学习数学的重要方法.

所谓融合，是相比较于之前信息技术与学科教学整合的提法引入的，“整合”与“融合”是有区别的，“‘整合’强调的是在教育教学中要用到信息技术作为工具和手段，‘融合’则包含着互不分离、互相渗透、互相作用、一体化的过程，强调有机的结合、无缝的连接”，可见，这里的融合技术应做如下解读.

第一，在教学理念与观念上，“融合”的提法不只是将手持技术当作教学工具和手段，还是具有显著特征的教学方式和模式，强调手持技术对数学学习形式的根本性改变.

第二，在数学教学中，手持技术的应用状态是自然的、没有痕迹的，使用方式是多元的、随时随地的，就如空气般存在于生活空间，不需要刻意提到，已经渗透在学习过程中.

第三，在本质上，手持技术与其他信息技术一样，已经成为数学的一部分. 手持技术可以促进数学的理解，同样，数学的发展也能推动手持技术及其应用方式的更新.

第四，用手持技术学习数学，不仅能提高学生利用技术手段自主学习的水平，增强运用技术分析问题、解决问题的能力，而且能在理解数学的基础上，增强应用技术的意识，自觉使用技术解决问题，适应科技进步带来的时代变革与发展.

可见，融合技术就是将 TI 手持技术有机地融入数学学习，突出融合与创新，真正发挥技术的巨大潜能.

2. **手脑并用**

手脑并用是指尖数学教学中学生主体性的学习行为特征，是融合技术的学习方式的具体表现.

手脑并用出自陶行知的创造教育思想，其目标是使学生“手脑双挥”“手脑联盟”“手脑双全”，指出“手脑结合，是创造教育的开始”“手脑双全，是创造教育的目的”，并强调“教学做合一”，具体体现在以下三个方面.

其一，事怎样做便怎样学，怎样学便怎样教；

其二，教法、学法、做法要合一，教师既教又学，学生则是学；

其三，教学不只教人学，而更为重要的是教人做事.

这与美国著名教育家杜威的“从做中学”一脉相承，但又进行了创造性的改良.

指尖数学教学选用手脑并用作特征，是取陶行知创造教育的精髓，并赋予现代教学新的内涵. 因为数学课堂融合技术，学生的学习行为随之发生改变，因此，这里的手脑并用应做如下解读.

第一，在思考中操作，在操作中思考，即学习中出现新的想法就借助手持技术进行探究，边思考边动手；同时在操作中遇到新的问题或出现异常时，能迅速修订研究思路，改进手持技术的研究方法，边操作边动脑.

第二，课堂教学中需要留给学生充足的时间用于思考和操作，凸显学生学习的主体地位.

第三，把思考和操作延伸为做人做事的方式方法.

可见，手脑并用就是在教学中，提倡“思考＋操作”的学习方式，强调自主探究，突出发现问题与解决问题的时效，落实实践能力和创新意识的培养.

3. **问题导引**

问题导引是指尖数学教学中教师主导性的教学行为特征，是教学模式的具体表现，体现了教师主导性和学生主体性相结合的课堂教学的结构、形式与特点.

问题导引的特征表现为教师设计数学问题导引学生进行思考并解决问题，在适当的时机指导学生对解决的问题进行概括，给出方法的总结、推广和理论的提升，引导学生正确认识数学，概括数学思想，发展学习能力，优化学习效果，形成策略方法. 这里，问题导引应做如下解读.

第一，教学需要“问题”，“问题”决定着教学的方向和顺序，它是课堂的生命力，直接影响着课堂教学的效果；没有“问题”的课堂是有问题的、不成功的.

第二，“问题”需要设计，“问题”的品质关系到学生思维活动开展的深度和广度，只有高品质的数学问题，才能突出思想性，最终导向策略方法.

第三，“问题”需要教师导引，教师导在关键之处，引在关键之时，在恰时恰点概括，强调教师的主导作用.

可见，问题导引就是在教学中落实教学主张的模式，强调问题设计、恰时引导、适时概括，突出教师作用的主导地位.

4. **深度探究**

深度探究是指尖数学中突出能力培养的教学指向特征，体现了培养实践能力与创新精神的教学目标达成的水平.

探究具有探寻、尝试、研究的含义，是现代创新人才必备的能力，也是现代课程着力培养的能力. 数学探究是培养探究能力的一种学习方式，是指学生围绕某个数学现象和问题，自主设计方案进行探寻、尝试和学习的过程. 这个过程包括：观察分析数学事实，提出有意义的数学问题，猜测、探求适当的数学结论或规律，给出解释或证明. TI 手持技术能为指尖数学的教学提供多元、动态、关联、开放的数学环境，因而能快捷高效地探寻、发现数学结论与内在规律，提出猜想或验证结论，并解决问题或提供思路和方法，成为开展探究活动的“移动的实验室”.

指尖数学教学中的深度探究，不仅突出了数学探究的学习方式，更突出数学探究活动的深度. 这里的“度”，是在探究学习中用来描述对数学内容的理解层次，提出的问题的创新程度，实施探究过程中的手段与方法的丰富水平，以及利用手持技术解决问题的过程与操作的优劣高下. 因此，深度探究应做如下解读.

第一，探究活动是必需的，深度探究才是教学指向. 探究的深度指向数学育人的核心，即培养实践能力和创新精神.

第二，有深度的探究表现为：能在方法和策略层面发现规律并提出问题；能从逻辑和形式上检测问题的价值与意义；能从一般性和特殊性的角度思考解决问题的路线与过程.

第三，探究的深度不仅指研究的层次和水平，还指研究的方法和态度.深度探究能培养勇于质疑和善于反思的习惯、严谨的科学态度、不怕困难的科学精神和创造的激情.

可见，深度探究就是在探究教学中需要达成的能力指标，教学中要求探究方法科学，手段先进，成果有价值，能真正提升实践能力和创新意识.

第 3 节　指尖数学的理论依据和基本观点

1. 理论依据

指尖数学是关于学习特点与教学模式的教学主张，其理论依据与学习和教学思想相关，同时指尖数学的教学需要依托当前设计理念最先进、与数学教学的融合最紧密的 TI 手持技术，故其理论依据也与现代教育理论相关. 由此，指尖数学的理论基础取自多种学习理论和教学模式的精华，并融合优化现代教育的最新发展和培养人才的观念与思路，以适应科技时代的特点与需求.

(1) 传统教育思想.

“教学双主体”是传统教育思想的核心，“教师引导”与“教学相长”也是传统教育思想的精髓，在指尖数学的教学中，这些思想依然具有重要的指导意义，成为理论基础. 首先，强调学生学习的主体性，就是要求教师在教学中，不能把结论机械地灌输给学生，而应遵循观察、分析、比较、抽象、概括、提升的学习环节，给学生掌握知识的过程、思维训练的时间和探索研究的空间，这正是手脑并用与深度探究所强调的，通过融合技术，把获取知识的过程与体验还给学生. 其次，教师的主体性体现在主导作用上，问题导引中的教学设计是教师主导作用的具体表现，教学过程中教师引导也体现了教师的主导作用. 毫无疑问，高中数学中大部分的基本知识、基本思想方法需要教师适时的引导，研究数学问题的方法和策略也需要教师适时地概括提升，这正是问题导引模式中所强调的教师的作用，教师不仅要为学生提供科学思维和解题方法的示范，还需要为学生揭示蕴藏在数学问题中的基本思想. 最后，教学相长，就是师生互促共进. 当今时代，科技日新月异，对手持技术的掌握与使用，教师未必超过学生，然而在对数学问题的理解以及用手持技术解决问题的方法上，教师可能又有优势，这就是“学然后知不足，教然后知困”，指尖数学的教学在融合技术上，为教学相长的思想提供了最好的注解.

(2) 多元智能理论.

多元智能理论是由美国哈佛大学的发展心理学家霍华德·加德纳于 1983 年提出的，它揭示了这样一个事实，那就是人类生存在一个复杂多样的环境中，而在这个环境里需要多种智能的组合. 多元智能理论以独特的智能诠释和极大的整合性，提供了多元、多层次的能力培养的教学目标，要求教学实现个性化学习和针对性指导，教学要求体现数学的思想价值、教育价值、应用价值和文化价值的有机融合，而指尖数学中的手持技术所提供的逼真的数学环境，以及无线导航系统的交互、演示、即时调查等功能可以很好地实现这一目标. 同时，教学中的手脑并用，需要调动学生的所有感官和思维协调发展，也与多元智能理论相吻合. 因此，多元智能理论在传统教育理念和现代技术的教学实践方面，为指尖数学的教学提供了重要的理论支持，并以独特的视角指导教师借助信息技术平台进行教学实践.

(3) 混合式学习理论.

混合式学习理论是在反思其他学习理论与技术应用方式的背景下产生，是“综合运用不同的学习理论、不同的技术和手段以及不同的应用方式来实施教学”，这一主张把传统学习和现代学习方式的优势结合起来，使两者优势互补，强调“结合”与“合适”，这种学习理论符合教学规律，是指尖数学教学的重要理论基础.

混合式学习理论的核心是在“合适的”时间为“合适的”人采用“合适的”学习技术和为适应“合适的”学习风格而传递“合适的”技能来优化与学习目标对应的学业成就．这不仅与指尖数学的内涵特征完全一致，而且混合式学习理论“最有效的学习策略是满足‘及时的，正是我需要的’”的观点与手持技术“随时随地”的应用也是不谋而合的.

更值得一提的是，混合式学习理论是在对各种教学理论、教学手段、教学模式的深入比较和理性思考之后得出的，与指尖数学教学寻求理论支持时的“博采众长”“去伪存真”的做法相一致，所以混合式学习理论还从形成方法的角度为指尖数学的理论基础提供了依据.

2. **基本观点**

指尖数学的基本观点由数学教学与技术应用两个方面构成.

从数学教学的角度看，就是简述“教学什么”与“怎么教学”的基本观点，具体如下.

数学是研究现实中数量关系和空间形式的科学，是刻画自然规律和社会规律的科学语言和有效工具，数学的这一本质定义指出数学课堂要教“本质的”“自然的”和“有用的”数学，这与指尖数学强调的知识在过程中形成、设计自然的问题导引思考以及深度探究指向能力、彰显育人目标，都是一致的.

数学知识的拥有与数学知识的应用同样重要，但数学知识的应用更重要．事实上，用手持技术解决的数据收集与分析、函数性质的研究与拟合、算法程序的设计等有关问题，都能体现数学知识的应用性的特点.

数学学科的教学最重要的是教学生数学的核心内容和完整的认知结构体系，努力提升学生的数学素养、个性品质和数学观念．教学中注重三基的落实、方法的习得、技能的达成、思想的渗透和观念的养成，同时关注数学阅读的指导和数学文化的提升，在探究中训练能力，在应用中体会数学的价值和美感.

所谓核心知识，是指基本概念及由内容所反映的数学思想方法.

把握了课程的核心点，就能准确抓住高中数学的核心内容、思想方法及其体系结构，教师将有更多的时间关注那些需要特别注意的数学内容，也可以让学生有更多的机会从更深的层次来探讨数学问题，将所学数学知识联系实际应用，巩固对数学知识的理解.

数学所具有内容的抽象性、应用的广泛性、推理的严谨性和结论的明确性等特点，以及数学能力、思维等培养要求决定了怎么教. 简单地说就是“三个理解”：理解数学，理解学生，理解教学，而且这三个理解在层次上还有顺序.

理解数学，主要是对数学的思想、方法及其精神的理解，教好数学的前提是教师先学好数学. 教学中，应从以下六个方面理解数学：理解数学学科特点与本质特性；理解数学核心知识的逻辑体系；理解数学章节意义与教育价值；理解数学策略形成与导向作用；理解数学概念背景与发展轨迹；理解数学概念内涵与本质属性.

理解学生，主要是对学生数学学习规律的理解，核心是理解学生的数学思维规律，只有对学生的数学思维规律有了深入的了解，才能知道应当采取怎样的教学措施引导学生的数学思维活动，有的放矢地进行教学. 教学中，应从以下六个方面理解学生：理解学生的逻辑结构与认知发展水平；理解学生的知识层次与实际建构困难；理解学生的心理特点与最佳学习时机；理解学生的思维断点与适时点拨策略；理解学生的认知基础与最近发展区；理解学生的语言习惯并提供具体例证.

理解教学，主要是对数学教学规律、特点的理解. 数学是思维的科学，数学学科的特点决定了数学教学的特点和规律，只有遵循了这些规律，反映这些特点，数学教学的质量和效益才能真正得到保证. 教学中，应从以下六个方面理解教学：数学教学的目的是促进学生的发展；数学教学实际上是师生的双边活动；数学教学需要还原思维的活动过程；数学教学要有逻辑连贯的整体过程；数学教学应提恰时恰点的关键问题；数学教学应追求数学观念养成教育.

从手持技术的应用看，就是需要指出技术的特点与融合的优点，具体如下.

TI手持技术的便携特点，拓展了学习的时空，让数学学习无时不在，让数学探究成为动态的、互动的过程，因为探究可以“随时随地”，所以在学生的身边多了一个数学探究的移动实验室.

TI手持技术是进行数学探究与发现的“催化剂”——强大的数值运算、代数推理、统计分析、动态几何等功能，使学生能做到“一有想法就试试看”，从而确保了手脑并用，有想法就思考，边思考边操作，边操作边思考的理念得以贯彻.

TI无线导航系统连接了教师与学生，让教师能及时捕捉到学生的个体差异，有针对性地引导学生展开讨论，并利用即时生成的教学资源，启发学生思维，促进学生理解.

最后，TI手持技术作为一种认知工具应用于数学教学，对中学数学教育必将产生革命性的影响. TI手持技术转变了数学学习的方式，让学生从单一的解题教学和繁杂的计算中解脱出来，有更多的时间用于理解数学本质，发挥想象力和创造力，从而提升探究能力. 将TI手持技术引入课堂，必将重新引起学生的好奇与质疑，为数学教育改革开拓无限空间.

3. 实施关键

指尖数学的教学实施需要具备以下两个意识.

第一，要有发挥技术优势的意识.

进行教学设计时，要选择能突出手持技术优势的教学内容，才能促使学生认识到应用手持技术学习数学的重要性；教学过程中，要在关键处引导学生自然地使用手持技术，才能促成技术的掌握，并在问题解决中自觉寻求技术的帮助；日常教学中，要经常使用手持技术，这样才能养成使用技术的习惯，并让技术的使用得心应手.

有了发挥技术优势的意识，指尖数学才能做到融合技术、手脑并用.

第二，要有问题与问题设计意识.

问题是教学的“发动机”和“方向盘”，能促使教学朝着预设方向前进，所以教学要有问题意识，用问题引导思考. 为了更好地发挥问题的价值，问题还需要设计，不仅需要设计问题本身，而且需要预设实际教学情境下的“追问”，设计的问题需要由浅入深，还要有一定的开放性，这样才能培养学生发现、探究问题的意识，发挥学生的想象力和创造性.

有了问题与问题设计意识，指尖数学才能实现问题导引、深度探究.

第二章

“指尖数学”的教学视点

本章着眼于指尖数学的教学所培养的实践能力与创新意识这两个核心目标，以及对为什么要用手持技术、教师用技术教学的乐趣进行思考与讨论，重点阐述了教学主张在学习方式、学习特征以及培养能力的方法等方面的认识与看法，即教学视点. 因此，本章是结合 TI 手持技术的应用，从操作、理解和学习等角度对教学主张加以解读.

第 1 节　为什么要用 TI 手持技术

正如章建跃博士所指出的，社会进步是以技术的应用为标志的，教育信息化为数学教育改革开拓了无限空间；课堂教学的变革以改变学生的学习方式为标志，技术的广泛运用必将改变课堂的生态.

将科学技术或其产品应用于课堂教学，有的人以为可以“解决教学的所有问题”，试图将技术应用到每一节课，甚至牵强附会地挖掘其使用价值，夸大技术的力量，这容易走上“技术万能论”，偏离创造技术的本意；也有的人持怀疑态度，并不断寻找理由，拒绝技术与创新，走上“技术无用论”，偏离了时代发展的主线. 其实技术并非万能，更非无用，技术的应用有利有弊，不用技术肯定弊大于利，关键是要发挥技术的优势，在必要之时、关键之处使用，为学生谋取长期的利益. 因此，对于指尖数学中的TI手持技术，我们应该要从不同的角度去问“为什么要用”，以及“怎样更好地用”等问题.

1. 从工具角度看手持技术的优势与应用

从工具的角度看手持技术，它具有便携、便捷、直观、无线等优势.

首先，TI手持技术具有不可忽视的便携优势. TI手持技术由TI图形计算器、路由器、发射器以及导航系统构成，其中TI图形计算器和路由器、发射器突出的特点就是体积小、携带方便. 小巧的图形计算器可以像手机一样随身携带，在任何时候、任何地点都可以取出进行数学实验，路由器与发射器也都小巧而便于携带，教师只要在教室中打开电脑，连接到TI无线导航系统就可以用手持技术开展教学. 便携性使得实验教学与数学探究能随时随地进行，教师不必刻意准备繁杂的实验器材，学校也不必为每个学生配备多媒体计算机，便携性的优势使得手持技术的应用做到“随时随地”. 更为重要的是，因为经常使用技术，使得学生能从数学和技术的层面思考问题的解决，促进了学习方式的变革.

其次，手持技术实现人人参与的便捷实验. 与以往教师只能使用多媒体演示幻灯的展示教学相比，让每个学生都能做到人手一台TI图形计算器，无疑是课堂教学令人激动的进步. 学生在需要技术帮助的时候，打开随身携带的TI图形计算器，或通过无线网络连接到教师设定的路径，便捷地开展数学实验. TI图形计算器具有中学数学学习所需要的符号代数系统、几何操作系统、数据分析系统、程序编制系统等，所以能用不同的系统进行中学数学中的各种实验和探究.

再次，手持技术做到随想即得的直观呈现. 学生学习的困难在于不能有效地解决数学对象之间的有效联系以及抽象事物的直观呈现，手持技术能给学生提供了一个可视化的数学环境，并以独特的多元联系的方式进行呈现，从而能从根本上解决学生学习的困难.

最后，手持技术形成高效互动的无线课堂. TI 图形计算器连入无线导航系统，就形成高效互动的无线课堂，教师除了可以随时监控并展示每一台学生的图形计算器，实现对话、交互与示范，还可以给学生发送问题进行即时调查，收集学生的反馈结果，尝试个性化的探究学习. 因此，无线导航系统能够即时收集、反馈、诊断、评价教学效能，是既能学习知识，又能激发创新思维的优秀平台和手段. 奥苏贝尔说过："影响学习的最重要的因素是学生已经知道了什么，要根据学生的原有知识状况进行教学." 所以，教学中，必须以基础性为前提发挥学生主动性的作用，以主动性为指导发挥学生基础性的作用，这样，学生才能既学得主动，又学得扎实. 这就是无线课堂的魅力.

2. 从数学角度看手持技术的优势与应用

TI 手持技术不仅是一个可以作图的计算器，而且是一个真正意义上的可以开展数学实验和数学探究活动的掌上电脑，是一个可以随时随地探索科学的流动实验室，是一个基于网络互动的先进的教学手段. 从数学角度看手持技术，手持技术的优势体现在它是可以握在学生手掌中的探究工具，是有效改变学生学习方式的优秀平台.

(1) 数形结合的视觉化.

数形结合是连接"数"与"形"的"桥梁"，它是一种重要的数学思想方法. 著名数学家华罗庚先生说："数与形，本是相倚依，焉能分作两边飞?" 华罗庚先生强调数形需要结合，切莫隔离分家，实际上说明了实现数形结合的难度. 比如，要深刻地研究一个函数的性质需要从多种表示形式（如解析式、列表式、图象法）进行研究，在传统的课堂中演示费时费力，不易实现. 现在，用 TI 图形计算器就显得方便多了，只要输入解析式即可得到函数图象（图形页面）和函数变量的数值表（列表与电子表格页面）. 如果利用"分屏"功能，还能实现在同一个窗口对一种对象进行不同表示，其中数表与图、解析式与图的关联，用视觉化的形式，直观体现了数形结合的思想. 除了能直接输入函数解析式，TI图形计算器还在以下几个知识模块，以可视化的方式提供了便捷的表示.

例1　已知数列 $\{a_n\}$ 满足 $a_n=\frac{1}{2}a_{n-1}+n+5$，$a_1=40$，绘制数列 $\{a_n\}$ 的图象.

在图形页面，用“图形输入/编辑”菜单，调出序列输入命令，输入递推关系与初始项，如图2—1—1所示，即可绘制递推数列的图象，如图2—1—2所示，这对研究数列的通项公式，探究数列的简单性质都有重要意义.

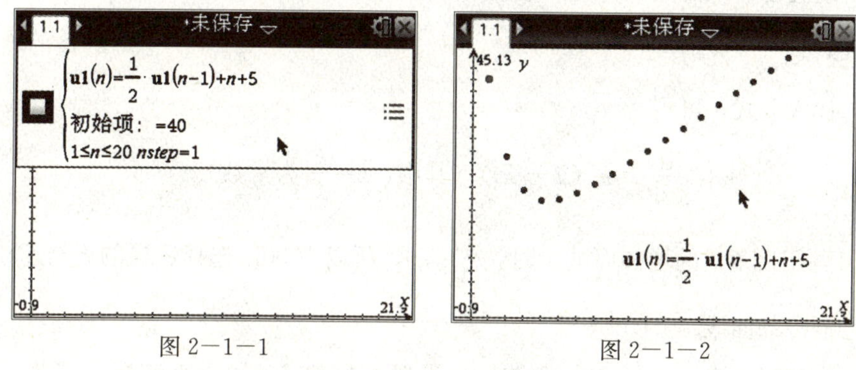

图2—1—1　　　　图2—1—2

例2　绘制方程为 $x^2+xy+y^2=1$ 的曲线.

在图形页面，调出函数表达式输入框，在函数输入提示符“$f_1(x)=$”之后，输入“zeros($x^2+x\cdot y+y^2-1$，y)”，如图2—1—3所示，即可借用函数零点的命令绘制方程的曲线，如图2—1—4所示，这个命令能够绘制任何以方程“$f(x，y)=0$”形式给出的函数图象，只需输入“zeros($f(x，y)$，y)”即可，给研究曲线的性质提供了直观的视角.

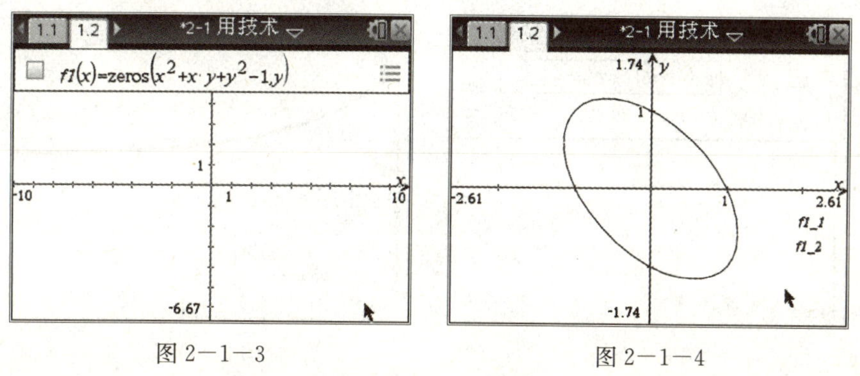

图2—1—3　　　　图2—1—4

例 3　根据牛顿冷却定律绘制冷却曲线.

该定律指出：物体（热学系统）处于自然冷却的情况下，当实验系统的温度 T 高于外界环境温度 T_0，且当 T 与 T_0 之差较小时，系统由于表面热辐射而散失热量的速率和 $T-T_0$ 成正比，即

$$\frac{\mathrm{d}Q}{\mathrm{d}t}=k_0(T-T_0)(k_0\text{ 为常数}).$$

现假设系统的热容为 C，在散失热量 $\mathrm{d}Q$ 之后，温度改变量为 $\mathrm{d}T$，有 $\frac{\mathrm{d}Q}{\mathrm{d}T}=C$.

代入上式，可得

$$\frac{\mathrm{d}T}{\mathrm{d}t}=k\ (T-T_0)\ (\text{其中，}k=\frac{k_0}{C}\text{为常数}).$$

当 T 随着 t 的增加而减少时，$\frac{\mathrm{d}T}{\mathrm{d}t}<0$，所以 $k<0$. 选择适当的 k 与 T_0 即可绘制冷却曲线.

在图形页面，先插入一个游标，设置为常数 k，另一个游标设置为 T_0，然后用“图形输入/编辑”菜单，调出微分方程命令，输入微分方程和相应的初始值，如图 2—1—5 所示，即可绘出冷却曲线. 我们知道，微分方程 $\frac{\mathrm{d}T}{\mathrm{d}t}=k(T-T_0)$ 的通解是 $T(t)=T_0+C\mathrm{e}^{kt}$，改变初始值或 k 的值或 T_0 的值，可以观察到冷却曲线发生相应的改变，这为满足一定条件的可微函数的研究提供了直观的基础，如图 2—1—6 所示.

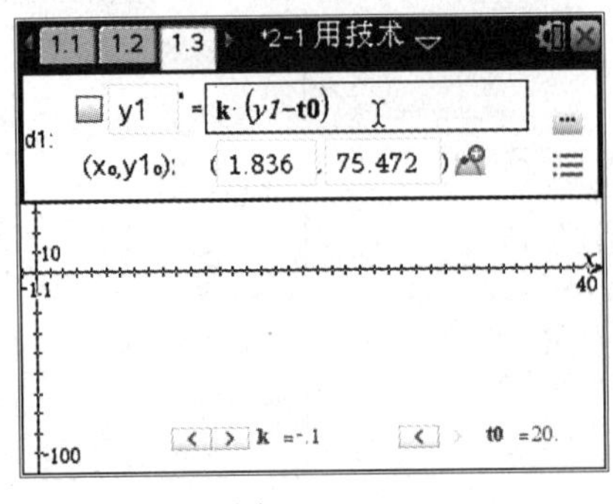

图 2—1—5

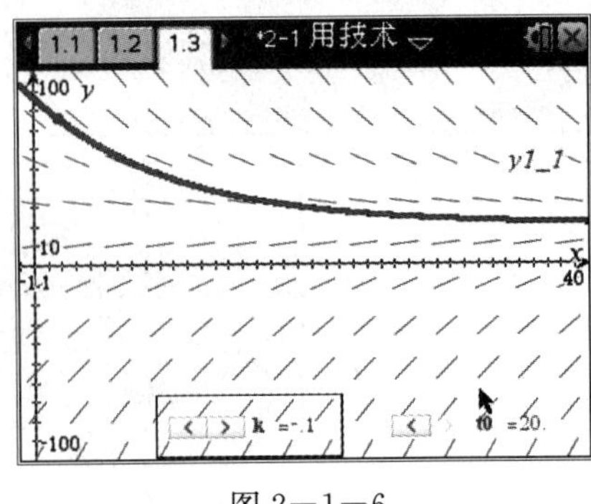

图 2—1—6

(2) 几何操作的动态性.

以往涉及几何图形的教学基本上是由教师操作演示，唱独角戏. 因为学生没有直接参与几何操作的实际过程，从而无法直观地从动态的角度体验几何操作及相应的图形变换. 现在有了 TI 图形计算器，这个问题可以迎刃而解. TI 图形计算器已经整合了几何画板，可以看成是交互式几何的范例，在教师指导下的几何操作的动态交互，是学生参与几何变换的真实体验.

例 4　如图 2—1—7 所示，某一平原上的四个村庄恰好坐落在边长为 10 km的正方形 $ABCD$ 的四个顶点上. 现要建一个道路网，使任意两个村庄之间都有通道. 请你设计这个道路网，并使它们的总长度不超过 28 km.

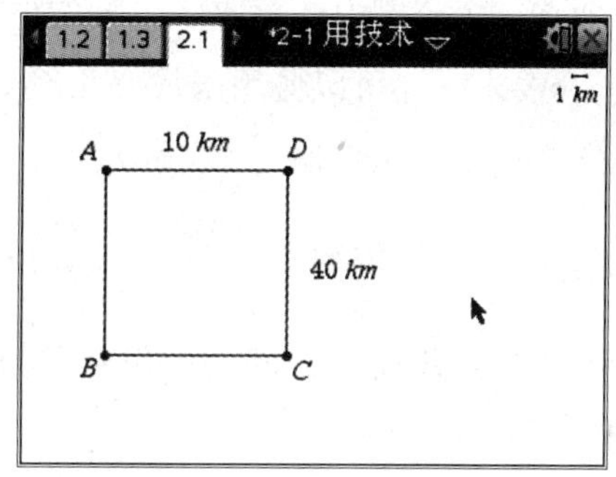

图 2—1—7

在几何页面画出边长为 10 km 的正方形（可以在测出边长后，通过改变比例尺和调整顶点位置，先得出符合条件的正方形，然后锁定边长）作为研究对象，让学生参与探究. 沿正方形的四条边修建道路网，总长为40 km，不符合要求；沿两条对角线修建道路网，总长为 $20\sqrt{2}>28$，也不符合要求；如图 2—1—8 所示，在正方形内部任取一点 P，沿 PA，PB，PC，PD 修建道路网，经测量并论证，可知总长度不小于两条对角线长度，还是不符合要求. 要减少总长度，必须增加公共部分，在正方形内部取两点 E，F，由对称性，可设 E，F 关于正方形中心 O 对称，且 $EF\perp BC$，如图 2—1—9 所示.

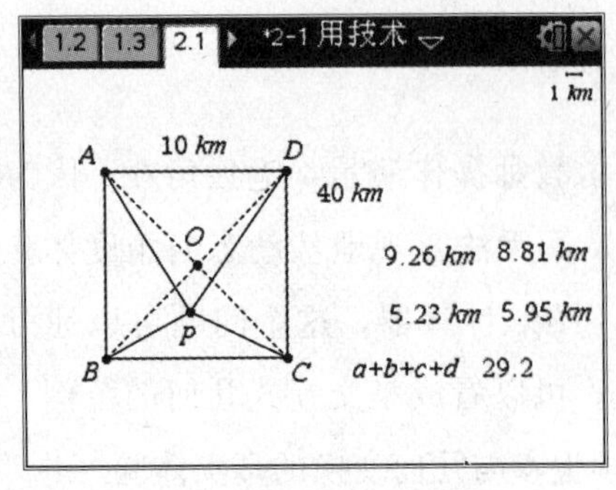

图 2—1—8

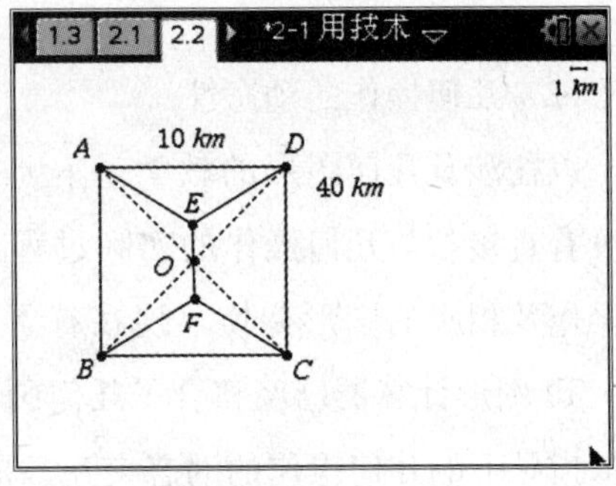

图 2—1—9

设 $OE=OF=x$，$0\leqslant x\leqslant 5$，则道路网总长度 $f(x)=2x+4\sqrt{5^2+(5-x)^2}$，解不等式 $f(x)<2.8$，得近似解 $0.367007<x<3.63299$，如图 2—1—10 所示，即在这个范围内任意取一个 x 的值，根据图 2—1—9 的方法设计的道路网都符合要求. 还可以使用函数 fMin() 或作出函数 $f(x)$ 的图象进行求解. 如图 2—1—11 所示，输入 fMin($f(x)$，x)求出取得最小值时 x 的值为$\dfrac{15-5\sqrt{3}}{3}$，以及最小值的近似值 $f\left(\dfrac{15-5\sqrt{3}}{3}\right)=27.3205$，可见可以通过这个方案进行设计. 作为开放性的问题的解决，只有让学生亲自动手，直接参与探索，才能激发他们的智慧.

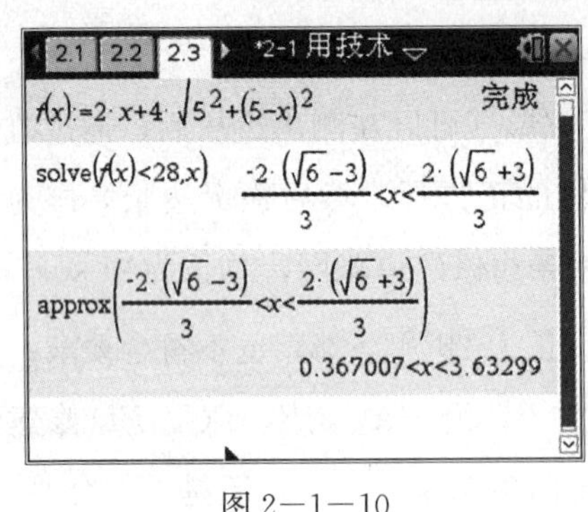

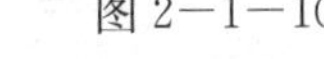
图 2—1—10

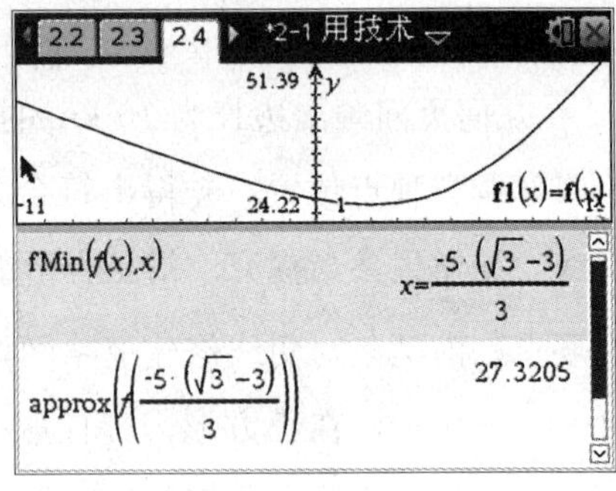

图 2—1—11

（3）数据分析的简洁化.

新课程明确提出对数据处理的能力要求，在统计章节的教学中，对样本中收集的大量数据的处理是难点，传统教学中若是希望学生深刻理解本节课内容和思想方法有一定困难. 因此，考虑将 TI 图形计算器引入课堂，依据样本绘制出散点图，此过程学生可以动手参与，本来处理大量数据需要的庞杂计算已经交给 TI 图形计算器完成了，省出的时间可以拓展新知识，使学生将更多的课堂时间和精力放在回归分析的思想方法上，认识数学的本质和思想的发展过程，进而培养学生解决问题的能力. 从数学实验的角度看，TI 图形计算器的引入，使得数据分析简单易行，提高了课堂的实效性，解决了在有限的课堂时间需掌握的知识与数学实验费时之间的矛盾.

例 5　在一批棉花中抽测了 60 根棉花的纤维长度，结果如下（单位：mm).

82	202	352	321	25	293	293	86	28	206
323	355	357	33	325	113	233	294	50	296
115	236	357	326	52	301	140	328	238	358
58	255	143	360	340	302	370	343	260	303
59	146	60	263	170	305	380	346	61	305
175	348	264	383	62	306	195	350	265	385

作出这个样本的频率分布直方图（在对样本数据分组时，可试用几种不同的分组方式，然后从中选择一种较为合适的分组方法). 棉花的纤维长度是棉花质量的重要指标，你能从图中分析出这批棉花的质量状况吗?

在列表与电子表格页面，输入 60 根棉花的纤维长度，用变量 cd 表示，如图 2—1—12 所示. 然后在数据与统计页面，即可快速、简洁地绘制频率分布直方图，也可以随意调整组距，直到选出一种较为合适的分组方法为止，如图 2—1—13 所示. 此外，还可以用统计命令进行各种同角量的分析，从数量的角度分析这批棉花的质量状况.

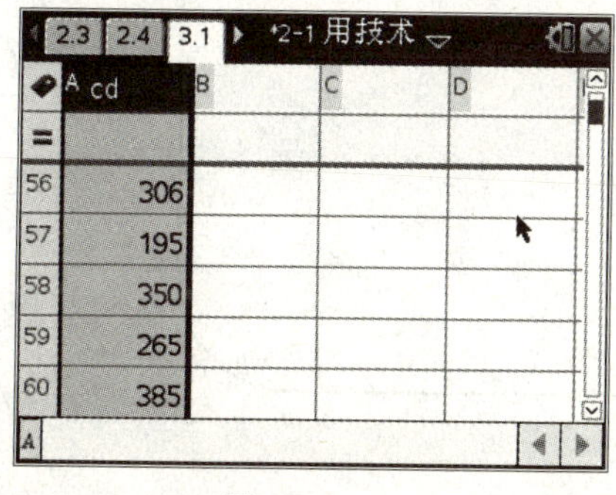

图 2—1—12

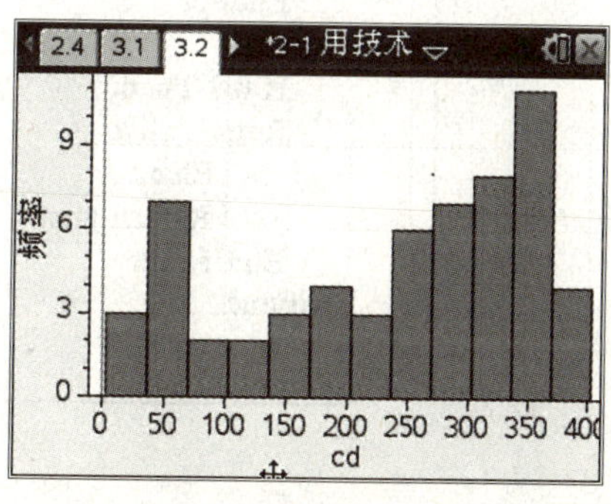

图 2—1—13

（4）程序应用的拓展性.

程序编制系统的应用，不仅拓展了实际应用问题的解决方法，由于内部数据的关联，还为数学实验提供了多种平台，这是算法语言的进一步推广.此外，TI 图形计算器还具有强大的数据收集功能，利用配套的探头（比如温度传感器、距离测量仪等），可以收集到反映事物变化状况的真实数据，并用图形、数据表等方式记录和显示，数据的收集和变化可以实现动态关联，从而能从多角度开发和利用数据.

例 6　画出椭圆$\frac{x^2}{100}+\frac{y^2}{64}=1$及其内部的所有整点（横、纵坐标均为整数的点），并计算整点个数.

用编程的方法可以完成椭圆及其内部的整点的绘制及计数.

首先用函数编辑器定义一个函数（在程序编辑器的新建命令下，将类型改为函数即可），取名 LP，用于生成整点的横坐标 xlist 和纵坐标 ylist，如图

```
Define LP (t)=
Func
Local xlist,ylist,xvar,yvar
    xlist:={}
    ylist:={}
For xvar,-10,10,1
    For yvar,-8,8,1
    If xvar^2/100 + yvar^2/64 ≤1 Then
        xlist:=augment(xlist,{xvar})
        ylist:=augment(ylist,{yvar})
    EndIf
    EndFor
EndFor
    If t=1 Then
    Return xlist
        Else
        Return ylist
    EndIf
EndFunc
```

图 2－1－14

2－1－14 所示，其中参数 $t=1$ 时，输出横坐标的数组，$t\neq1$ 时输出纵坐标的数组，程序中用到的库函数命令 augment（）的作用是将两个数组合并，而生成的数组用 Return 命令传递.

接着，调用函数 LP，分别生成横、纵坐标的数组 xdot 和 ydot，用 count（）命令统计生成的数组的元素个数，即可得到整点个数，如图 2－1－15 所示.

最后，在图形页面中，用 zeros（）命令绘制椭圆，再用菜单命令，根据生成的横、纵坐标的数组作出散点图，如图 2－1－16 所示. 从作图与数据的使用过程，可以看出程序应用的拓展给数学的学习方式、数学问题研究方式的改进，带来了前所未有的变化.

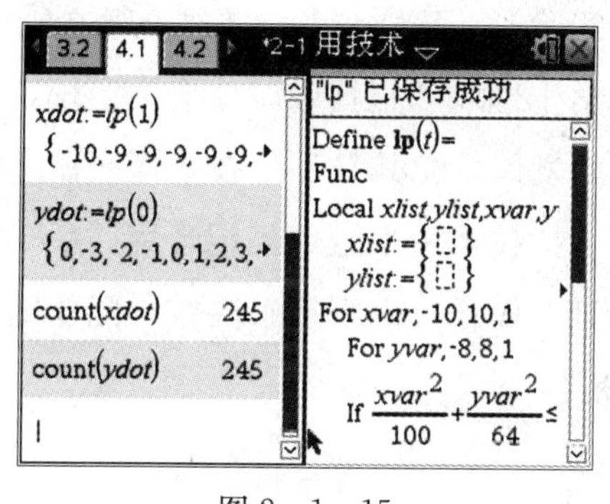

图 2－1－15

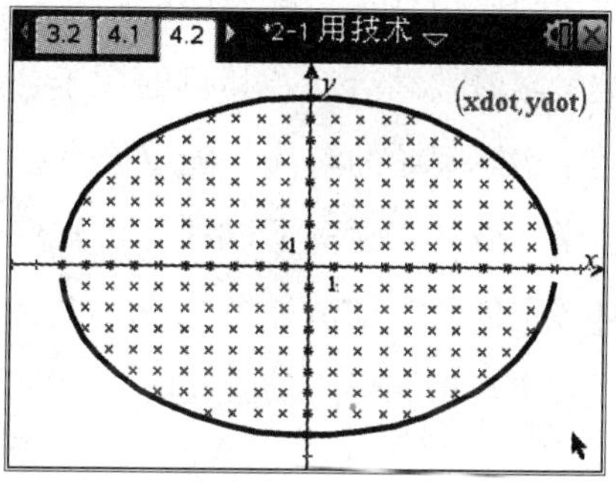

图 2－1－16

3. **小结**

美国俄亥俄州州立大学的伯特教授说过，一些数学变得更加重要，因为科技的发展需要它；一些数学变得不那么重要，因为科技的发展取代它；一些数学的演算变成可能，因为科技的发展支持它.

如果你有机会让你的学生使用 TI 手持信息技术，特别是认真观察过学生如何用它学习数学，你就会注意到这样一个事实：如果学生被大量的“令人厌烦的冗长计算和描点操作”所淹没，就会影响他们从数形结合的角度进行观察、对比和思考；如果学生被大量的由教师提供的经典的“人所共知的结论”所包围，就会影响他们从数学探究中寻找乐趣，而成为对知识不加辨别的容器.

世纪初的今天，学习的差异以一种新的方式呈现，有些学生拨弄着手持技术在捕捉灵感的迸发，探寻自己的所思所想，但很多学生却在浩瀚的题海中茫然沉浮. 我们真诚期待，让有了手持技术的学生们，能借助高新技术关注生活的点点滴滴，开始高中数学的梦幻般的行程.

第 2 节　基于手持技术的数学实验

在传统教学中，数学实验并不少见，比如解三角形中的应用实例，立体几何中的实物演示，概率中的随机模拟实验等，都属于数学实验的教学. 开展数学实验教学活动，其目的在于帮助学生理解和把握数学概念、定理，并应用于实际问题的解决. 随着教育技术的发展，尤其是手持技术深入数学课堂教学，数学实验多了以计算机软件和手持技术为平台的模拟环境，赋予技术环境下的数学实验新的内涵，并在验证、操作、探索等解决数学问题的教学过程中，培养学生的实践能力和创新精神.

1. 数学实验

数学实验是达成数学课程目标的一种重要的教学形式. 但是，到目前为止，关于数学实验的提法，还是比较模糊.

一般认为，数学实验是“为获得某种数学理论，检验某种数学思想，解决某类数学问题，实验者运用一定的物质手段，在数学思维活动的积极参与下，在特定的实验环境中所进行的探索、研究活动”. 可见，数学实验是对传统数学教学方式的有益补充，是促进学生主动学习的良好形式，是培养创新意识和实践能力的园地.

数学实验对实验环境的要求并不高，使用传统的测量工具就可以实现，但随着手持技术引进课堂，手持技术所提供的符号运算系统、代数操作系统、数据分析系统、程序编制系统、数据采集系统以及课堂导航系统相互作用、动态关联，为教学提供了多元、开放的数学实验环境．所以，在手持技术支持下，数学实验就成为学生在教师的启发引导下的“对数学知识、结论的再发现和再创造过程，是师生共同参与实践、操作、演示、观察、分析的互动过程，是学生通过对获得的图象、数据的整理、观察、归纳、类比，找出结论或从中发现新的方法，获得对抽象的数学概念、定理、结论等的感性认识，通过加工上升为理性认识的过程”．手持技术支持下的数学实验的教学过程具有三个特点：运用工具，数学思维，探究或验证．

鉴于此，我们可以简单地认为，数学实验就是学生运用有关工具（尤其是教育技术）亲身参与的数学活动．数学实验既是教学方式，也是学习方法，它强调工具的介入，以及学生亲身参与的行为和过程．开展数学实验教学活动，其目的是拓宽学生的学习领域，培养学生的实践能力，发展其个性品质与创新精神，这与数学课程目标是一致的．因此，数学实验是达成数学课程目标的一种重要的教学形式．

在手持技术支持下，以学生亲身参与数学活动为特点的数学实验，已经成为学生实践能力培养的重要途径．

2．**教学模式**

数学实验的教学，一般包括六个环节：情境创设，确定主题和研究步骤，探索性试验，发现规律并提出猜想，猜想的论证与数学化，交流与分享．基于手持技术的数学实验，其教学应注意发挥技术的优势，重视问题和问题设计，坚持突出“两情两主”的特点，即“创设情景，激发情感，主动发现，主动发展”．

“创设情景、激发情感”阐述了教师“教”的特点，教师通过精心设计问题和教学过程，创设多种教学情景来激发学生的学习情感，使数学实验教学的过程中师生之间、生生之间充分交流，和谐地、民主地、理智地参与探究与试验，这正是美国教育心理学家林格伦在《课堂教育心理学》一书中论证过的师生相互作用的最佳形式，因而也是发挥教学整体效益的可靠保证．它还能促进学生的学习动机由弱到强，直至内化为一种自身的需要甚至渴望，形成强烈的求知欲望，为教学过程的顺利进行提供强大的内在驱动力和最佳激励.

“主动发现、主动发展”体现了学生“学”的特点. 在教师的引导和激励下，学生积极主动地参与数学实验和探究，并在动手操作中主动发现问题、提出问题、解决问题，边操作边思考，边思考边操作，从而使自身能力获得提高，数学素养获得自主发展. 在以问题为驱动力的教学活动中，教师的认知、情感、意志、性格、气质等会融合成强大的教学魅力感染和熏陶着学生，而要使所有的这些内化到学生的人格整体中去，唯一的途径就是让学生积极主动地动口、动手、动脑，主动参与教学实践活动.

3. **案例解析**

我们以探究椭圆内接三角形面积的最大值为例，从实验步骤、预设结论与设计意图三个角度，解析一节基于手持技术的数学实验课的实际教学过程.

本节课的教学目的是以 TI 图形计算器为工具，探索多条件问题的解决方法；体会解析几何、平面几何、三角函数、平面向量和函数等知识的内在联系，以及以静制动的几何精髓.

例 三个顶点都在椭圆上的三角形称为椭圆内接三角形，对于已知椭圆 $\frac{x^2}{a^2}+\frac{y^2}{b^2}=1$，求其内接三角形 ABC 面积的最大值.

手持技术的要求与教学准备如下：(1) 能画出已知方程的圆、椭圆；(2) 能用几何命令画点、线、三角形，测量面积的大小；(3) 能用变换命令画图形的旋转、对称；(4) 能通过代数等相应命令，用导数法求函数最大值；(5) 能用行列式求三角形面积.

(1) 始于最简状态.

实验 1 在图形页面中，利用菜单下的“图形输入/编辑”“等式”中的椭圆作图命令，作出方程为 $x^2+y^2=4$ 的圆（取 $a=b=2$，$h=k=0$ 的椭圆特例），取顶点 $B(-2,0)$ 和 $C(0,2)$，移动点 A，测量圆内接$\triangle ABC$ 的面积，写出$\triangle ABC$ 的面积的最大值.

结论 如图 2—2—1 所示，作出圆及其内接$\triangle ABC$并测量其面积，移动点A，容易发现$\triangle ABC$的面积的最大值等于 4.83（平方单位）.

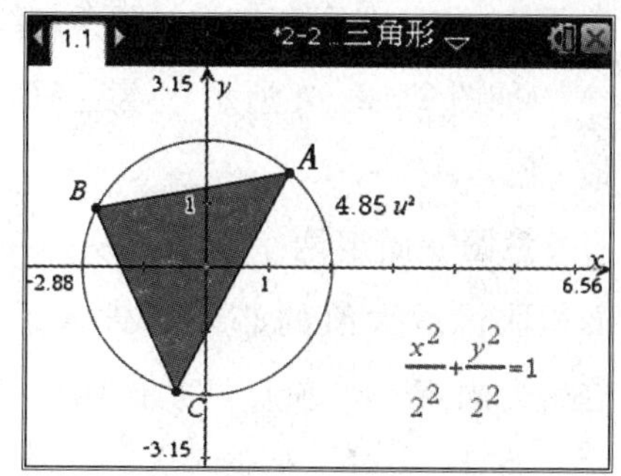

图 2—2—1

意图 数学探究往往从最简单的情形入手，在动手操作中探寻解决问题的方法. 首先从圆这种极端情形开始，在固定三角形的两个顶点（即只移动一个顶点）的情况下，用实验测量的方式发现结论，这个结论可以引导学生思考当面积最大时，顶点C应满足的基本条件，为后续研究提供参考.

实验 2 继续以圆$x^2+y^2=4$为例加以研究，移动顶点B和C并固定（用“动作”菜单中的重新定义与属性命令），然后再移动点A，观察内接$\triangle ABC$面积的变化情况，判断$\triangle ABC$的面积取得最大值时点A应满足的关系.

结论 如图 2—2—2 所示，作出圆$x^2+y^2=4$及其内接$\triangle ABC$，移动点A，容易发现，当BC边上的高最大时，$\triangle ABC$的面积最大.

如图 2—2—3 所示，过点A作直线平行于BC，若平行线与圆相交，则圆在平行线的外侧上的点到BC的距离大于$\triangle ABC$的高，取这个点为顶点A，所得三角形面积最大.

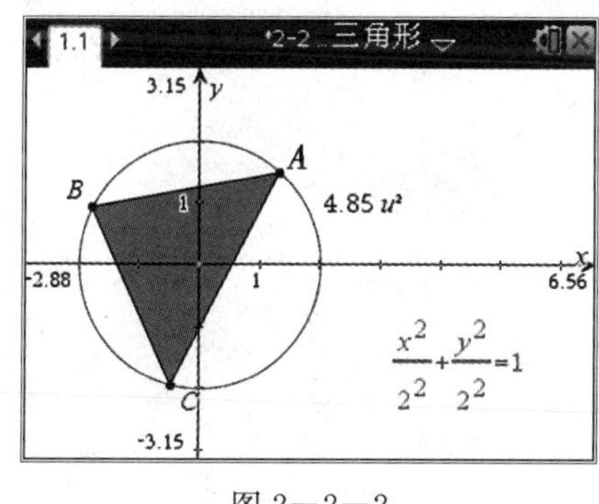

图 2—2—2

图 2—2—3

因此，$\triangle ABC$的面积取得最大值时，过点A作直线平行于BC，这条直线与圆只有一个交点，即点A处的切线l与BC平行（圆中与BC平行的切线

有两条，与 BC 距离较远的那条切线的切点即所求的点 A).

如图 2—2—4 所示，当△ABC 面积最大时，$AB=AC$.

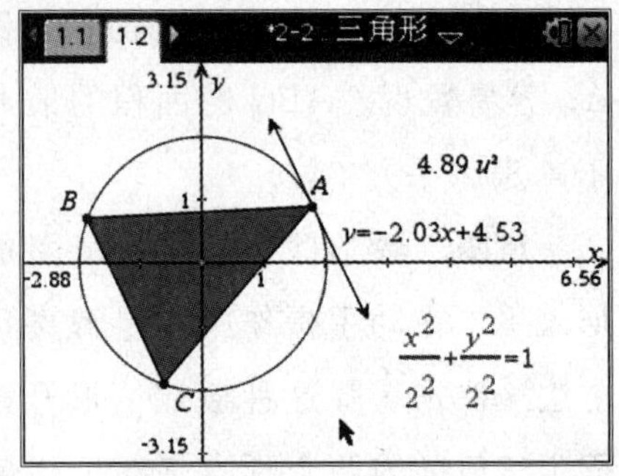

图 2—2—4

意图 固定两个顶点，从△ABC 的面积取得最大值的必要条件入手研究，这是为固定一个顶点，其他两个顶点都在变动时研究最大值做准备.

实验 3 继续以圆 $x^2+y^2=4$ 为例加以研究，固定顶点 A，当内接△ABC 的面积取得最大值时，写出线段 BC 应该满足的一个条件.

结论 固定顶点 A，内接△ABC 的面积取得最大值时，△ABC 不能为钝角三角形，且 BC 一定平行于点 A 处的切线 l，$AB=AC$.

首先，固定顶点 A，当内接△ABC 的面积取得最大值时，△ABC 不能为钝角三角形. 否则，若 A 为钝角，则作 BC 关于原点 O 对称的弦 B_1C_1，由 $B_1C_1=BC$，可知△AB_1C_1 的面积最大，如图 2—2—5 所示；若 B（或 C）为钝角，则作点 C（或点 B）关于直线 OA 的对称点 C_1（或 B_1），可得 $AC_1=AC$（或 $AB_1=AB$），此时△ABC_1（或△AB_1C）面积最大，如图 2—2—6 所示.

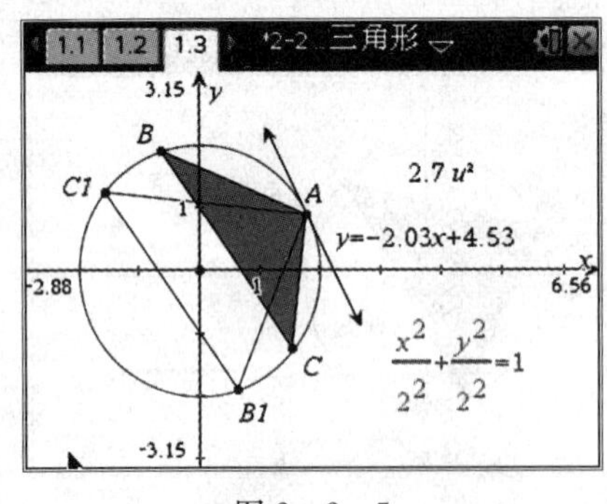

图 2—2—5

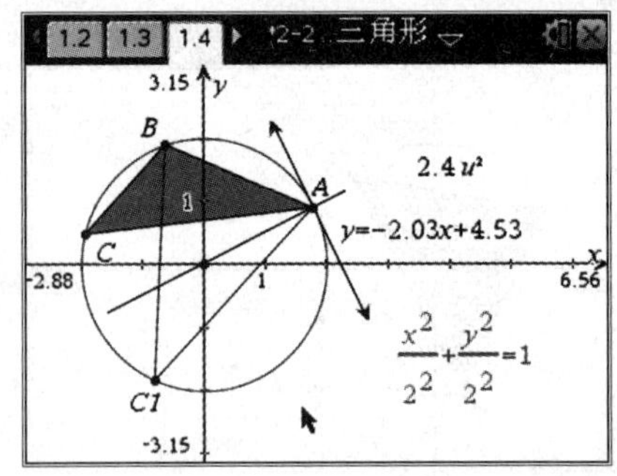

图 2—2—6

其次，固定顶点 A，当△ABC 的面积取得最大值时，点 A 处的切线 l 与 BC 平行. 否则，以 O 为中心，旋转△ABC 到△$A_1B_1C_1$，使得 $B_1C_1\parallel l$，此

时 $BC=B_1C_1$，所以$\triangle AB_1C_1$ 的面积最大，如图 2—2—7.

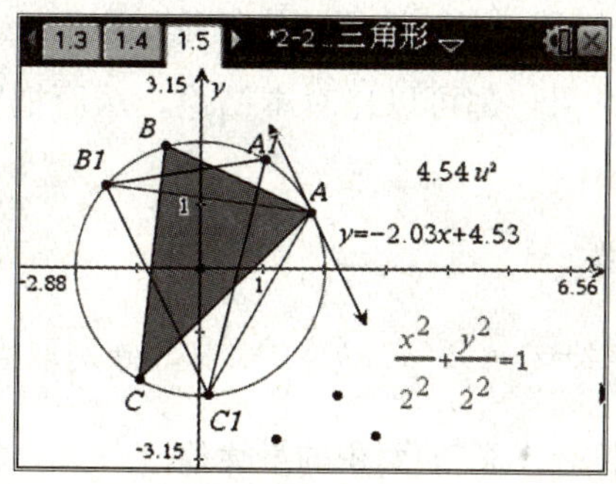

图 2—2—7

意图 固定一个顶点，继续从$\triangle ABC$ 的面积取得最大值的必要条件入手研究，从而奠定了求圆内接三角形面积最大值的方法.

实验 4 求半径为 r 的圆内接三角形面积的最大值.

结论 圆内接三角形面积的最大值等于$\dfrac{3\sqrt{3}}{4}r^2$（其中 r 为圆的半径）.

从实验 3 的结论可知，$\triangle ABC$ 的面积取得最大值的必要条件是$\triangle ABC$ 不能为钝角三角形，且 $AB=AC$.

现在，设 $BC=2x$，则面积 $S=\dfrac{1}{2}\times 2x\cdot(r+\sqrt{r^2-x^2})$，如图 2—2—8 所示，可求得当 $x=\dfrac{\sqrt{3}}{2}r$ 时，$S_{\max}=\dfrac{3\sqrt{3}}{4}r^2$.

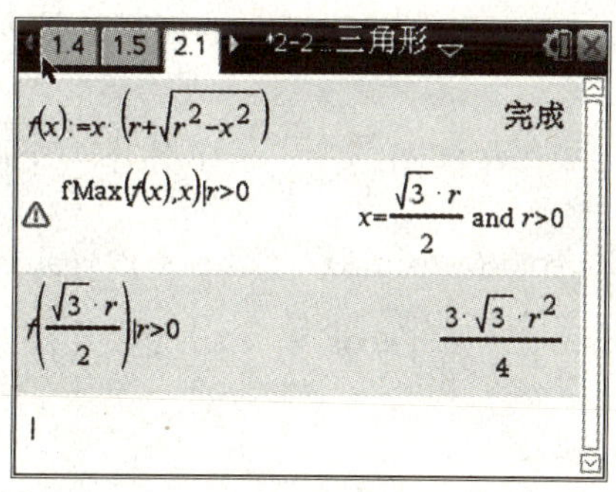

图 2—2—8

意图 将椭圆退化为最简的圆的状态，得到一个简单但又重要的结论，它给后续探究提供了研究的方法和判断的标尺，比如在获得椭圆的面积最大值时，只要取 $b=a$ 的极端情况，即可用本结论加以验证．因此，一切有关本问题的设想、猜测和结果，都可以比对本结论，从而把明显的错误思路消灭在"萌芽状态".

（2）试于特殊位置.

实验 5　在椭圆 $\frac{x^2}{a^2}+\frac{y^2}{b^2}=1(a>b>0)$ 中，分别取点 A 为左顶点和上顶点，尝试猜测椭圆内接 $\triangle ABC$ 的面积的最大值.

结论　猜测当 BC 平行于点 A 处的切线时，内接 $\triangle ABC$ 的面积取得最大值.

当 $A(-a,\ 0)$ 时，设 $B(x_0,\ y_0)$，$C(x_0,\ -y_0)$，且 $\frac{x_0^2}{a^2}+\frac{y_0^2}{b^2}=1$.

从而 $|BC|=|2y_0|$，$\triangle ABC$ 的高 $h=|x_0+a|$，

$S_{\triangle ABC}=\frac{1}{2}\cdot|2y_0|\cdot|x_0+a|=\sqrt{b^2\left(1-\frac{x_0^2}{a^2}\right)(x_0+a)^2}$，$x_0\in[-a,\ a]$.

当 $x_0=\frac{a}{2}$ 时，取得面积最大值 $S_{\triangle ABC}=\frac{3\sqrt{3}}{4}ab$.

意图　当点 A 为上顶点时，也有相同的结论．猜测是为了检验研究结论的可行性，探寻后续研究的方法.

（3）归于一般情形.

实验 6　求椭圆 $\frac{x^2}{a^2}+\frac{y^2}{b^2}=1$ 内接 $\triangle ABC$ 的面积的最大值.

结论　假设 $a>b>0$，在椭圆 $\frac{x^2}{a^2}+\frac{y^2}{b^2}=1$ 外作一个圆 $x^2+y^2=a^2$，设点 $A(a\cos\alpha,\ b\sin\alpha)$，$B(a\cos\beta,\ b\sin\beta)$，$C(a\cos\gamma,\ b\sin\gamma)$，则点 $A'(a\cos\alpha,\ a\sin\alpha)$，$B'(a\cos\beta,\ a\sin\beta)$，$C'(a\cos\gamma,\ a\sin\gamma)$ 在圆 $x^2+y^2=a^2$ 上，如图 2-2-9所示.

$$S_{\triangle ABC}=\left|\frac{1}{2}\begin{vmatrix}a\cos\alpha & b\sin\alpha & 1\\ a\cos\beta & b\sin\beta & 1\\ a\cos\gamma & b\sin\gamma & 1\end{vmatrix}\right|,\quad S_{\triangle A'B'C'}=\left|\frac{1}{2}\begin{vmatrix}a\cos\alpha & a\sin\alpha & 1\\ a\cos\beta & a\sin\beta & 1\\ a\cos\gamma & a\sin\gamma & 1\end{vmatrix}\right|,$$

可得$\dfrac{S_{\triangle ABC}}{S_{\triangle A'B'C'}}=\dfrac{b}{a}$，如图 2－2－10，这说明两个三角形的面积比总是等于定值$\dfrac{b}{a}$. 因此，当$\triangle ABC$的面积取得最大值时，$\triangle A'B'C'$的面积也取得最大值，又$S_{\triangle A'B'C'}$的最大值等于$\dfrac{3\sqrt{3}}{4}a^2$，所以$S_{\triangle ABC}$的最大值等于$\dfrac{b}{a}\cdot\dfrac{3\sqrt{3}}{4}a^2=\dfrac{3\sqrt{3}}{4}ab$.

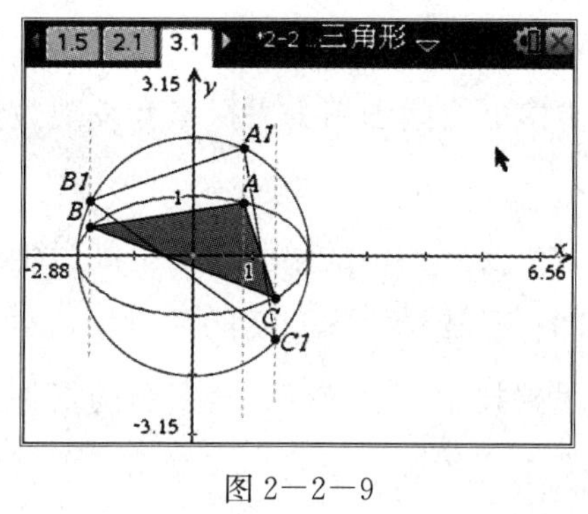

图 2－2－9

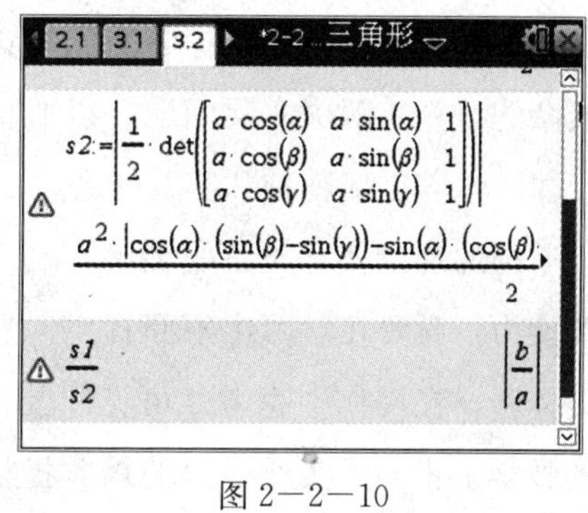

图 2－2－10

意图 圆的问题的研究与求解不仅奠定了椭圆相关问题的求解方法，也为椭圆相关问题的代数法求解铺平道路.

实验 7 猜测椭圆$\dfrac{x^2}{a^2}+\dfrac{y^2}{b^2}=1(a>b>0)$的内接$n$边形的最大面积.

结论 猜测圆的内接n边形中，正n边形的面积最大，为$S(n)=\dfrac{1}{2}nR^2\sin\dfrac{2\pi}{n}$，进而猜测椭圆的内接$n$边形的最大面积为$S(n)=\dfrac{1}{2}nab\sin\dfrac{2\pi}{n}$.

第 3 节 实践能力的培养

所谓实践，是指人类在认识与改造世界中有步骤、有目标的行为，是为了实现目标而有计划的个人或团队行为.

实践能力是指人类在实践中探索、发现并解决问题的综合能力，它是当前教育改革需要着力提高的学生三大能力之一.

高中数学中提到的实践能力是指学生应用数学知识探索、发现并解决问题的能力，是与数学知识的实际背景、问题意识、探究能力以及数学建模和数学应用等密切相关的一种综合能力，它是数学新的概念认识之源，是数学创新意识之本.

《普通高中数学课程标准（实验）》明确要求：提倡使用计算器或计算机，帮助学生理解数学概念、探索数学结论，还应鼓励学生使用现代技术手段处理繁杂的计算、解决实际问题，以取得更多的时间和精力去探索和发现数学的规律，培养创新精神和实践能力.

单纯的理论教育与解题训练不利于学生实践能力的培养. 要提高学生的实践能力，就要在学习中不断提供问题和机会让学生参与实践的过程，在过程中体验，在操作中思考. 可见，融合手持技术、倡导探究与实验的指尖数学的教学主张，为实践能力的培养提供了重要的教学形式，探索出一条行之有效的培养途径.

1. 在验证数学结论中培养实践能力

重视手持技术的工具性作用，重视学生的动手操作，是数学实验的底线，其中验证数学结论是最简单的数学实验方式. 在验证数学结论中，学生参与了数学的认知活动，实践能力得到培养. 心理学家皮亚杰指出："活动是认识的基础，智慧从动作开始，切断了动作和思维之间的联系，思维就得不到发展."动手操作过程就是学生探究学习中提高实践能力的一种循序渐进的过程.

例 1　验证牛顿冷却定律.

牛顿冷却定律指出，实验系统的温度 T 与环境温度 T_0 满足如下规律：

$\frac{\mathrm{d}T}{\mathrm{d}t}=k(T-T_0)$（其中，$k$ 为常数）.

可以设计数学实验活动，通过函数拟合验证该模型.

将温度传感器与 TI 图形计算器直接相连，测出室内温度为 28 ℃；然后取一杯热水，将传感器浸没其中，并设置好数据采集速率为 2 样本/秒，持续时间为 180 秒，如图 2—3—1 所示．取出传感器，开始记录传感器在室温下的温度变化情况，获得 361 个时间与温度的对应数据，并将它们分别定义为 Time 数组和 Temp 数组，如图 2—3—2 所示．

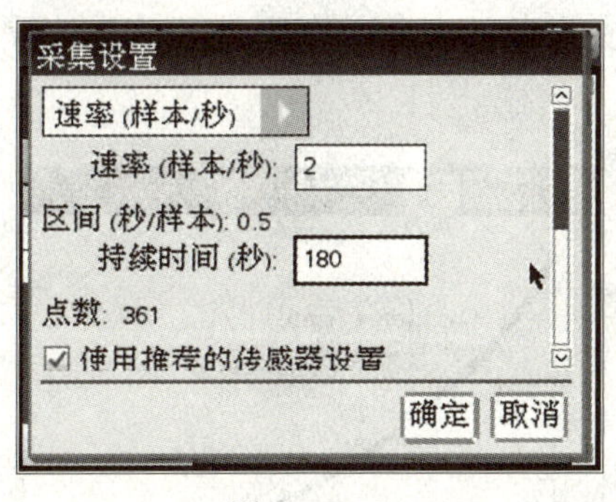

图 2—3—1

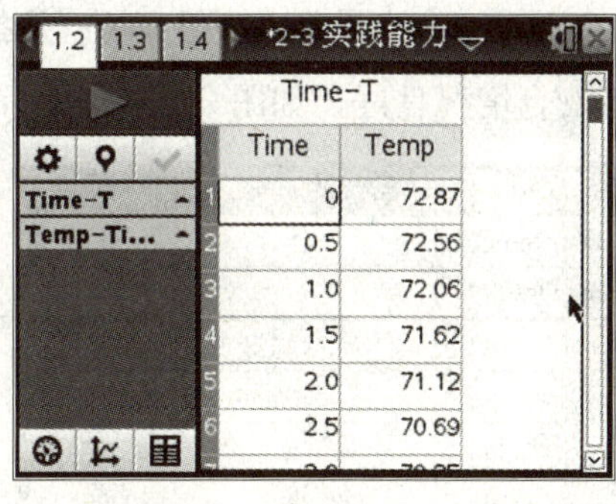

图 2—3—2

在列表与电子表格页面，列出数组 Time 和 Temp，可以对它们进行各种统计意义下的数据分析，也可以绘制散点图，发现温度 Temp 随着时间 Time 变化而变化的大致规律，如图 2—3—3 所示，但用不同的函数进行拟合时，发现函数图象与散点图之间总有一些差异，结果并不太让人满意．

在计算器页面，利用常微分方程求解命令 deSolve（方程，函数，变量），求出实验系统的温度 T 关于时间 t 的通解为 $T(t)=T_0+Ce^{kt}$，如图2—3—4所示．这说明为了得到吻合程度较好的拟合函数，选择拟合函数前，需要考虑初始温度 T_0 的影响．

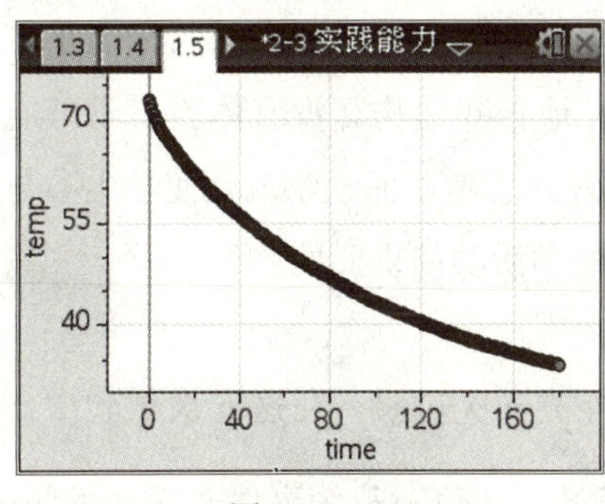

图 2—3—3

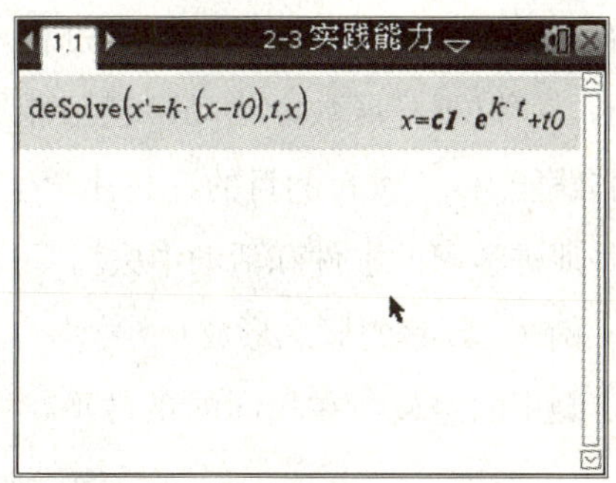

图 2—3—4

根据牛顿冷却定律的通解，可知 $T(t)-T_0=Ce^{kt}$ 是指数型函数，需要将温度 Temp 的数据做一些调整，因为实验时的室温是 28 ℃，所以将每个数据都减去 28，然后再用指数回归进行拟合，可以发现 $r^2=0.998924$，吻合程度较好，如图 2—3—5 所示.

若在图形页面，画出温度 Temp 关于时间 Time 的散点图，并画出函数 $y=f_1(x)+28$ 的图象［这里 $f_1(x)$是指数回归的拟合函数］，也可直观地看出两者吻合情况良好，如图 2—3—6 所示.

1.3 1.4 1.5 *2-3 实践能力

	C temp0	D	E	F
=	=temp-28			=ExpReg(
1	44.9		标题	指数回归
2	44.6		RegEqn	a*b^x
3	44.1		a	43.2241
4	43.6		b	0.98951
5	43.1		r²	0.998924

F1 ="指数回归"

图 2—3—5

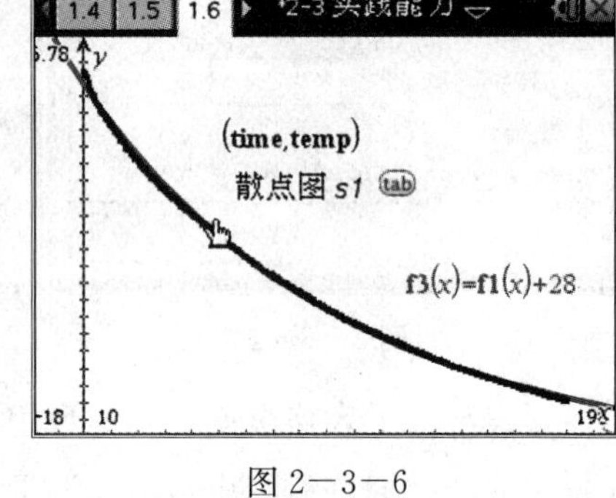

图 2—3—6

2. **在自我建构概念中培养实践能力**

毫无疑问，数学概念学习在高中数学教学中占有重要地位，高中数学教学应让学生经历数学概念与结论的形成过程，体会蕴涵在其中的思想方法，并在这个过程中形成对数学较为全面的体验和理解，学会用数学的思考方式解决问题、认识世界. 因此，概念教学需要自我建构，尤其对于核心概念，没有经历自主探究和操作实践的过程，学生只靠死记硬背掌握的知识是不牢固的，所以不开展数学活动，就不能较好地自我建构，没有体验就不可能形成实践能力. “教育的目的，是让学生更好地思考，而教学就是使学生参与到那些促进学习的事件和活动中去”，可见数学活动的重要性.

例 2　频率的概念形成.

频率的定义：在相同的条件下，进行了 n 次试验，在这 n 次试验中，事件 A 发生的次数 n_A 称为事件 A 发生的频数；比值$\frac{n_A}{n}$称为事件 A 发生的频率，

记为 $f_n(A)$，即 $f_n(A)=\frac{n_A}{n}$.

可以指导学生用 TI 图形计算器模拟将一枚硬币抛掷 5 次、50 次、5000 次的试验，各做 5 遍后统计数据，观察正面出现的次数及频率.

在计算器页面，输入"a：=RandInt(0，1，5)"，生成 5 个 0 或 1 的随机整数，用 1 代表出现正面，统计 1 的个数（只要计算数组 a 的和），可以得到抛掷硬币 5 次的正面次数，如图 2－3－7 所示. 类似地，输入"b：=RandInt(0，1，50)"，生成 50 个 0 或 1 的随机整数，代表抛掷硬币 50 次试验，可以获得相应的频数和频率，按要求进行试验，把结果在列表与电子表格中表示出来，其中第 1 列表示抛掷硬币 5 次正面向上的频数，第 2 列是相应频率，第 3 列和第 5 列表示抛掷硬币 50 次和 5000 次试验的正面向上的频数，可以发现频率有随机波动性，即对于同样的试验次数 n，所得频率 $f_n(A)$ 不一定相同；但是，随着 n 的增大，频率 $f_n(A)$ 呈现稳定性，即当试验次数较少时，频率 $f_n(A)$ 的随机波动幅度较大，当试验次数较多时，频率 $f_n(A)$ 的随机波动幅度较小，$f_n(A)$ 总是在 $\frac{1}{2}$ 附近波动，如图 2－3－8 所示.

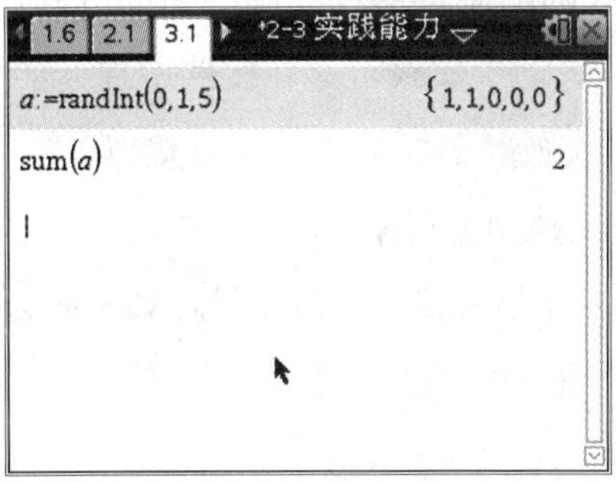

1.6 2.1 3.1 *2-3 实践能力

a:=randInt(0,1,5)　{1,1,0,0,0}

sum(a)　2

图 2－3－7

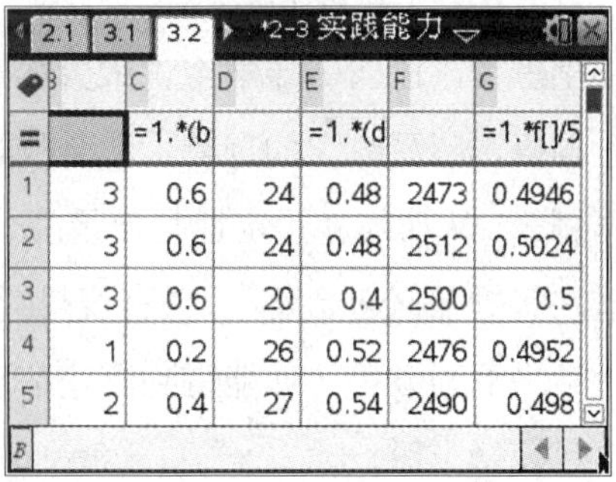

2.1 3.1 3.2 *2-3 实践能力

	B	C	D	E	F	G
=		=1.*(b		=1.*(d		=1.*f[]/5
1	3	0.6	24	0.48	2473	0.4946
2	3	0.6	24	0.48	2512	0.5024
3	3	0.6	20	0.4	2500	0.5
4	1	0.2	26	0.52	2476	0.4952
5	2	0.4	27	0.54	2490	0.498

图 2－3－8

还可以在列表与电子表格中，模拟试验次数 n 不断增大的试验，从中探索相应的频数和频率的变化规律，如图 2－3－9 所示，表格的第 1 列用序列命令"seq(15x，x，1，200)"生成一列数，表示试验次数，第 2 列用序列命令"seq(Sum(RandInt(0，1，15x))，x，1，200)"生成试验成功的次数（即数组中 1 的个数），得到频数，第 3 列计算频率. 然后，在图形页面，用散点图将试验次数与相应频率的图形表示出来，并画出直线 $y=\frac{1}{2}$ 作对比，可以直观地发现，当 n 逐渐增大时，频率 $f_n(A)$ 逐渐趋近于 $\frac{1}{2}$，如图 2－3－10 所示，这样学生对频率的概念就在自我建构中建立起来，实践能力也得到了提高.

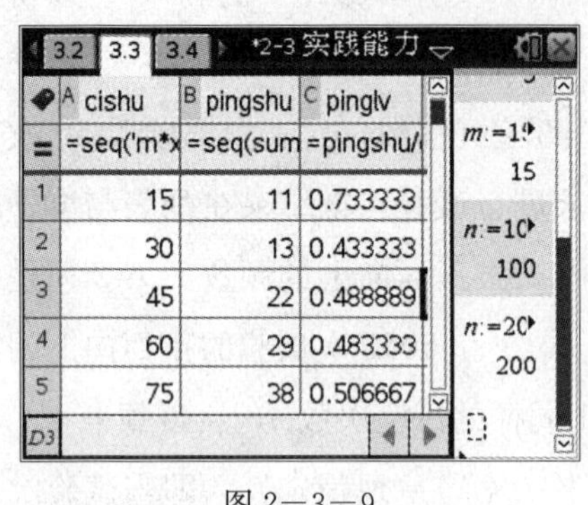

	A cishu	B pingshu	C pinglv
=	=seq('m*x	=seq(sum	=pingshu/
1	15	11	0.733333
2	30	13	0.433333
3	45	22	0.488889
4	60	29	0.483333
5	75	38	0.506667

图 2－3－9

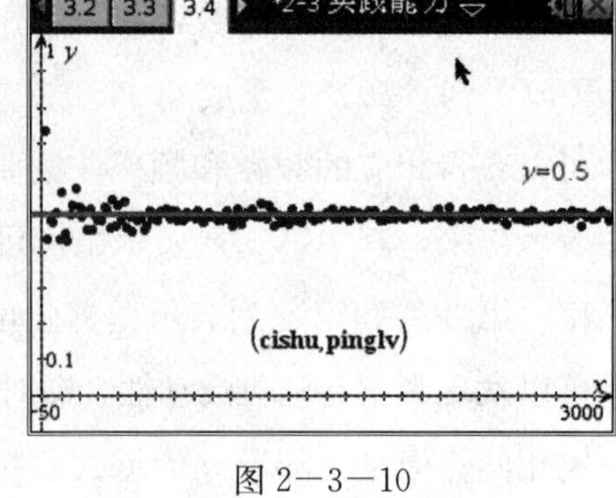

图 2－3－10

3. **在对问题导引的思考中培养实践能力**

古人说："学起于思，思源于疑."教师的质疑通过问题导引的方式，引发学生思考，进而引导学生尝试数学实验，动手实践，并在实践中提升能力，产生顿悟，感受数学的奇特，体会数学的美妙，欣赏数学的无穷魅力.

例 3　从动与静、定性与定量两个方面认识方程与曲线.

在解析几何起始阶段，"直线与圆"单元复习课教学时，设计如下问题：

给出下列方程，你能得到哪些信息？请写出你的感受.

(1) $(k+2)x+(2k-1)y+5=0$；

(2) $x^2+y^2-4kx+2ky+5k^2-1=0$.

学生容易想到先动手尝试，在图形页面，引入游标，作出方程的曲线，控制参数 k 的变化，进行观察，如图 2－3－11 所示. 教师适时追问，用问题导引学生进一步思考：从定性研究角度看，它们各表示什么图形？从定量研究角度看，它们表示的几何图形有什么特征？

教师的设问引发学生的思考，有思考才能有探索、有创造，也才能在思

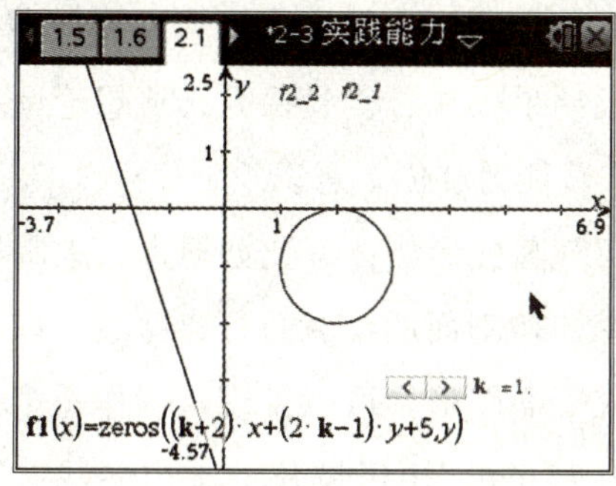

图 2—3—11

考中逐渐培养实践能力.

4. **在发展认知策略中培养实践能力**

当今时代强调学生要学会学习，形成终身学习的习惯和思维方式. 教学的过程中不仅要教会知识，还要关注知识的来源与现实意义，不仅要解决一个问题，还要提高学生的实践能力、思想方法和策略，让学生掌握学习的技能和方法，并能在学习的过程中反思体验学习的策略，在发展认知策略的过程中培养探究能力.

例 4　烟筒弯头的剪裁.

如图 2—3—12 所示，烟筒弯头是由两个圆柱形的烟筒焊在一起做成的. 现在要用矩形铁片做成一个直角烟筒弯头，每个烟筒直径为 9 cm，一边高 6 cm，一边高 15 cm，不考虑焊接处的需要，选用的矩形铁片至少应满足怎样的尺寸? 请设计一个最合理的剪裁方案（描述在矩形铁片上画出的裁剪线的图形特征).

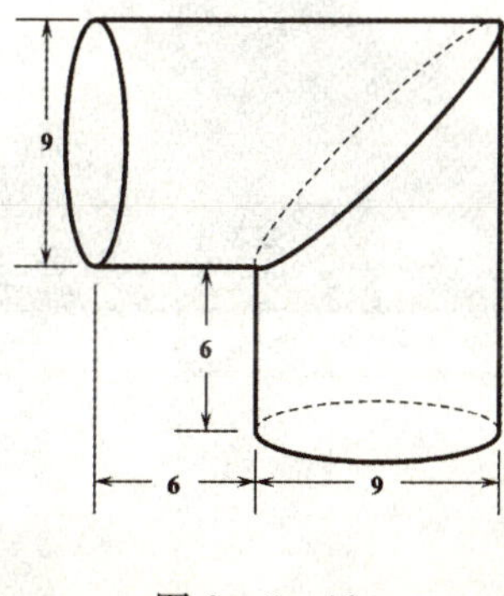

图 2—3—12

本例源于生活又服务于生活，具有实际意义和应用价值. 在解决问题的过程中，能使学生形成动手操作、实验探究、猜想论证并回归实际的认知策略，并通过学习提高实践能力和创新意识.

首先，可以动手切割圆柱形物体（比如萝卜、火腿肠等）制作烟筒弯头模型，在操作中直观感知切割面的形状特征；接着，取一个烟筒模型在最短的母线处剪开，铺平成平面图形，可以发现，制作每个烟筒所需矩形的长至少为 9π cm，宽至少为 15 cm，矩形铁片上画出的裁剪线应是对称的，如图 2—3—13所示.

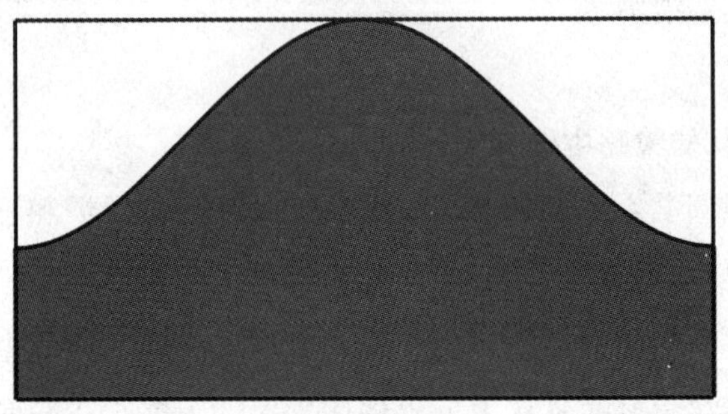

图 2—3—13

为了探寻裁剪线的特征，可以采用实验探究的方式进行，将图片保存到图形计算器中，调整坐标系尺寸与图片大致相符，绘制一些基本初等函数的图象，通过直接调整的方法（将光标移到曲线上，出现“⤡”标志时即可直接调整），发现曲线与正弦型曲线吻合，如图 2—3—14 所示.

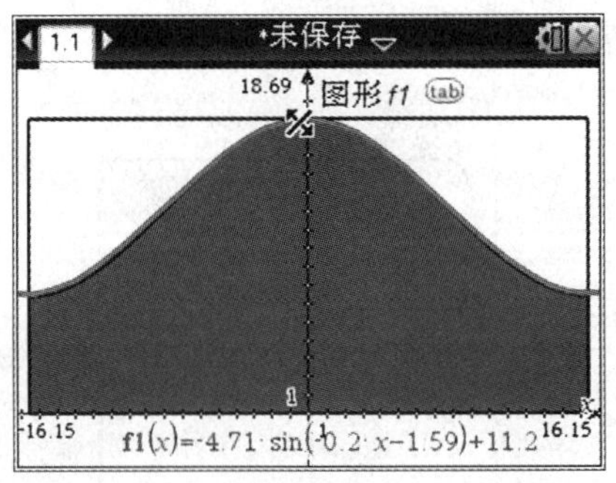

图 2—3—14

最后，在实验探究的基础上，猜想曲线的类型，进而以角度为自变量，从弧长、母线长等关系中寻找论证的方法. 不难发现，烟筒弯头交界处是与底面成45°角的圆柱截面，呈椭圆形，为了得到裁剪线，只要将圆柱侧面展开. 如图2—3—15所示，假设椭圆圆周上的动点B_1与底面圆周上的点B在同一母线上，$\angle AOB=\theta$，则在最短母线AA_1处剪开，在展开的平面图形中（以底面圆周展开的所在直线为x轴，最长母线AA_1所在直线为y轴），动点B_1的横坐标x的数值就是弧AB的长，所以$x=\frac{9}{2}\theta$，$\theta\in[-\pi,\pi]$；纵坐标y就是BB_1的长，可以求得$y=\frac{6+15}{2}+\frac{9}{2}\cos\theta$，从而得到函数关系式$y=\frac{21}{2}+\frac{9}{2}\cos\left(\frac{2}{9}x\right)$，$x\in\left[-\frac{9\pi}{2},\frac{9\pi}{2}\right]$. 从动手操作到实验探究，再到推理论证，学生的实践能力在认知发展策略中得以提高.

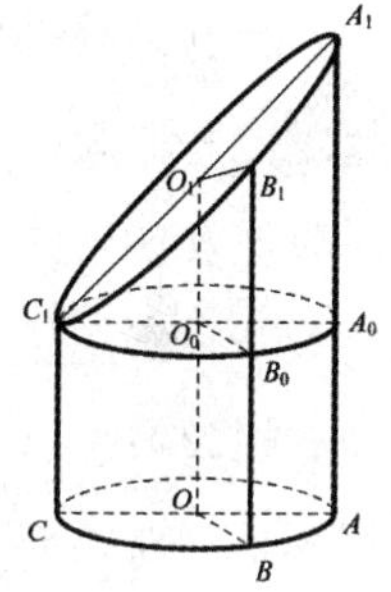

图2—3—15

在提倡独立思考、自主探究、合作交流的今天，手持技术在数学教学和学习中扮演的角色会变得越来越重要，也为指尖数学的教学主张找到了实践的依托.

第4节　创新意识与创新人才的培养

数学是思维的学科，数学教学的本质是思维的教学，数学思维教学中关注的是能力的培养，其中培养创新能力尤为重要，培养创新能力的目的是培养创新人才. 2005年，钱学森在病榻上的时候，对前来探望的总理说，为什么我们的学校总是培养不出杰出人才，这是个问题. 钱老说的问题不是一般人才的培养，而是科技创新人才的培养，他关注的不仅是科技创新人才的问题，而且是教育创新、社会创新，乃至民族发展、民族命运的大问题，这就是钱学森之问.

培养创新人才，既是我国科技发展的战略目标，也是当前教育必须研究解决的重大理论和实践课题，我们身处学校，从事数学基础教育，钱学森的问题不能不引发我们思考：数学教学该如何培养创新人才呢？

1. **创新与创新人才的本质内涵**

苹果公司发明了 IPAD，乔布斯是创新人才，世界各地紧跟着推出廉价的平板电脑，把平板电脑变成大众工具，尽管号称“人手一本”，极其廉价，但称不上“创新”.

我的一名学生骑车上学，车锁忘记带了，就将自行车与同学的车锁在一起. 恰好那天中午他临时有事要回家，可找不到同学，车锁当然就打不开了. 这时他发现，同学的车锁是扣在他的车架上的，于是他就想办法把车架的螺丝旋开，将车锁退出，再把车架的螺丝旋紧，将车骑走了. 可能有人会问，没有螺丝刀怎么旋开车架的螺丝？但我要说，不论他用什么方法旋开螺丝，都不是创新，而只是办法. 这名学生的创新在于他的逆向思维：本来应该让同学的车锁离开自己的自行车，自己的自行车就可以用了，可是做不到，怎么办呢？他设法让自己的自行车离开了车锁.

同样，司马光砸缸救人、曹冲称象都是中国古代典型的创新的例子. 前者本意要让人离开水，做不到，只好让水离开人，这是逆向思维；后者的创新体现在化整为零、逐一突破的意识和构想.

可见，创新包括意识、思维和构造性方法，创新就是创立与更新，还包括创造与改变. 科学发现、技术发明、文艺创作、理论创立都属于创新，创新并非上帝赐予的灵感所致，而是遵循一定认知规律，在主客观、内外因共同作用下的结果.

什么是创新人才呢？

创新人才是指具有强烈的创新意识和创新精神，具有很好的创新思维和很强的创新能力，能够做出创造性成果的人.

这不是定义，因为用创新解释创新人才，从数学上讲是循环论证，但我们不难从中看出创新人才的内涵是“创新”，创新人才培养的重点是“创新”.

2. **数学创新人才应具备的特征**

一般来说，创新人才都具有合理的知识结构、能力结构和良好的个性品质和素质特征，具有执着的进取精神，主动进行自主学习与探究的习惯，较强的分析与质疑能力，积极的创造动机与创新习惯，富有创新力.

在数学上，创新人才所具备的典型特征表现为问题意识、数学化意识和对问题具有高度的敏感性. 数学创新型人才不仅能够敏锐地从某一情境中发现问题，而且能将其转化为数学问题，并数学地解决（数学化），当已有的方法不足以解决问题时，还能设法寻求新的解决途径，展开新的数学思考.

18 世纪德国哥尼斯堡有一条河，河中有两个岛，两岸与两岛间架有七座桥，如图 2—4—1 所示，岛上的居民在不断尝试后提出思考：能否不重复地走遍七座桥而回到原地？这就是著名的哥尼斯堡七桥问题.

当很多人在不断尝试如何走的时候，欧拉以敏锐的数学家的眼光，看出其中存在的数学问题，并创新性地将七座桥视作七条线，而把河的两岸和岛视作四个顶点，把哥尼斯堡七桥问题变成了“一笔画”问题，即能否从一个顶点出发不离开纸面地画出所有的连线，使笔尖仍回到原来出发的地方. 为了解决“一笔画”问题，欧拉又提出能够一笔画的图形特征：除起点与终点外，一笔画问题中线路的交叉点处，有一条线进就一定有一条线出，故在交叉点处汇合的曲线必为偶数条. 因为哥尼斯堡七桥问题中四个交叉点处都交汇了奇数条曲线，所以岛上的居民无法不重复地走遍七座桥而回到原地，如图 2—4—2 所示. 在此基础上，欧拉展开新的思考，并于 1736 年向圣彼得堡科学院递交了《哥尼斯堡的七座桥》的论文，在解答问题的同时，欧拉开创了数学的一个新的分支——图论与几何拓扑.

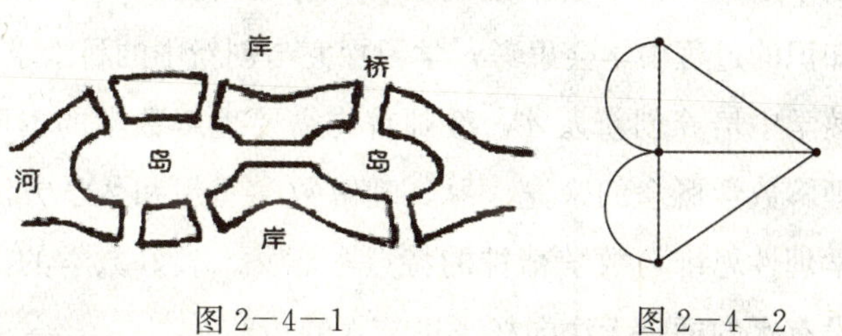

图 2—4—1　　图 2—4—2

不难看出，欧拉的创新体现在以下三个方面，其一，把看似非数学类的问题转化为数学问题（问题意识与数学化）；其二，用能够用一笔画的图形特征反证哥尼斯堡七桥问题不可解（提供解决问题的新的途径）；其三，展开新的数学思考（开创图论与几何拓扑）．这些方面正是数学创新人才所具备的典型特征．

创新人才的典型特征不仅指出我们数学教育的培养目标，也是我们数学教学实践的行动指南，是我们在创新人才培养上的风向标和路线图．

3. **教学中创新人才的培养途径**

培养创新人才需要有良好的环境，这种环境简单地说就是宽松．宽松的育人环境包括教育机制前沿化，课程方案有前瞻，教师团队和谐、有活力，教学设施和管理方法的人文化．宽松的环境是培养创新人才的重要保证，而培养创新人才的根本保证还是要从学科内部考虑，教师倚重学科理解，教学实施时激发学生的学习兴趣，给学生提供充足的时间、空间和机会等，才是重要的培养途径．

（1）倚重学科理解．

在创新人才培养中，教师是主要影响因素．教师的影响源于对课程及目标的理解，尤其是对数学学科的理解．在基础教育课程体系中，数学是发展学生的智力、培养逻辑思维能力的主要学科，数学学科不仅能培养学生的几何直观能力、运算求解能力、逻辑推理能力、数据处理能力等，而且在锻炼学生的心智、培育理性精神上也是不可替代的．这就要求教师以数学地认识问题和解决问题为核心任务，以数学知识的发生发展过程和理解数学知识的心理过程为基本线索，为学生构建前后一致、逻辑连贯的学习过程，使他们在掌握数学知识的过程中学会思考，学习探究与创新中的科学求真精神．

在数学教学中培养创新人才，教师首先需要理解数学的本质和特性，理解数学就是理解数学概念的来龙去脉，理解数学思想和数学方法的价值和应用，理解数学理性思维与数学精神的特点和意义．教好数学的前提是教师先学好数学，没有水的桶是无法向杯子里装水的．

例如“点到直线的距离公式”的教学，这是解析几何中重要的一节公式推导的练习课. 本课涉及“点”“线”“距离”等知识，以及“选择”“转化”与“求简”等策略，教学中需要教师做如下理解.

其一，点到直线的距离公式的推导有着深刻的解析几何思想，本课教学绝不仅仅是公式的记忆与应用.

其二，根据点到直线的距离的定义，可以设计“做垂线”“求交点”，再用两点间的距离公式（“转化”的策略）求解过程，这是一个思路自然、思想方法大众化的解法，尽管解方程组的操作过程较为复杂，但还是需要留出充足的时间给学生尝试操作，以期理解和掌握解析几何的思想与代数变换技能.

其三，由于常规方法较繁，所以应当考虑如何“求简”. 实际上，“求简”的过程就是创新的过程，需要学生充分关注问题中各个因素之间的关系以及相关概念之间的联系方式. 不同思维倾向的学生，可能采取不同的“求简”策略，不同的求解方法又体现了知识的不同联系方式. 能否创新性地找到新方法的决定性因素，除了与学生对相关概念及其蕴含的思想方法的熟悉程度有关，还与教师的“理解”密切相关.

最后，“选择”与“创新”都具有策略性知识的特性，教学中要根据具体情景迅速作出决策判断，最重要的是要“把选择的机会让给学生”而不是进行“告诉学生如何选择”，把“创新的机会留给学生”而不是进行“教师技能的展示”，这是重要的教学原则，教师只要追问“你是怎么想到的”“还可以怎么做”即可，而不需要代替学生操作.

上述四个方面的理解都指向学生创新能力的培养，也说明教师理解数学对创新人才培养的重要作用. 否则，一节可以内涵深厚、赋予创新精神的数学课就会演变为教师个人魅力的展示课或学生死记硬背的操作训练.

教师理解数学，需要深入学习与研究数学，我们认为，理解数学应该从数学学科特点与本质特性，数学核心知识的逻辑体系，教材章节意义与教育价值，教学策略形成与导向作用，数学概念背景与发展轨迹，数学概念内涵与本质属性等六个方面予以重点关注. 数学的问题想清楚了，教学的问题就解决了，想清数学问题需要教师的科研，课堂是学生能力培养的主要阵地，科研是教师专业发展的重要方法. 两者结合，互相促进，既是创新能力培养的重要指标，也是创新人才培养的重要方法. 在中学教数学，培养创新人才，教学与科研是根本保证.

(2) 拓展第二课堂.

除了课堂主阵地，第二课堂也是创新能力培养的重要场所，尽管“数学兴趣小组活动”“数学研究性学习活动”“数学校本课程培训”以及“竞赛数学”面向的是一种“前沿数学”和“研究数学”，与普通高中数学在知识层次、教学方法和学习形式上都有所不同，但在教育目标上却具有高度的一致性，本质上都是在面向全体、全面发展、主动发展的基础上培养具有科学创新意识的人才，反映了相同的数学教育价值.

借助第二课堂培养创新人才，最为重要的是要激发学生的数学学习兴趣，教师可以通过设置新颖有趣的问题，激起高中学生学习数学的热情，通过精彩美妙的解题方法，吸引高中学生的好奇，并结合学习过程的艰辛与灵感迸发的喜悦，促使高中学生亲身感受与体验数学知识的无穷魅力，体会到科学发展的独特趣味，从而发现自已在学习中表现出的能力和价值，形成浓厚的数学学习兴趣.

例如，已知抛物线 $y=ax^2+bx+c$ 与抛物线 $y=x^2-8x+3$ 关于点 (3, 4) 对称，那么 $a+b+c$ 的值为（　　）. (2006 年全国高中数学联赛福建赛区预选赛)

A. -28　　　　B. -4　　　　C. 20　　　　D. 18

一般的解题过程是先求出与抛物线 $y=x^2-8x+3$ 对称的抛物线的方程为 $y=-x^2+4x+17$，对照已知抛物线方程可知 $a+b+c=20$，选 C. 而参与数学第二课堂活动的学生一定会注意到 $a+b+c$ 的值就是当 $x=1$ 时的函数值，这样就可设点 $Q(1, y_0)$ 在抛物线 $y=ax^2+bx+c$ 上，把它关于点 (3, 4) 对称的点 $Q'(5, 8-y_0)$ 代入抛物线方程 $y=x^2-8x+3$，由 $8-y_0=5^2-8\times 5+3$，解得 $y_0=a+b+c=20$，选 C.

精妙奇特的解法源于思维的创新与对问题整体的关注，解题灵感的产生给数学学习带来意外的惊喜，由此激起的对科学研究和发现的浓厚兴趣定会在心中“根深蒂固”，创新之花自然结出“累累硕果”.

(3) 依赖教育技术.

中小学教师教育技术能力标准（试行）指出：教育技术是指运用各种理论及技术，通过对教与学过程及相关资源的设计、开发、利用、管理和评价，实现教育教学优化的理论与实践. 教育技术包括手持技术与信息技术及音频和视频技术等其他技术手段在教育中的发展和应用. 依赖教育技术，尤其是手持技术，正说明教育技术在发展学生直观想象能力，培养逻辑思维习惯，提高学科科学艺术素养，锻炼钻研探索精神，掌握独立学习方法等方面的重要作用.

数学这门学科本来就是以培养学生的逻辑思维能力为宗旨的，但数学所具有的内容的抽象性、应用的广泛性、推理的严谨性和结论的明确性等特点，给学生带来了不小的困难，依赖教育技术，就是引导学生走上一条成长为创新人才的“高速公路”.

例如，解析几何中，关于椭圆有如下定义：平面内与两个定点 F_1，F_2 的距离的和等于常数（大于$|F_1F_2|$）的点的轨迹叫做椭圆.

教学时，可以用 TI 图形计算器作出轨迹. 在几何页面上，先作出两条线段 PF_1，PF_2，并测量它们的长度，然后把这两条线段的长度相加，再把和锁定（选择属性，改变第二个属性为“对象已锁定”)，最后用几何跟踪点 P，并移动点 P，即可得到轨迹，如图 2—4—3 所示.

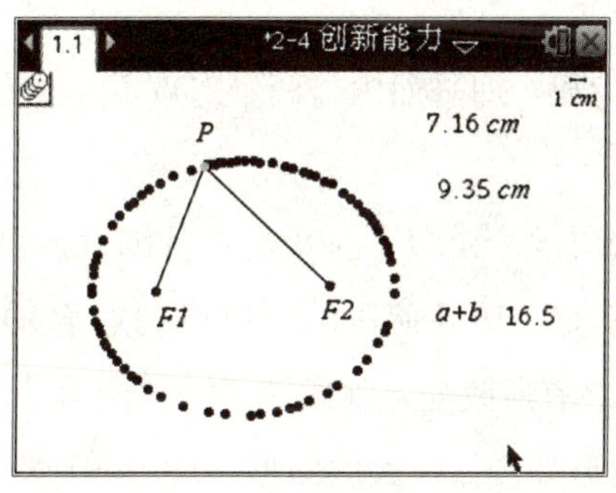

图 2—4—3

之后教学中，可以要求学生叙述椭圆的定义中涉及哪些关键词，并思考将椭圆的定义推广（类比椭圆的定义），会产生哪些想法.

有了手持技术，从椭圆定义中获得的启发即可进行以下探索，创新的灵感将源源不断. 比如，来自关键词“两个定点”的启发，可以发展为三个定点，或两条定直线，或一个定点与一条定直线等；来自关键词“距离”的启发，可以发展为角度、斜率，或新定义的距离等；来自运算“和”的启发，可以发展为差、积、商等. 并且可以直接尝试，判断是否有研究价值，过去想到做不到的事，过去没有想到的事，在这里变得如此简单.

创新 1　定点由两个变为三个，即平面内与三个定点 F_1，F_2，F_3 的距离的和等于常数的点的轨迹会是怎样?

在几何页面，作出三条线段 PF_1，PF_2，PF_3，并测量它们的长度，然后把三条线段的长相加并将和锁定，用几何跟踪可以得到点 P 的轨迹，如图 2—4—4所示.

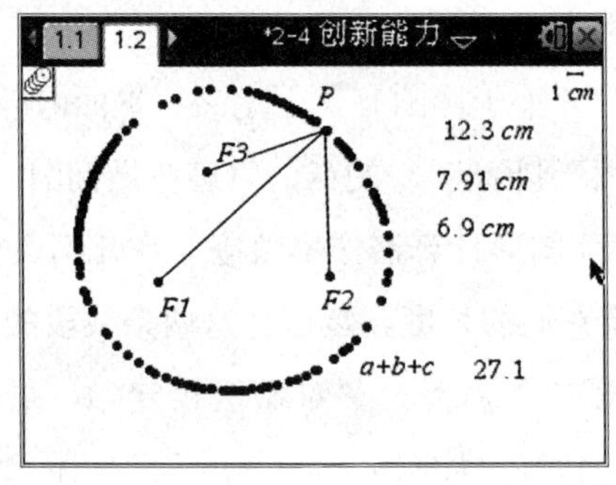

图 2—4—4

创新 2　将和改为积，即平面内与两个定点 F_1，F_2 的距离的积等于常数的点的轨迹会是怎样?

在几何页面，作出两条线段 PF_1，PF_2，并测量它们的长度，然后把两条线段的长相乘并将积锁定，用几何跟踪可以得到点 P 的轨迹，改变定点 F_1，F_2 的位置，发现轨迹会有所改变，如图 2—4—5 所示.

还可以利用 TI 图形计算器强大的图形表现力与计算功能，进一步探究轨迹的特征，在图形页面，插入游标“a”表示两条线段之积，取定点 $F_1(-c,0)$，$F_2(c,0)$，根据条件列出关于 $P(x,y)$ 的方程 $\sqrt{(x+c)^2+y^2}\cdot$

$\sqrt{(x-c)^2+y^2}=a$，然后在函数输入符“$f_1(x)=$”之后，输入“zeros（$\sqrt{(x+c)^2+y^2}\cdot\sqrt{(x-c)^2+y^2}-a$，$y$）”，即可得到轨迹，调整 a，c 的值，可以发现轨迹有时变为两条封闭曲线，有时变为“跑道”形，有时又是“花生”形等各种情况，如图 2—4—6 所示.

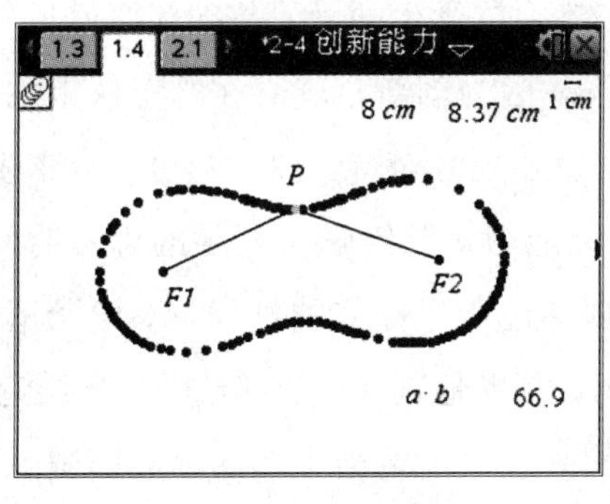

图 2—4—5

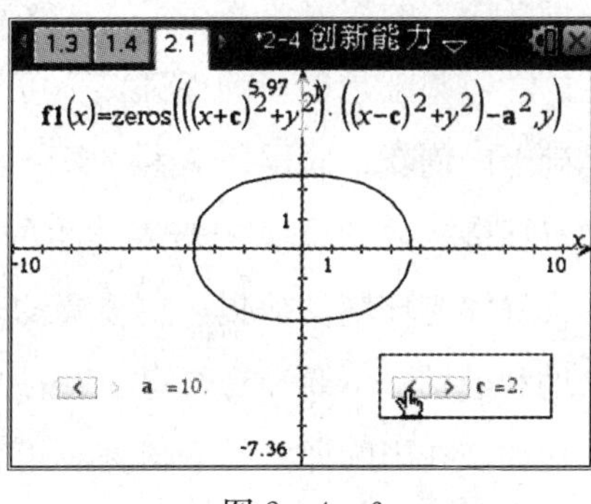

图 2—4—6

创新 3　引入距离新定义，如在平面直角坐标系中，两点 $P_1(x_1, y_1)$，$P_2(x_2, y_2)$ 间的“L—距离”定义为 $\|P_1P_2\|=|x_1-x_2|+|y_1-y_2|$，则平面内与 x 轴上两个不同的定点 F_1，F_2 的“L—距离”之和等于定值（大于 $\|F_1F_2\|$）的点的轨迹会是怎样？

不妨取 $F_1(-1, 0)$，$F_2(1, 0)$ 作特例进行研究，设动点 $P(x, y)$，根据定义，轨迹是 $\{P\mid\|PF_1\|+\|PF_2\|=2a\}$，得到方程 $|x+1|+|x-1|+2|y|=2a$，作出曲线如图 2—4—7 所示.

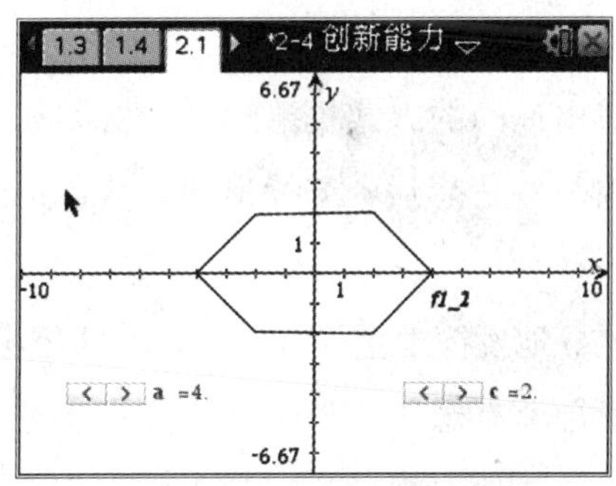

图 2—4—7

当前，人类社会步入了技术迅猛发展的信息时代，加强教育技术，培养学生的“技术素养”“信息素养”和“创新意识”，已经成为各国普遍接受的基础教育的重要培养目标. 教育部印发《中小学教师教育技术能力标准（试行)》，这个标准的研制和实施契合了基础教育信息化这一国际共识.

（4）鼓励自主探究.

创新能力的培养要落在实处，就要正确对待学生的学习基础和探究过程. 学生的学习基础是创新的保证，不可忽视，因为创新是建立在既有认识成果的基础上的创新；同样，学生的探究过程也要用心对待，要做到目中有学生，心中有期待. 数学课堂中培养学生的探究能力，要给学生充足的思考时间，这是良好探究环境的前提，更重要的是要关注学生探究的过程，并给予适时的帮助和鼓励，不要轻易否定学生的设想，武断地判断或直接给学生下结论.

比如，在国际课堂教学研究小组、国际程序委员会主办的第五届国际课堂教学研究论坛上，笔者开设了题为《趣探斐波那契数列的简单性质》的教学观摩课，课上设置了探究问题：借助 TI 手持技术探究斐波那契数列的性质，把你的发现说出来，即使你现在还不能证明它.

授课学生是刚刚进入福州三中不足一个月的新生，为了完成探究任务，他们提前学习了数列的概念、表示与简单性质，并接受了 TI 图形计算器的应用培训. 很显然，这个探究问题对于高一新生来说是有难度的，在建立斐波那契数列模型和性质的探究中，需要较多的探究数学问题的经验，对合情推理能力也有较高要求. 因此，教师需要在探究思路的开发、信息技术的使用、具体计算结果的观察等方面加强引导.

于是教师在探究前用追问的方式提醒学生：探究数列的性质可以从哪些角度入手？当学生产生一些猜想后，继续追问：从数列的有限项获得的一般结论是否一定可靠？

在教学中，为了更好地发挥学生的自主性，教师还十分注意启发与等待、纠正与肯定的时机，让每个有想法的学生都充分表达思想并转化为数学关系式，还能大致作出正确性判断，以此培养学生的探究能力. 实际教学中，有一个学生探究得到斐波那契数列的整除性：斐波那契数列中的第 4 项，第 8 项，第 12 项，…，都能被 3 整除. 对于高一新生来说，这是了不起的发现，

闪现着创新精神的智慧，但由于基础知识不够，他还无法做出一般性结论的论述，于是教师从项数的特点指导他提炼出以下结论：$3|F_{4n}$，$n\in\mathbf{N}^*$．在考虑这个结论是否可靠时，这个学生在表述时体现出思维混乱，此时教师的等待和鼓励就显得非常重要了．在教师的等待和引导中，这名学生对他的论证进行自我修正，教师发现他的叙述大致包含了两层含义：第一，数列中的每个项都用3整除，考察它们的余数，可以发现结论具有规律性；第二，第1项的余数为1，第2项的余数为1，而第3项的余数正好是前两项的余数之和，为2，可以判断第4项的余数是前两项的余数之和，即$1+2=3$，所以能被3整除，而后，斐波那契数列周而复始地延续这种规律，从而得到$3|F_{4n}$，$n\in\mathbf{N}^*$．这种朴素的描述体现的化归与转化的思想与数学归纳法，正是学生创新精神的体现．试想如果没有教师的期待，我们能听到如此美妙的声音吗？更别说从这个结论出发，学生继续猜想得到的以下结论：$2|F_{3n}$，$3|F_{4n}$，$5|F_{5n}$，…，$n\in\mathbf{N}^*$．

又如，2013年毕业的实验班上有一个参加物理竞赛培训的学生，他的数学其实不太好，但他经常给我提一些古怪的数学问题，比如：能不能用定积分解决统计问题？能不能用物理中的角速度解释三角恒等变换，等等．每一次在给他指导的时候，我总是探听他的问题的来源以及他自己的思考，及时肯定他不断冒出的数学思维火花，并指点他通过进一步阅读提升对问题的认识，修正和弥补解决问题的方法．每一次在给他指导的时候，我的心里总是冒出一种异样的忧虑，我很担心我不正确的指引泯灭了他的探究欲望，更担心由于我的不慎扼杀了一个未来的爱因斯坦！

数学教学不要压抑人性，应该鼓励质疑，在数学教学中培养创新人才，最重要的是：数学课堂不能只是教师一个人的舞台！

第5节　让“数学阅读”成为生活方式

阅读是人类汲取知识的主要手段之一，指尖数学同样倡导阅读．数学阅读能力是终身学习的需求，阅读数学是现代人必备的科学素养，但数学常以特有的学术形态的方式呈现给阅读者，给阅读带来困难. 荷兰著名的数学教育家弗赖登塔尔曾经将数学的学术呈现形态描述为“冰冷的美丽”，冰冷而美丽的学术呈现掩盖了数学发现、求解和发明的“火热”过程，从而抑制了阅读的兴趣，降低了阅读的热情. 可见，为了还原数学学术从“冰冷”到“火热”的过程，实现数学阅读从冰冷到火热的转变，教师应不断提高学生阅读数学的兴趣，明晰阅读数学的目的，指导阅读数学的方法，培养阅读数学的能力，提升阅读数学的水平，引导学生体验、接受、欣赏数学冰冷的学术呈现形态，还原火热的过程，促成火热的思考，享受火热的激情，让数学阅读成为现代学生的生活习惯.

1. 因兴趣而阅读——体验冰冷的形态，还原火热的过程

兴趣能开启阅读数学之门，对数学阅读有着神奇的内驱动作用，培养学生数学阅读能力，可以从培养阅读数学的兴趣开始. 美国心理学家和教育家布卢姆说过：“学习的最大动力，是对学习材料感兴趣.”学生最感兴趣的学习材料，莫过于数学史实、数学家的故事和经典的数学问题，教师通过创设学习的情境，激发学生对某个学习材料产生兴趣，必能指引学生阅读数学，开始体验数学冰冷的学术呈现形态，并通过阅读，还原数学火热的研究过程.

例如，在归纳推理的教学中，教师有意识地提到费马和著名的费马大定理. 费马是法国业余数学家，他在数学上的成就并不比职业数学家差. 17 世纪初，古希腊数学家丢番图所著的《算术》一书在欧洲很流行，1621 年费马在巴黎买到这本书，并对书中的不定方程进行深入的研究，提出了这样一个猜想：当 $n>2$ 时，关于 a，b，c 的不定方程 $a^n+b^n=c^n$ 没有正整数解. 这个猜想如此简单，甚至连初中学生都能理解，但这个猜想的证明却困惑了世间智者 358 年. 更令人惊讶的是，费马在这个猜想的后面，接着写道：“关于此，我确信已发现了一种美妙的证法，可惜这里空白的地方太小，写不下.”

教师的介绍激发了学生了解费马和费马大定理的兴趣，很多学生利用课余时间，开始阅读西蒙·辛格所著的《费马大定理：一个困惑了世间智者 358

年的谜》和杨世明、王雪琴所著的《数学发现的艺术——数学探索中的合情推理》.

尽管这两本书都通俗易懂，但对学生来说，还是不乏数学特有的“学术语言”，给阅读带来一定的困难，学生因为兴趣，开始体验这种冰冷，相信一定能在阅读数学之后，还原数学研究的火热过程.

2. 因需求而阅读——接受冰冷的陈述，促成火热的思考

仅因为兴趣而阅读数学是不能保持长久的，只有不断求知和自我发展的需求，才能促使学生真正叩开数学阅读之门，不断激励学生对数学阅读产生兴趣，坚持数学阅读. 学生阅读需求的培养，涉及多方面因素，其中有意指导学生克服阅读数学的困难，接受数学冰冷的陈述，并促使学生进入火热的数学思考，是重要的方法之一.

数学阅读的主要困难是数学语言，数学语言因其特有的符号化、逻辑化、严谨性、抽象性和精确、简洁等特点，给阅读造成理解上的困难. 为了确保数学阅读能顺利进行，应在求知和自我发展的需求指引下，指导学生正确理解严谨的数学语言，接受数学特有的叙述方式.

比如简单的逻辑连接词“或”的理解，在生活中，如果你说“班长或副班长下课后留下来”，那么课后肯定只留下一个人，其实在数学中，还包含了两个人都留下来的情形，这就是生活语言与数学语言的理解差异. 这种差异，会阻碍数学的阅读，甚至引起误解，解决的办法就是正视它们的差异，正确理解它们在数学上的含义. 事实上，用“或”将命题“p”和“q”联结成新的命题“p或q”，数学的解释是：当p和q两个命题中有一个是真命题时，“p或q”是真命题；当p和q两个命题都是假命题时，“p或q”是假命题. 这种解释体现了数学叙述的严谨性和精确性，也说明了要正确理解“有一个是真命题”中的“有”的含义的重要性.

又如“同理可证”“同理可得”的理解，这里的“同理”是指相同的解题思想和数学方法，或者类似的思维过程和推演步骤，这种叙述既不排除在求解过程中常数和变量会发生明显的改变，也不排除生成新的方程或改变不等号的方向等等. 使用这种叙述，主要是为了使行文更加清晰明了，突出阅读的重点，体现了数学语言的简明性和逻辑化的特征.

又如“至少”“至多”“不大于”“不小于”等数学用词的理解，如果要你用反证法证明命题“三角形的三个内角中至少有一个角不大于 60°”，正确的假设是下列选项中的哪一项？

A. 假设三角形的三个内角都小于 60°

B. 假设三角形的三个内角都大于 60°

C. 假设三角形的三个内角中至多有一个大于 60°

D. 假设三角形的三个内角中至多有两个大于 60°

除非接受过数学专业训练，否则仅从字面上看是不太容易理解这些数学用词的含义和它们之间的联系，靠记忆也容易引起混淆，这是数学语言抽象性的表现. 现在将“至少有一个”用数学符号“$\geqslant 1$”表示，反设结论就是“<1”，因为涉及“个数”，所以就得到“个数$=0$”，亦即“没有”；同样“至多一个”用符号表示就是“$\leqslant 1$”，“不大于”就是“$\leqslant$”，“不小于”就是“$\geqslant$”. 这样，正确的假设是“假设三角形的三个内角中没有小于或等于 60°的角”，即“假设三角形的三个内角都大于 60°”，选 B. 用符号理解数学用词的含义，体现了数学符号化和语言简洁性的特征.

再如“易得”“易证”的理解，它的含义是：出于阅读篇幅和关键性的考虑，作者有意省略掉一些求解过程或证明步骤，这对于作者所要阐述的事实没有影响，对于作者所得的结论也起不到决定性的作用；而且对于阅读者来说，也没有实质性的帮助，如果把它们都写出来，只会干扰阅读者关注应该重点关注的内容，并请阅读者相信，每个人都可以通过难度不大的推证或演算等步骤，得到这个结论. 当然，它并不排除阅读者在推证或演算时感到枯燥或困难，甚至感觉“不容易得到”“不容易证明”，尽管如此，阅读者也不需要感到沮丧，因为这并不影响阅读者对作者意图的深入了解. 使用这些词，体现了数学的简明性和单纯性以及结构的严谨性.

以上仅列举阅读中经常会遇到的一些数学用词，类似的还有“任意”“存在”“都是”“不都是”“都不是”，等等，这些词语都有其特定的数学含义，数学阅读前应正确理解它们的本意，熟悉各种数学“暗号”，做好阅读准备，这样才能理解数学的语言，促成对数学的火热思考.

3. **因习惯而阅读——欣赏阅读的美丽，感受火热的激情**

习惯是积久养成的生活方式，数学也需要养成阅读的习惯. 阅读数学的习惯不是与生俱来的，而是在兴趣驱动下形成求知和自我发展的需求，并在阅读需求中克服困难，逐渐养成的一种自觉行为. 这种自觉行为，能不断召唤内心的渴望，完善数学的知识结构，掌握正确的阅读方法，并在阅读中领悟数学的美感和价值，学会欣赏数学形式化冰冷的美丽，享受对数学的火热思考带来的激情.

培养学生数学阅读的习惯，可以从阅读资料的选择方面着手. 对于学生而言，阅读资料主要包括课本、教辅材料和报刊等.

课本以及课本提供的阅读材料就是最佳的阅读资料. 在每个章节的教学中，教师应引导学生养成自觉翻阅阅读材料的习惯，了解相关数学史料和科学家的贡献、生平事迹，对课本已有的数学知识作进一步延伸、拓宽和深化，以此开阔学生数学阅读的视野，提高学生数学阅读的兴趣，养成数学阅读的习惯. 此外，阅读材料中列出的参考书籍，作者引用的参考文献等也是重要的阅读资料.

同样，数学报刊也是重要的阅读资料，比如《数学通报》《中学数学教学参考》《数学通讯》《福建中学数学》等，这类资料是时代的脉搏和智慧的结晶，是最快捷、最鲜活、最前卫的信息源泉，它能帮助学生不断提高数学阅读水平，使学生成为终身学习的践行者.

马路上有一块石头，有人绕过去了；有人却弯下腰捡起来，放到路边去. 在捡起石头的人来看，弯腰去捡也是一个非常自然的动作. 这就是一种习惯，阅读数学也应有这样的习惯，不管有没有人注意，不要绕开，书在那里，已经翻开，它期待着你眼睛和心灵的关注.

第 6 节　T^3的乐趣

T^3（Teachers Teaching with Technology™）意为“教师用技术教学”，是随着手持技术的应用和发展，越来越被关注的一个概念.

T^3既是一个学术组织，也是一种教育理念和教学方法.

首先，T^3是一个国际学术组织，一个世界领先的教育工作者的专业发展组织，由德州仪器提供资助，其发起人是美国俄亥俄州州立大学的伯特和富兰克林教授．该组织通过网络课程、各级培训等形式，为教师的专业发展提供有效的帮助.

其次，作为一种教育理念和教学方法，T^3倡导“操作”“理解”和“探究”，随着教育技术在教学中的推广和应用，T^3被赋予时代背景下的数学教育新的内涵、目标、内容以及学与教的方式，给数学学习带来了智慧和乐趣.

1. 无线系统的“交互”之趣

TI-Navigator™无线导航系统（以下简称无线系统）是由 TI 图形计算器、无线网络适配器、路由器和教师软件等构成，将无线系统应用于数学课堂教学，教师就可以与每一个学生的 TI 图形计算器无线对接，监控学生的学习进程，及时了解学生对数学问题的掌握程度，实时解答学生的学习疑问，使得教学不再随意和盲目．教师还可以编辑数学问题，通过路由器和无线网络适配器，发送到学生的 TI 图形计算器上进行“即时调查”，学生按要求回复“文本”“选项”“图形”“方程”或“表达式”，教师通过软件收集并快速整理统计，这种“即时调查”能让教师及时捕捉到学生学习的整体情况和个体差异，实现针对性教学和个性化教学，从而改变了传统的评价方式．TI 图形计算器良好的学习性和无线系统强大的互动功能给教学带来了“交互”之趣.

例如，在“（整数值）随机数的产生”这节课上，教师设计了“即时调查”问题：请你猜测，在有 50 名学生的教室里，至少有 2 名学生生日相同（一年视作 365 天）的概率为（　　）.

A. 低于 10%　　　　B. 大约 45%

C. 大约 81%　　　　D. 高于 95%

这是一个贴近生活、贴近学生实际的概率问题，设计意图是创设比较新颖的问题情境激发学习的兴趣. 由于学生没有求解这类概率问题的办法，所以只能靠感觉进行猜测. 从“即时调查”的统计结果可以一目了然地看到，没有一个学生能正确猜中选项 D，很多学生猜测选项 A、选项 B，说明他们对这个概率问题的认识体验有明显错觉. 因此，当教师给出正确答案并提出“用试验的方法得到概率的估计值”的学习要求时，这个学习要求迅速化为学生自觉学习的强烈意愿.

2. CAS 系统的“简化”之趣

TI 图形计算器是一种既能计算又能作图的新型的数学认知工具，它独有的计算机代数系统（Computer Algebra System，简称 CAS 系统）可以实现代数运算、符号运算和逻辑运算的基本要求，可以解决三角函数、微积分以及矩阵的相关运算问题. 数学学习中，化简、求值等计算能力的不足往往阻碍了学生对概念的理解，使用 CAS 系统，学生就能从单一的解题教学和繁杂的计算中解脱出来，更加专注于数学思维能力的锻炼. 当然，这并非说明计算能力不重要，当计算能力影响数学思维要求时，我们希望学生能借助技术缩小计算能力上的差距，在简化“体力劳动”的要求中，与其他学生一同体验“脑力劳动”带来的学习乐趣.

例如，在一节“数学归纳法”的教学中，教师要求学生判断是否存在常数 a，b，c，使得等式 $1\times 2^2+2\times 3^2+3\times 4^2+\cdots+n(n+1)^2=\frac{n(n+1)}{12}(an^2+bn+c)$ 对一切 $n\in\mathbf{N}^*$ 都成立，并证明结论.

此类问题的解题关键是从特殊情况入手，先猜测 a，b，c 的值（合情推理），再用数学归纳法证明（演绎推理）. 但是由于计算失误使得许多学生在

求解 a，b，c 的环节就被卡住了，因此解题的关键部分就难以实现. 现在，借助 CAS 系统的计算功能，可以扫清障碍：分别将 $n=1$，2，3 代入等式，用 TI 图形计算器化简得到关于 a，b，c 三元一次方程组 $\begin{cases} a+b+c=24, \\ 4a+2b+c=44, \\ 9a+3b+c=70 \end{cases}$（如图 2—6—1），再解得 $\begin{cases} a=3, \\ b=11, \\ c=10 \end{cases}$（如图 2—6—2），由此产生猜想再进行证明.

很显然，与化简和解方程组相比，如何猜想 a，b，c 的值，为什么要用三个方程求解以及怎样用数学归纳法证明才是问题的核心. 简化了计算过程，让学生有更多的时间用于理解数学的本质，从而能更有效地培养学生的想象力和创造力.

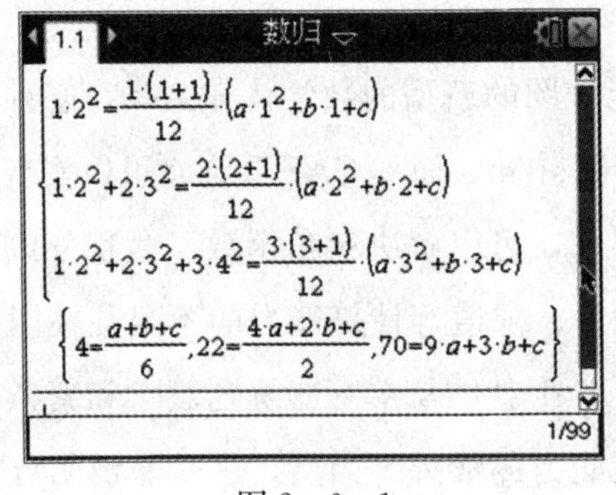

图 2—6—1

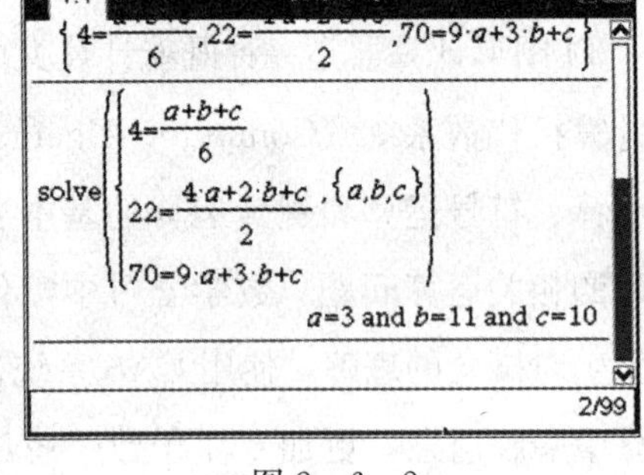

图 2—6—2

3. 多元关联的“动态”之趣

在 TI 图形计算器的同一个问题（最多可以有 50 个页面）中，多元动态关联是通过共用同名变量实现的. 多元关联是 TI 图形计算器的重要设计理念，它有两层含义：其一，可以将一个数学概念用代数、图形、表格或文字等多元的形式表现出来，当一种表示法发生变化时，其他表示法也同时发生变化；其二，同一个问题中的数据是动态关联的，可以从多角度开发和利用它们. 多元关联与数学内在的变化与联系极为吻合，因此，多元关联能从普遍联系的角度，诠释数形结合的动态乐趣.

例如，为了探究指数函数 $f(x)=a^x(a>0$，且 $a\neq1)$ 的性质，可以用解析式、数表和图象的方法表示同一个函数. 当 a 变化时（通过控制变量游标实现），每个页面的变量 a 都同时发生改变，这时可以观察到解析式、数表和图象同时发生变化，其中数表与图象、解析式与图象的动态关联，用视觉化的形式，直观展示了数形结合的思想（如图 2—6—3，2—6—4）.

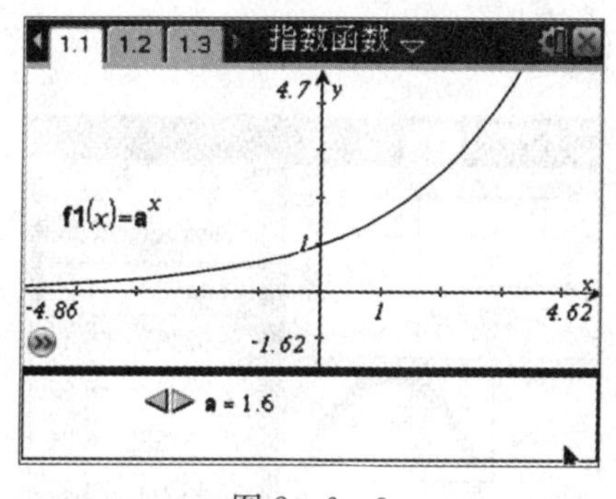

图 2—6—3

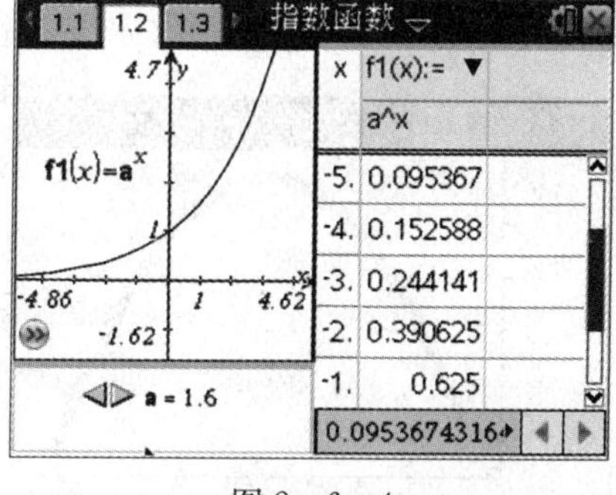

图 2—6—4

又如，可以用以下“实验的方法”研究定周长的矩形的最大面积问题. 首先，在几何页面选择“矩形工具”作出一个矩形，用测量长度的菜单命令测得矩形的周长，并改变矩形周长的测量值的属性，把周长的测量值对象锁定，这时可以发现，不论矩形如何变化，其周长保持不变（如图 2—6—5）. 接着测量矩形的面积和一条边的长度，然后，在列表与电子表格页面，用自动捕获命令，捕获这两个测量值，即可收集到矩形的面积与其对应的一条边长这两组数据（如图 2—6—6）.

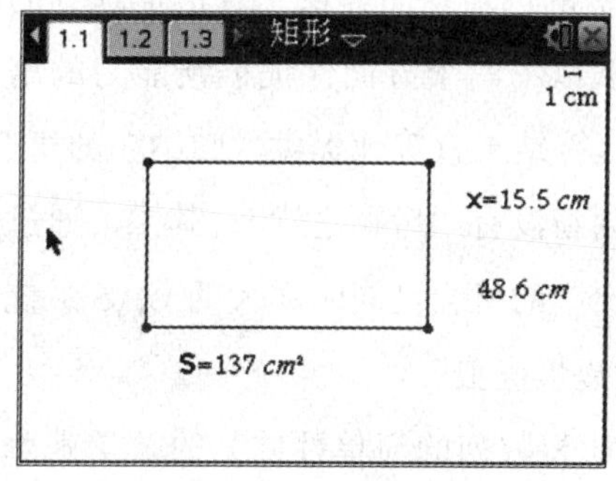

图 2—6—5

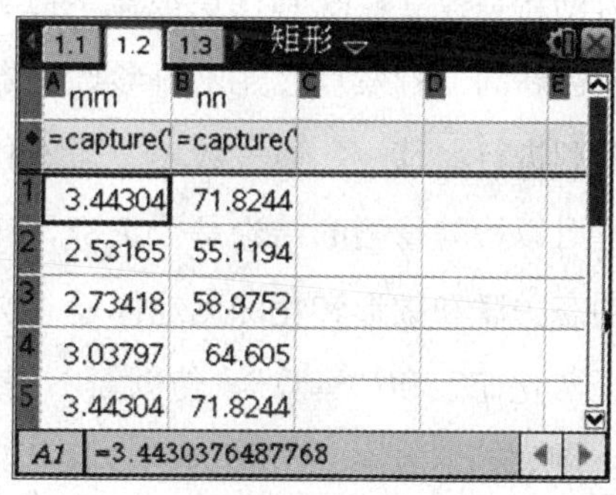

图 2—6—6

最后，在数据与统计页面中作出面积关于一边长的散点图（如图 2—6—7），从散点图中可以看出，对于周长为定值的矩形，面积存在最大值.

在这个问题中，几何页面、列表与电子表格页面以及数据与统计页面的数据是相互关联的，在几何页面中拖动矩形引起的数据变化，能迅速被列表与电子表格捕获，进而得到数据与统计页面的对应点. 如果将这三个页面"布局"到同一个页面上，拖动矩形引发数据的"动态"变化，就能直观地看到这种变化是如何被关联到数表与图形中（如图 2—6—8）.

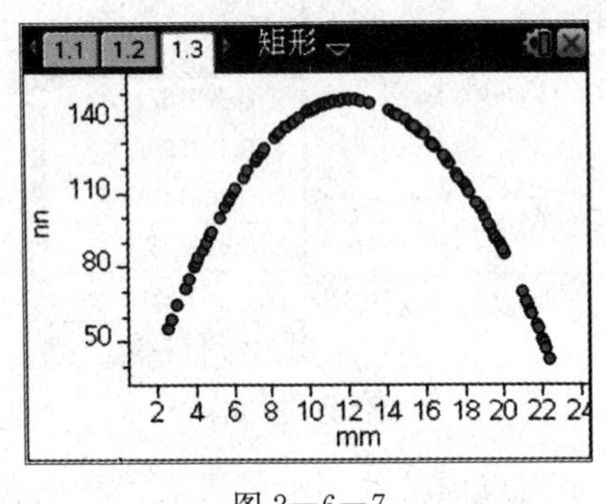

图 2—6—7

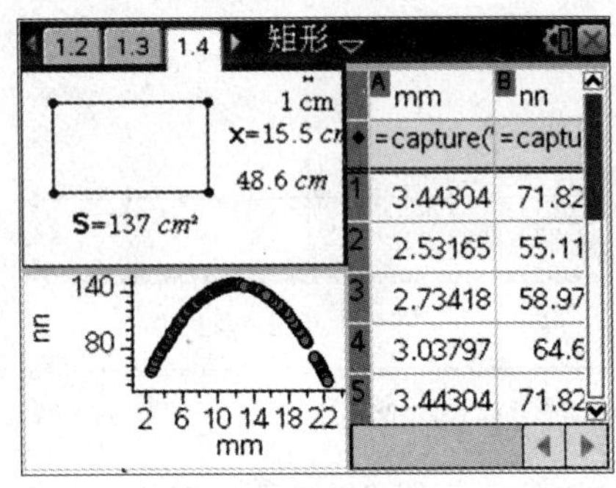

图 2—6—8

4. **合情推理的创新之趣**

数学是思维的学科，数学教学十分关注思维能力的培养，其中创新能力的培养尤为重要，要将创新能力的培养落在实处，就要正确对待学生的学习基础并提供"合情推理"的时机. 学生的学习基础是创新的保证，不可忽视，因为创新是建立在既有认识成果的基础上的创新；而提供"合情推理"的时机是创新的"触发点". TI 图形计算器从以下两个方面保证创新能力的培养能顺利进行：其一，通过数表、图象和运算结果直观地提供"归纳"的机会，同时可以检验猜测的结论是否正确，让创新没有"后顾之忧"；其二，通过多元动态关联和数形转化深刻地体验"类比"的机会，同时强大的 CAS 系统提供了"化简"和"运算"，使创新不需"畏惧虎狼".

例如，笔者在一节题为《趣探斐波那契数列的简单性质》的教学观摩课上，设置了探究问题：借助 TI 手持技术探究斐波那契数列的性质，把你的发现说出来，即使你现在还不能证明它.

很显然，这个探究问题是有难度的，因为除了需要通过“计算”，将斐波那契数列直观展示出来以便观察外，还需要学生有较多的探究数学问题的经验和较高要求的合情推理能力. 显然后者是探究问题的关键，于是先让 TI 图形计算器轻松解决前者. 在列表与电子表格页面中，根据数列的递推关系：$F_1=F_2=1$，$F_n=F_{n-1}+F_{n-2}$，$n\geqslant 3$，$n\in\mathbf{N}^*$，每个学生都可以迅速获得斐波那契数列的前几十项，甚至上百项，可以随心所欲地处理项与项之间的“运算”. 解决了计算的“后顾之忧”，学生就可以面对斐波那契数列的项的特征，全身心投入“归纳”和“验证”之中. 实际教学中，许多学生都能大胆地说出数列的项的特征，并归纳获得有意义的一些结论. 比如：

①单调性：从第 2 项起，单调递增.

②整除性：$2|F_{3n}$，$3|F_{4n}$，$5|F_{5n}$，…，$n\in\mathbf{N}^*$.

③平方与前后项的乘积：连续三项斐波那契数列 F_{n-1}，F_n，F_{n+1} 的首末两项之积与中间项平方之差为 ± 1，确切地说，$F_{n+1}F_{n-1}-F_n{}^2=(-1)^{n+1}$，$n\in\mathbf{N}^*$，$n\geqslant 2$.

④ $\lim\limits_{n\to+\infty}\dfrac{F_n}{F_{n+1}}=\dfrac{-1+\sqrt{5}}{2}\approx 0.618$.

…

这些结论的获得与技术工具的使用密不可分，学生因技术而创新，因创新而快乐，在动手操作中深刻体会科技与数学的同步发展.

指尖数学发展了学生的智力和动手能力，“只有智力和动手能力得到全面发展的学生，才能使技术的操作富有智慧，才能在理解数学的过程中自觉地寻求技术的有效帮助，才能主动地借助技术建立数学的广泛联系和不同表示形式之间的转换”，也才能在技术的帮助下获得创新性的结论，让创新能力的培养落到实处，我想这些都是 T^3 给指尖数学带来的智慧与快乐，并让我们长久保持下去.

第7节 “指尖”与“非指尖”的辩证融合

诚然科技发展标志着社会的进步，基于手持技术的“指尖”数学能促进学习方式的转变，但我们并不否认没有技术支持的“非指尖”数学在发展思维能力、培养创新意识等方面的重要作用．数学与技术历来就相伴而生、互促发展，数学原理、思想和方法促成了技术的进步．同样，技术的进步也改进了数学的研究，离开数学，技术将成为无源之水，也就谈不上发展，而从某种角度上看，当前数学上的每一次重大的发展和新的突破都与技术相关．因此，“指尖”与“非指尖”的有机融合才是辩证的数学教育观，坚持两者的和谐发展，才能从根本上发挥“数学育人”的巨大力量．

1．技术支持下的数学学习依然强调对数学的深刻理解

对于数学学习来说，技术的应用并不是表现为简单的操作与运算，孤立对数学的理解．其实，解决数学问题时，缺乏对数学的理解，技术也无能为力．只有对数学有更深刻的理解，技术的使用才能更加得心应手，技术才能发挥更大的作用．

例1　已知 $a>0$，且 $a\neq1$，求两函数 $y=a^x$ 与 $y=\log_a x$ 的图象相切时 a 的值．

很明显，技术可以简捷地提供两个函数的图象，可以展示 a 的改变对图象的影响，并且可以得到两个函数图象相切时 a 的近似值．但如果对问题缺乏理解，没有深入思考，并实施必要的转化，即使用上手持技术中的 CAS（代数操作系统），技术也没法确切求得此时 a 的准确值，如图 2－7－1 所示．

实际上，这两个函数互为反函数，其图象相切等价于其中一个函数的图象与直线 $y=x$ 相切．设函数 $y=\log_a x$ 的图象与直线 $y=x$ 切于点 $P(x_0,$

y_0)，则有 $y'=\dfrac{1}{x\ln a}$，从而 $\begin{cases}\dfrac{1}{x_0\ln a}=1,\\ y_0=x_0,\\ y_0=\log_a x_0,\end{cases}$ 解得 $x_0=\dfrac{1}{\ln a}$，消去 y_0 得到关于 a 的方程 $\dfrac{1}{\ln a}=\log_a\dfrac{1}{\ln a}$. 这个方程中的 a 的值正是我们需要的，可感觉解不出来，这时用 CAS 中的 solve 命令，可轻松得到结论，即 $a=e^{e^{-1}}$，如图 2—7—2 所示.

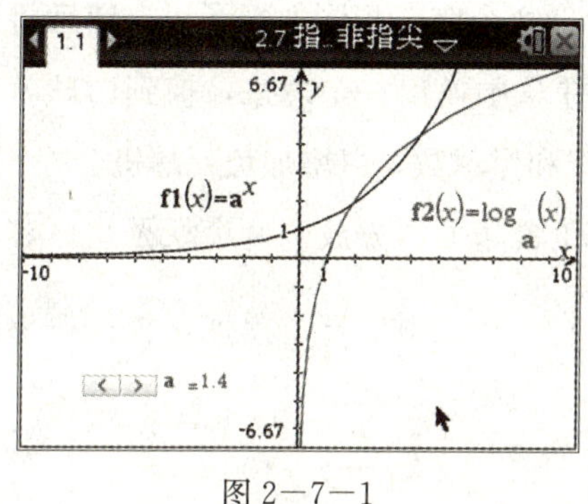

图 2—7—1

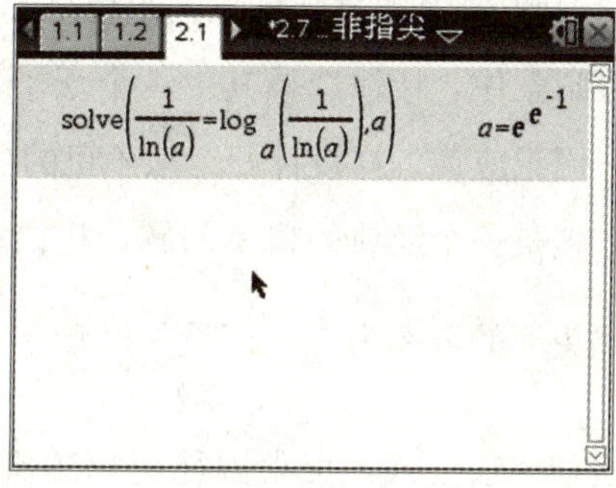

图 2—7—2

本例直接用手持技术可以作出函数图象，却不能确定两图象相切时 a 的值，经过化归与转化获得解，说明技术的使用需要数学的支持，理解数学是应用技术的前提. 本例在解关于 a 的方程时遇到困难，用手持技术的 solve 命令又能轻松求解，说明技术在这里发挥了重要的作用. 如果因此继续深入思考，将 $\dfrac{1}{\ln a}$ 用换底公式变形为 $\log_a e$，关于 a 的方程变为 $\log_a e=\log_a\dfrac{1}{\ln a}$，即 $\dfrac{1}{\ln a}=e$，就可得到 $a=e^{e^{-1}}$，因为技术帮助我们求得方程的解，使我们确信方程可解，从而引发新的思考，可见技术的作用已经不再局限于问题的解决，而成为进一步思考的助推器.

2. **随着科技的发展，一些传统数学的解决方法需改变**

就如珠算逐渐淡出小学数学的学习一样，随着社会发展，科技已经慢慢地改变了数学学习的内容和方法. 有些原来重要的数学内容现在变得不那么重要或不重要了，比如对数查表，随机数表的应用，繁杂的恒等变形等；有些原来不重要的或没有关注到的数学内容现在变得重要了，比如算法程序框图，线性回归分析，大数据的统计等；当然还有些原来重要的数学内容现在依然重要，但研究数学的方法改变了，比如函数的概念，动点的轨迹，数学实验等. 因此，通过传统方法解决的数学内容，其呈现方式要适应时代的变迁带来的改变，其解决方法也同样需要顺应科技的发展而有所创新.

例 2　国王决定给一个判了死刑的犯人一次免死的机会，要求犯人将 50 个白球和 50 个黑球按任意的组合全部放进 2 个完全相同的坛子里，然后将囚犯眼睛蒙住，让他选择其中一个坛子，并从中摸出一个球来，摸到白球就免死. 囚犯应该怎样设计两个坛子里的白球和黑球数，以增加免死的机会呢?

这是一个经典的概率问题，将白球和黑球平均分放到两个坛子里，容易得到免死的概率为$\frac{1}{2}$. 假设一个坛子里放 x 个白球，y 个黑球，根据概率的加法与乘法公式，可得囚徒免死的概率为 $z=\frac{1}{2}\left(\frac{x}{x+y}+\frac{50-x}{100-x-y}\right)$，其中 x，$y\in\mathbf{Z}$，且 $0\leqslant x$，$y\leqslant 50$，但 x，y 不同时为 0 或 50. 囚犯为增加免死的机会，应设计 x，y 的值，使 z 取得最大值. 以往我们常常借助不等式或函数的方法解决此类问题，但现在，我们可以发挥技术快捷计算的优势，引入算法程序，通过取遍所有 x，y 的值，在比较所得结果的情况下，获得概率最大的设计是 $x=1$，$y=0$，即一个坛子里放 1 个白球，另一个坛子里放剩下的 99 个球，其中白球有 49 个，此时概率等于$\frac{74}{99}$，如图 2—7—3 所示.

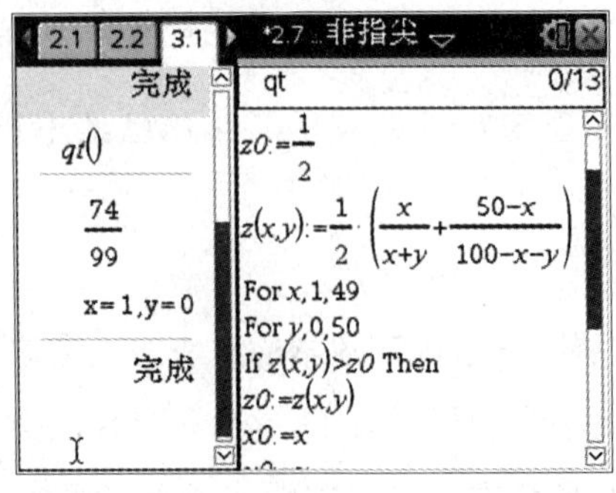

图 2—7—3

3. **技术帮助下的数学学习不能忽视必要的技能训练**

高中数学学习的目的和性质决定了高中学生不仅需要掌握相应学科知识及其内在联系、基本规律和方法，还要训练相应的技能，如空间想象能力、抽象概括能力、推理论证能力、运算求解能力、数据处理能力以及应用意识和创新意识等. 手持技术可以借助直观的图象、动态的显示、快捷的运算以及大数据的统计与分析等，帮助学生快速理解数学的本质，对抽象概括能力以及应用意识和创新意识等方面的培养大有裨益，但不可否认，有些能力的培养会因为技术的引入而被弱化，如运算求解能力、数据处理能力以及空间想象能力等. 因此，在技术帮助下学习数学，不能忽视必要的技能训练.

例 3　直线 l 与直线 l_1：$4x+y+6=0$ 和 l_2：$3x-5y-6=0$ 分别交于 A，B，若线段 AB 的中点恰好是坐标原点 O，求直线 l 的方程.

本题利用手持技术中的 CAS 系统求解，对于学生理解函数与方程的思想是有帮助的. 直线 l 的斜率显然存在，设其方程为 $y=kx+b$. 解 $\begin{cases}y=kx+b,\\4x+y+6=0,\end{cases}$ 得 $A\left(-\dfrac{b+6}{k+4},\ \dfrac{4b-6k}{k+4}\right)$；解 $\begin{cases}y=kx+b,\\3x-5y-6=0,\end{cases}$ 得 $B\left(-\dfrac{5b+6}{5k-3},\ -\dfrac{6k+3b}{5k-3}\right)$. 因为线段 AB 的中点是坐标原点，所以满足 $\begin{cases}-\dfrac{b+6}{k+4}-\dfrac{5b+6}{5k-3}=0,\\\dfrac{4b-6k}{k+4}-\dfrac{6k+3b}{5k-3}=0,\end{cases}$ 解得 $\begin{cases}k=-\dfrac{1}{6},\\b=0,\end{cases}$ 即 l 的方程为 $y=-\dfrac{1}{6}x$，如图 2—7—4，2—7—5 所示.

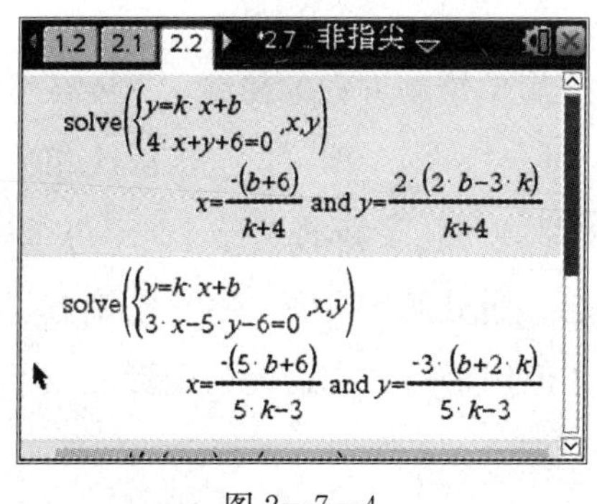

图 2—7—4

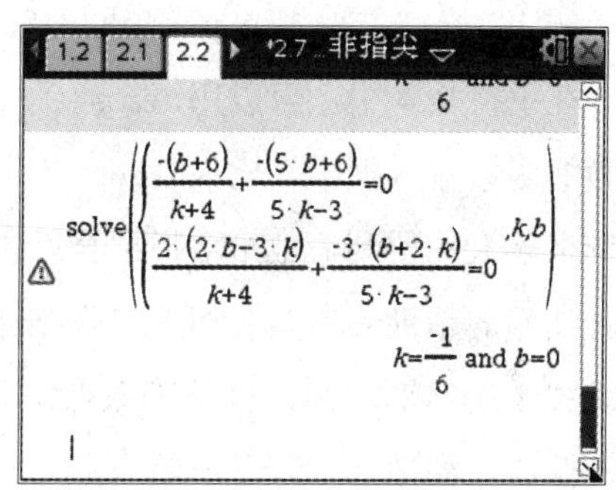

图 2—7—5

如果不做必要的运算求解能力的训练，不思考运算的简捷性、合理性等问题，学生就不会去思考以下两种解法，也就不能深刻认识到解决问题时，可以利用中点的数量关系简化计算过程.

解法一：设点 $A(a, -4a-6)$，因为线段 AB 的中点是坐标原点，所以知 $B(-a, 4a+6)$，将 $B(-a, 4a+6)$ 代入 $3x-5y-6=0$，得 $3(-a)-5(4a+6)-6=0$，解得 $a=-\frac{36}{23}$. 从而求得 $A\left(-\frac{36}{23}, \frac{6}{23}\right)$，$B\left(\frac{36}{23}, -\frac{6}{23}\right)$，直线 l 的方程为 $y=-\frac{1}{6}x$.

解法二：因为线段 AB 的中点是坐标原点，假设点 $A(x_0, y_0)$ 在 l_1 上，则点 $B(-x_0, -y_0)$ 在 l_2 上，满足 $\begin{cases}4x_0+y_0+6=0,\\-3x_0-5y_0-6=0,\end{cases}$ 解得 $\begin{cases}x_0=-\frac{36}{23},\\y_0=\frac{6}{23},\end{cases}$ 所以点 $A\left(-\frac{36}{23}, \frac{6}{23}\right)$，$B\left(\frac{36}{23}, -\frac{6}{23}\right)$，求得直线 l 的方程为 $y=-\frac{1}{6}x$.

4. 技术操作下问题的解决需要巧妙回避技术的干扰

科技的发展常常伴随着不断完善的过程，完善就是自我修正，意味着不足，甚至错误，手持技术也是如此. 通过技术操作解决问题，需要从数学的角度分析问题的解决是否完备，需要思考所得答案是否合理，总之，需要回避技术的干扰.

例 4　绘制方程 $x^2 \cdot y^4=1$ 的曲线.

在手持技术中，可以用 zeros（）命令简单绘制方程的曲线，只要在图形页面的函数输入框中，输入“zeros($x^2 \cdot y^4-1, y$)”即可，这给解决相关问题带来极大的便利，也给数形结合思想的呈现开拓了新的视野. 但不可否认，有时技术的帮助是有局限性的，例如本题，研究所给方程，容易获知方程的曲线关于坐标轴对称，也关于原点对称，但用手持技术绘制的图形显然不符这一性质，如图 2−7−6 所示.

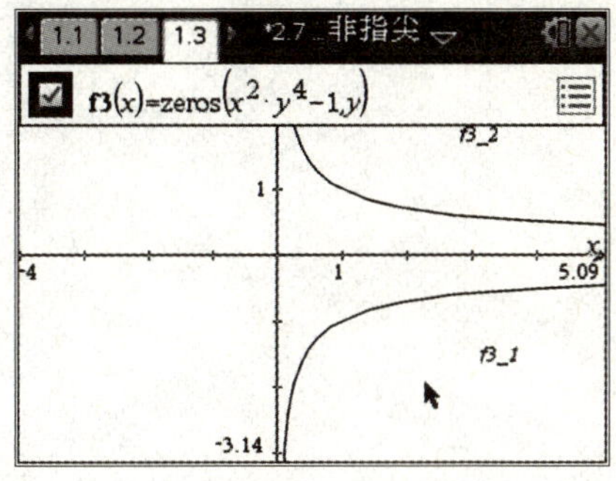

图 2—7—6

指尖诚可贵，思维价更高，若为“数育”度，融合是高招. 数学教育，不排除“非指尖”状态下可能获得的思维价值和想象空间，“指尖”与“非指尖”两者融合才会让数学教育更精彩.

第三章

教学如何设计

指尖数学是指向数学教学与活动的教学主张，课堂教学实践是它的具体表现与基本落脚点，教学实践的出发点是教学设计. 本章从课型特点、基本构成、设计原则以及注意事项等方面，阐述了几种常见课型的教学与教学设计.

第 1 节　概念课的教学与教学设计

1. 概念课的课型特点

数学概念课是以数学概念的建立、形成、确定、深化和应用为教学核心目标的一种课型，它是中学数学的主要课型之一.

概念是反映事物本质属性的思维形式，人类在认识过程中，从感性认识上升到理性认识，把所感知的事物的共同本质特点抽象出来，加以概括，就成为概念.

数学概念是反映事物在空间形式与数量关系方面的本质属性的思维形式，本质属性具有共有性、特有性、整体性和稳定性的特点.

数学概念是数学推理与判断的基础，概念不清就无法进一步开展其他数学活动，因此，以理解、掌握概念为主要目标的概念课是中学数学重要的课型. “掌握概念，实质上就是掌握同类事物的共同的本质属性”. 因为同类事物很多，属性很杂，所以需要引导学生从众多的同类事物中抽取其本质的、共同的属性，这就是概念课的课型特点. 认识论的原理指出，概念需要经历一个由感性到理性的循环往复的认识与理解过程，所以概念教学需要重视概念的“形成”和“明确”的过程，需要遵循概念教学的基本环节，不能求快，更不能用题型训练的方式来代替概念的理解.

2. **概念课教学的基本构成**

概念课的教学一般由概念的引入、概念的形成、概念的明确、概念的表示、概念的巩固和应用等基本环节构成，每个环节并非必须具备，概念课完整的教学过程也没有固定的一成不变的顺序要求.

（1）概念的引入.

学习新概念，一般从学习概念的必要性开始，所以概念课强调概念的引入. 一般来说，概念的引入可以分为两类：或者从数学概念体系的发展过程中引入概念；或者从解决实际问题的需要出发引入概念.

比如，实数的引入，数系的扩充，就是从数学概念体系的发展过程中的需要引入的；函数的单调性，导数的概念等，就是从解决实际问题的需要出发引入的.

（2）概念的形成.

由于学生的认知结构相对简单，所以对概念的认识，往往从典型、丰富的具体例子出发，经过自己的实践活动，从中归纳、概括出一类事物共同的本质特征，从而理解和掌握概念，这就是概念的形成过程.

比如，函数的单调性概念，一般可以从函数的图象变化趋势的感性认识开始，逐步概括变化趋势的数量表示，进而形成单调性的定义．这样进行概念教学，不仅能使学生深刻理解概念，而且能很好地培养学生的概括能力．

（3）概念的明确．

概念的明确就是明确概念的内涵与外延．在逻辑学里，定义就是明确概念内涵的逻辑方法，而划分是明确概念外延的逻辑方法．

（4）概念的表示．

表示概念的方法一般有文字、图示和符号，而且为了加深对概念的理解和记忆，往往使用多种概念表示法，建立多元联系．

比如，直线与平面垂直的概念，用图示和符号表示，一定比单一的文字形象，也容易引起学生的注意，加深印象．

（5）概念的巩固和应用．

概念的应用是学习概念的最终目的，往往采用以下方法巩固：第一，复述；第二，巩固；第三，发展．

在掌握概念的过程中，为了理解概念，往往需要概念的应用过程，亦即通过应用达到巩固概念的目的．

概念课的教学过程与美国杜宾斯基的 APOS 理论基本一致，APOS 理论是在数学教育研究实践中提出的．根据美国杜宾斯基 APOS 理论，学生学习数学概念就是要建构心智结构，这一建构过程要经历以下四个阶段．第一阶段：活动（或操作）阶段，这里的活动是指个体通过一步一步的外显性（或记忆性）指令去变换一个客观的数学对象．第二阶段：过程阶段，当活动经过多次重复而被个体熟悉后，物理操作就可能内化成一种叫做“过程”的心理操作．有了这一“程序”，个体就可以想象之前的活动，而不必通过外部刺激，即在脑中实施这一程序而不需要具体操作，甚至还可以对这一程序进行逆转以及与其他程序进行组合．第三阶段：对象阶段，当个体能把这个“过程”作为一个整体进行操作和转换的时候，这个过程就变成了一种心理“对象”．这时，个体可以操控对象去实施各种相关的数学运算，必要时，还可以具体再现对象所包含的过程步骤．第四阶段：图式阶段，个体对活动、过程、对象以及原有的相关方面的图式进行相应的整合，就会产生新的图式结构，从而可应用于问题的解决，如图 3—1—1 所示的是 APOS 理论的四阶段模型.

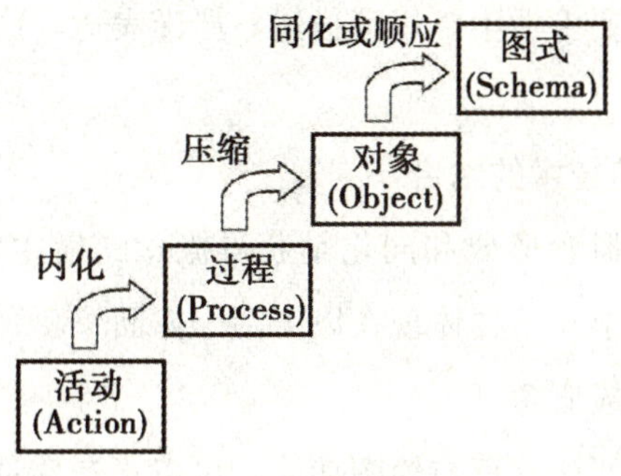

图 3—1—1

杜宾斯基认为，活动、过程、对象也可以看作是数学知识的三种状态，而图式则是由这三种知识构成的一种认知结构. 虽然这四者具有等级结构，但个体对某一数学概念的理解并不只是线性的，而是循环的，如图 3—1—2 所示的 APOS 循环图.

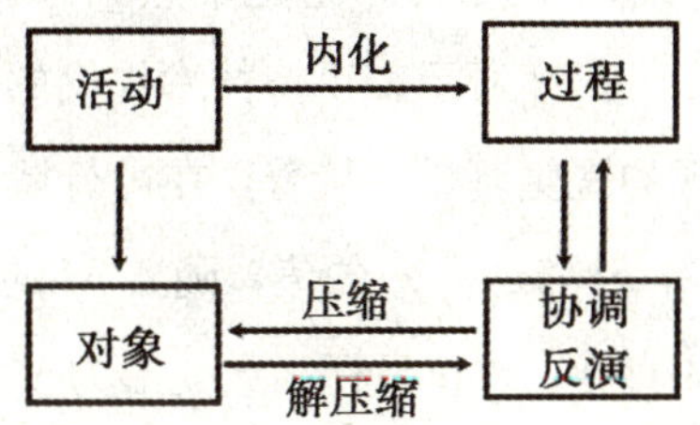

图 3—1—2

APOS 理论是建构主义学习理论在数学学习中的一种具体模式，它揭示了数学概念学习的本质，真实反映了数学概念的心智建构过程，是具有数学学科特色的学习理论. 它不仅揭示了学生建构数学概念的学习层次，而且为数学教师提供了指导学生学习概念的理论经验和工具，教师可以根据这一经验和工具制订教学目标和教学策略，安排教学活动.

3. **概念课教学设计的基本原则**

(1) 形象化原则.

概念是抽象的，教学时需要化抽象为具体，这就是形象化原则.

（2）严谨性原则.

概念是严谨的，要求学生要规范描述，严谨表达，这就是严谨性原则.

4. **概念课与手持技术的融合**

奥苏伯尔认为，概念形成和同化是获得概念的最主要形式. 因此，手持技术促进概念课的教学，主要体现在以下两个方面.

（1）在验证中形成概念.

手持技术提供的便捷计算与绘图功能，可以迅速验证数与形的各种结论，并提供大量例证形成直观感知，在此基础上形成概念则水到渠成了.

例如，在由不等式组$\begin{cases} y\geqslant 2x-3, \\ x+y\leqslant 6, \\ x\geqslant -1 \end{cases}$提供的可行域中，研究目标函数 $z=2x+y$ 的最值，这是线性规划问题中的重点，也是难点. 为了形成线性规划的概念，可以先作出可行域如图 3—1—3 所示，手持技术提供的绘图以及点的位置与相应条件的判断，给了直观的视觉基础. 接着，在可行域内取一个动点 M，测量它的坐标（x_0，y_0），计算 $z=2x_0+y_0$ 的值，随着 M 的移动，发现 z 的值在改变，大量的验证结果形成直觉，再将目标函数变形为 $y=-2x+z$，并赋予目标函数 z 几何直观及几何意义，学生终于可以形成点 M 在什么位置时，z 取最大值和最小值的概念，如图 3—1—4 所示.

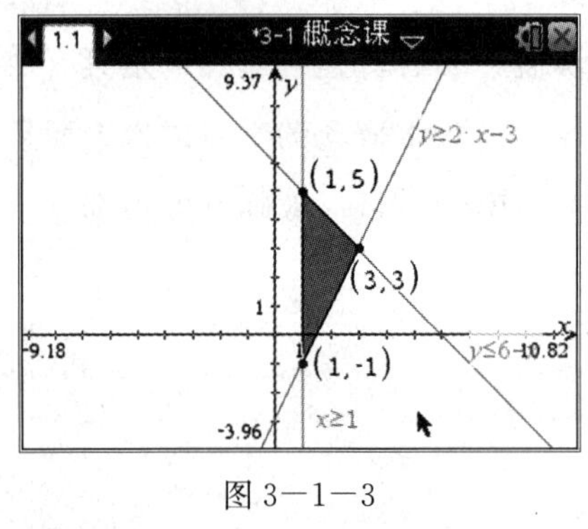

图 3—1—3

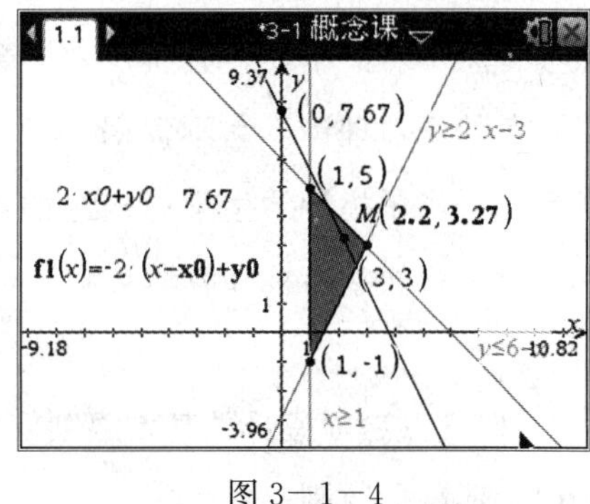

图 3—1—4

（2）在归纳中同化概念.

概念是在一类事物的本质性归纳中同化而成的，手持技术的“动手又动脑”的学习方式可以促进实验和归纳，大量的操作过程成为归纳的基础，为概念的深化、强化和类化提供重要的保障.

5. **概念课教学的注意事项**

（1）提供概括机会.

概念课教学时，教师应给学生提供更多的时间和机会，鼓励学生大胆猜想. 引入概念是概念课的第一个环节，也是概念形成的基础，需要给学生留足抽象概括的时间，给学生提供归纳的机会.

（2）建立多元联系.

一个人的聪明才智不在于他知识掌握的多少，而在于“广泛的联系”，概念课的特点决定了概念的巩固和应用时的难度，所以在概念的建立与表示等环节，应提供丰富的案例进行多元表示，建立多元联系.

第 2 节　规则课的教学与教学设计①

1. **规则课的课型特点**

根据美国著名教育心理学家加涅的学习结果分类理论，以高中数学中的法则、规律、公理、定理，数学重要结论和数学基本题的解法等数学规则的教学作为主要教学任务的一类课统称为高中数学规则课型. 高中数学规则课型教学的主要任务实际上是使学生能用大量的例证来说明规则反映的关系，以及能灵活运用规则在其适用的各种不同情景中解决问题. 由于掌握和运用规则是人类最主要的一种智慧技能，因此，数学规则应作为程序性知识来学

① 本节由福建省福州第二中学许秀亮（中学高级教师）提供，有增删和修改.

习. 由此，总结出规则课的特点：一是体现学生学习的活动是在进行“规则（公理、规律、定理）学习”；二是通过“规则学习”，了解概念与概念之间的内在联系而进行的演绎推理，达到掌握几个概念之间所存在的某些定律或联系法则；三是在过程中提高解决问题的能力.

2. 规则课的基本构成

高中数学规则学与教的一般过程可以以我国教育心理学家皮连生创立的“六步三段两分支”教学模型为线索进行分析，将高中数学规则课型教学的基本程序进行简要归纳.

（1）第一阶段，创设情境.

要求教师根据教材的特点，找准知识的生长点，精心设计问题. 根据不同的教学内容，设计的问题可以是实际问题，也可以是数学问题，或模型演示. 通过具有启发性、探索性和开放性的问题，引起学生的认知冲突，激发探究兴趣. 同时，课堂教学的始末，教师都要创设有利于学生自主活动、进行数学思考的良好氛围，创设平等、合作的教学情境. 良好的教学情境有利于学生积极主动地参与探究活动.

（2）第二阶段，分析猜想.

规则课的教学，不能只满足于规则的证明与应用，而应鼓励学生以探索者的姿态出现，去猜想、去探索它们的发现过程. 这一环节要充分发挥学生的主动性，引导学生通过实验、观察，运用类比、联想、归纳、综合等方法去探索、去研究，在学生的主动参与中，使问题逐步得到解决. 在问题解决的过程中，引导学生不断猜想，不断发现新问题，获得新知识、新方法. 教师可以根据不同的教学内容，引导学生去猜想结论，猜想规律，猜想策略.

猜想的一般方法有：

①观察——实验——猜想；

②类比——联想——猜想；

③分析——归纳——猜想.

在实际教学中，学生的猜想难免会有错误，教师的任务是引导学生大胆尝试，最终得到有价值的猜想.

（3）第三阶段，论证评价.

在这一环节中，教师要引导学生对自己的猜想进行评价，去验证自己结论的合理性，并给出严格的逻辑证明. 应鼓励学生尽可能用自己的方式和方法完成证明，而不是完全模仿他人的证法. 学生经过探究，找到思路之后，教师要给学生提供一个展示思维过程的机会，让他们不要急于证明和应用，先讲出自己的思路，并反思自己的思路是怎样得到的，使更多的同学受到启发，相互借鉴，并讨论能不能用别的方法来证明，促使学生思路发散. 完成证明之后，要引导学生进行理性归纳，分析它和以前学过的某些规则有何本质的联系，把新定理、新规则纳入知识体系中.

（4）第四阶段，推广应用.

规则的运用是必不可少的一环. 前面三个环节是从实际问题出发，经过分析探究，逐步形成理论. 而这一环节则是运用理论来指导实践，让学生学会用数学知识解决实际问题. 这正体现了"实践——理论——实践"的哲学思想. 在这一环节中，教师的作用是引导学生分析定理规则的特点，思考适用于解决哪些类型的问题，应用时有哪些注意事项，再完成基础知识和基本方法的运用. 变式推广，则要根据教材特点和学生的实际情况，适当加强或削弱规则的条件，看看能得到什么有益的结论. 通过这一环节，引导学生进行反思小结，对知识进行整理，对规律进行总结，对思想方法进行提炼，最终形成自己的观点.

规则课的课堂教学结构如图 3—2—1 所示.

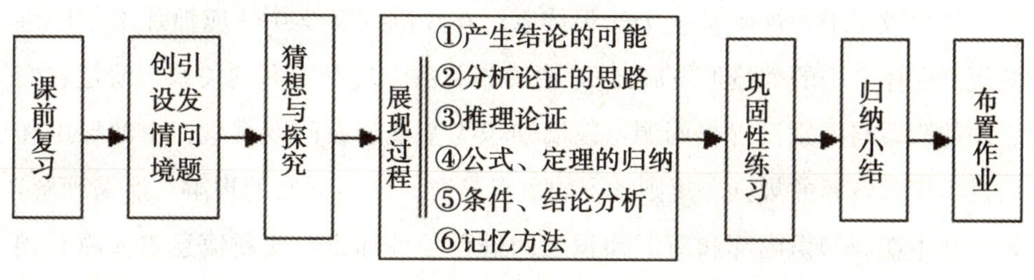

图 3—2—1

规则课的教学加强了创新思维能力的培养，在整体结构上突出了“猜想”与“证明”两大环节，而这正是数学发现中的基本策略和途径. 这两个环节与其他环节有机结合，共同承担了对学生形象思维、直觉思维、逻辑思维的训练与培养，对学生创新思维和能力的培养具有十分突出的作用.

公式课遵循的“教学控制框图”，如图 3—2—2 所示.

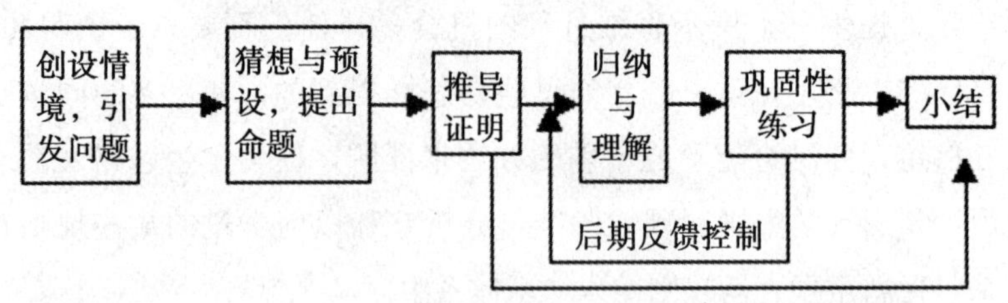

图 3—2—2

3. 规则课教学设计的基本原则

（1）过程性原则.

规则课应通过各种有效的教学手段，把主要的精力和时间用在规则推导、证明的全过程上. 让学生记住某一个规则、定理并非规则课的最终目的，规则课要达到的教学目的是：揭示规则的来龙去脉，揭示其推导、论证中所用的有代表性的数学思想、思维方法和典型的数学技能技巧；交待清楚规则适用的范围及成立的特定条件，理解在某一条件下所得出的必然结论.

（2）发散性原则.

数学教材中的规则是一个知识体系. 在规则课教学中，应抓住本节所讲的规则在体系中的“最近发展区”，明确相关数学规则之间的关系，清楚它们之间的联系与区别，寻根问源，以旧知识为基础创设问题情境，由此导出和启发学生理解新的规则. 规则学习的重点是对所学新规则的理解. 所谓理解，就是学生在新知识内部和新旧知识之间进行各种加工，使新信息进入原有相关知识的网络之中，或使原有相关知识得到修订与补充. 根据奥苏伯尔的同化论，习得数学规则的基本形式有两种：一种是从例子到规则的学习（简称例规法），亦即上位学习，也称发现学习；另一种是从规则到例子的学习（简称规例法），亦即下位学习，也称接受学习.

（3）应用性原则.

规则课应让学生准确地掌握规则的条件部分和结论部分，了解规则中诸条件的性质和作用，掌握规则变形的各种形式．将陈述性形式转化为程序性形式，也就是解决怎么办的问题，其重点是要明确运用规则办事的程序和步骤，并在一些典型的情境中尝试运用．转化的关键是要提供变式练习和综合练习．所谓变式练习，就是在其他有效学习条件不变的情况下，规则例证的变化．变式练习能够帮助学生在变化的情境中练习和运用规则，以便获得熟练解决问题的技能．综合练习中问题的类型或情境应多样化，和变式练习类似，也有新的呈现，以有效帮助学生在不同情境中自主地运用规则解决问题.

4．规则课与手持技术的融合

规则课同样可以引入手持技术，并在规则的猜想发现与推导证明中发挥其特殊的作用.

（1）规则的发现.

手持技术对于规则的猜想与发现能发挥巨大的作用．从猜想的一般方法看，其重要过程是实验、联想和归纳，这就需要大量例证．而手持技术的优势就在于它能在较短的时间里，根据需要提供大量的例证，同时还能在整理与分析中优化呈现形式，便于观察和理解．此外，手持技术特有的多元联系，也容易形成联想，促进规则的发现.

（2）规则的推导.

大部分规则往往都有较为复杂的推导过程，手持技术的 CAS 系统能轻松解决复杂的代数运算，相比较于规则的发现与猜想，有时减少复杂的计算过程是必要的，这样才能腾出精力关注更为重要的问题.

比如，点 $P(x_0, y_0)$ 到直线 l：$ax+by+c=0$ 的距离公式的推导，对于手持技术而言，不仅过程简单，而且形式多样.

方法一，从常规思路看，就是作 $PQ\perp l$ 于点 Q，然后求 $|PQ|$．其推导

过程，首先联立$\begin{cases} ax+by+c=0, \\ y-y_0=\dfrac{b}{a}(x-x_0), \end{cases}$解得交点 Q 的坐标 (x_1, y_1)，再由 $|PQ|=\sqrt{(x_1-x_0)^2+(y_1-y_0)^2}$即可求出，如图 3—2—3 所示.

方法二，从距离定义看，就是在 l 上取一动点 $Q(x, y)$，然后求 $|PQ|$ 的最小值. 其推导过程，首先由 $y=-\dfrac{a}{b}x-\dfrac{c}{b}$，代入 $|PQ|=\sqrt{(x-x_0)^2+(y-y_0)^2}$，获得 $|PQ|$ 的函数式，再求最小值即可，如图 3—2—4 所示.

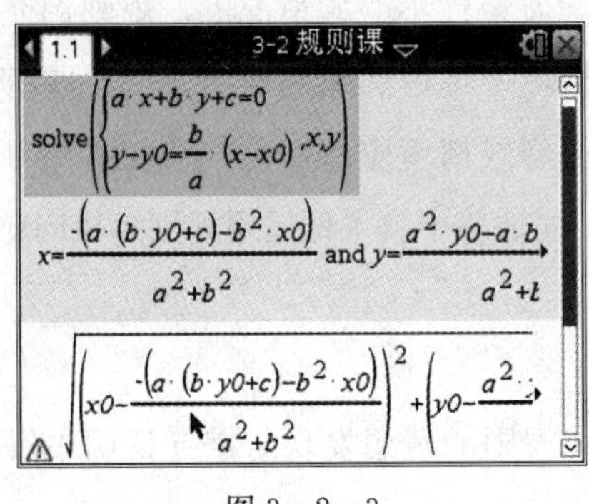

图 3—2—3

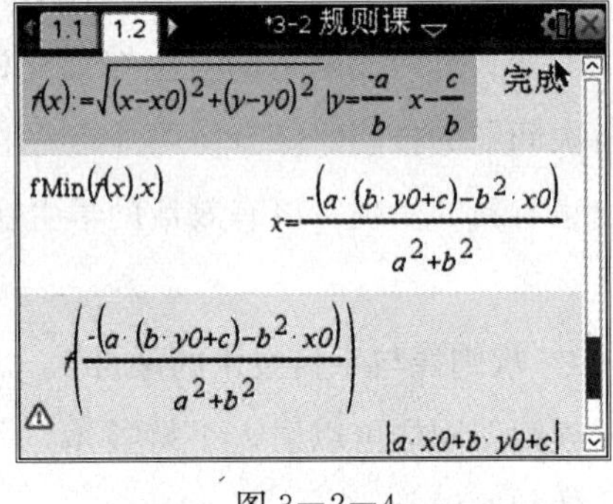

图 3—2—4

5. **规则课教学的注意事项**

(1) 培养学生从实际事物中发现和提出数学问题，或从已有的数学知识中提出新的数学问题的创造性思维能力，逐步提高学生从实际（或旧知识）中“类比猜想”“归纳概括”以及“推理论证”，最后得出“结论”的从感性到理性的抽象思维能力.

(2) 克服“只重视结论及结论的套用，不重视推导过程”的规则学习心理，以及克服“只强调死记结论，不重视知识形成过程”的急功近利的“结论式”的规则教学心理.

(3) 要解决好对规则的记忆方法的问题. 可在理解记忆、口诀记忆、形象（图形）记忆、表格记忆、类比记忆、逻辑记忆、分类记忆这些记忆方法中，引导学生选取自己适用的记忆方法，与学习上的遗忘作斗争.

(4) 解决好规则、法则等数学原理在文字、数式符号与图形之间的互译问题.

第 3 节　复习课的教学与教学设计

1. 复习课的课型特点

从课型功能分类看，复习课是在章、节或单元教学之后，为了巩固基础知识，发展思维能力，达到温故知新、融会贯通而设计的一种课型. 复习课的任务是引导学生对已学过的知识进行系统整理，建立它们的联系，通过对它们的重新概括，形成良好的数学认知结构；同时，通过综合应用知识的训练，提高解决各种问题的能力. 可见，复习课具有两个显著的特点，一是搭建知识框架，形成良好的数学认知结构；二是根据教学目标设计必要的训练以发展相应的数学思维能力.

根据教学功能界定了复习课的课型特点，才能根据教学目标确定教学内容，并在教学问题诊断分析和教学支持条件分析的基础上，进行复习课教学过程的设计.

2. 复习课的基本构成

从复习课的目的可以看出，复习课的基本构成主要有三部分.

(1) 认知结构的建立与完善.

复习课的一个重要的任务就是引导学生按照一定标准把已学的知识进行梳理、分类、整合，并建立联系，通过对它们的重新概括，使之条理化、系统化，从整体上形成良好的数学认知结构. 因此，复习课的构成要件之一就是通过组织性的思维工具，帮助学生弄清已学知识的来龙去脉，建立知识与知识的联结，沟通其纵横联系. 这个组织性思维工具可以模仿和借鉴东尼·博赞发明的思维导图.

用思维导图构建数学认知结构，就是从复习课的核心主题出发，简单、自然地“画出”相关的概念、规则和策略，用实线生成分叉，用虚线建立关联，用线的粗细代表重要程度，用线的颜色代表轻重缓急，形成网络框架的知识图示. 通过思维导图建立认知结构，知识与知识的次序更加清晰，相关概念之间的联系更加和谐、有序，检索也更加容易，也越容易学到更多的知识.

比如，三角函数的复习，可以绘制思维导图如图 3－3－1 所示，从复习课的核心——三角函数这个主题出发，用粗实线连接的任意角与弧度制，任意角的三角形函数以及三角函数的图象与性质构成了本章的主体知识，用细实线连接的是下位知识. 这种连接还可以继续补充下去. 例如，在诱导公式的下位，写出相应的公式；在正弦线、余弦线、正切线的下位画出相应的图示等；函数 $y=A\sin(\omega x+\varphi)$ 的图象与性质既可看做相对独立的知识，又与三角函数的图象与性质相关联；图中的虚线建立了不同知识点之间的关联，批注的单位圆说明了关联的方法，还说明了单位圆是认识任意角与弧度制，任意角的三角函数，理解三角函数的性质，推导同角三角函数的关系式和诱导公式，研究三角函数的图象与性质等的重要工具.

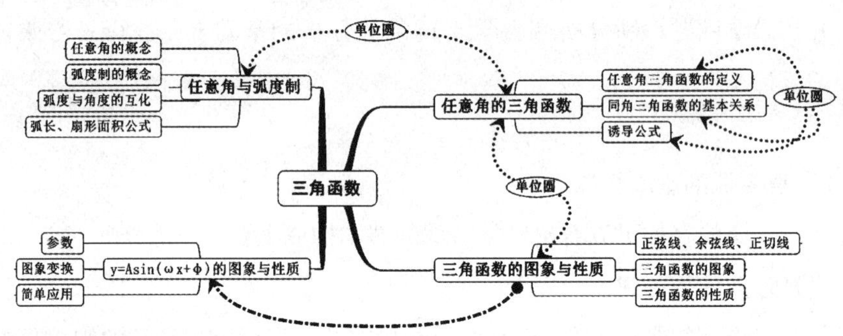

图 3－3－1

从上述例子可以看出，思维导图的建立与逐步完善可以帮助学生从宏观上把握教学的主线索，突出概念的核心，形成知识的整体. 因此，用思维导图导引认知结构体现了复习课的课型特征.

从复习课的功能看，认知结构的建立和完善是复习课的基本构成的必要环节，但这个环节并非一定要在教学的开始就要完成. 实际教学中往往可以有以下三种基本的模式：其一，是在教学的开始阶段，教师根据预先布置的复习任务，学生在查阅了相应的内容，并借助原有的经验、知识后，与教师一起完成，这种模式一般适用于指定章节的复习，而且教学内容的线索相对简单，学生有能力自行完成；其二，在教学的过程中，通过典型例题的训练和教师的引导，建立复习课的主线索，逐步理出知识结构框架并完善，这种模式一般适用于程序性知识的复习或规律性的归纳总结；其三，在教学即将结束的归纳小结环节，教师根据教学过程有意构建的知识结构和预设的情境，让学生自己整理知识结构框架，教师进行指导、修订、完善，这种模式一般适用于章的复习或教学内容的线索相对复杂的情形.

(2) 思维能力的训练与提高.

从能力训练的角度看复习课的功能，精选复习内容是重要的环节. 复习内容多，复习时间少，这就需要教师选择能体现数学的核心概念和基本思想方法的典型例题. 典型例题是为达成能力目标服务的，通过训练提高综合应用知识解决问题的能力，并提炼相应的核心概念和思想方法体系. 例题的典型性主要体现在主体性和综合性. 首先，从复习知识的主体入手，根据知识的特征、知识的重难点、新知识的生长点、新旧知识的连接点等设计有助于学生构建良好认知结构的例题，亦即所选例题能体现核心概念和思想方法体系. 其次，数学各分支、各部分的基础知识、基本思想方法常常是互相渗透、相互蕴涵的，并依据内在的联系构成一个有序的整体，典型例题应尽可能让学生有机会从纵横两个维度对所学的知识进行整体性构建，即所谓“竖成线，横成片”.

(3) 思想方法的提炼与形成.

从复习课的特点看，归纳小结也是必不可少的重要环节. 因为复习课的教学往往要解决局部与整体的关系，一方面每节复习课都是一个整体，但构成复习课整体的往往又是局部的练习与散落在练习之中的思想方法. 要把握这些局部在整体中的地位和作用，只有在研究局部之后，通过归纳小结把它与整体联系起来，这样才能全面把握住整体轮廓，发展数学思想方法，这说明归纳小结也是复习课的重要构件.

3. 复习课教学设计的基本原则

(1) 系统性原则.

复习课是知识的再学习，但不是简单的知识重复，它是在重点和概括的基础上进行梳理，要求知识和方法的系统化，所以系统性原则是复习课教学设计的基本原则. 知识框架的梳理工作，能力训练的选题以及思想方法的概括都要体现系统全面的特征.

(2) 主体性原则.

主体性原则就是承认、重视并坚持主体在实践和认知活动中的地位和作用的原则. 复习课要求系统性，但对知识的概括与习题的选择并非要做到面面俱到. 主体性原则要求突出章、节或单元的核心内容的界定与选择，提炼主要思想和体现教育价值，发挥复习课的主体效益和作用.

(3) 综合性原则.

综合性原则包括两个方面，一方面，在复习中，知识框架的搭建与认知结构的梳理和能力训练要结合起来，以帮助学生加深理解和提高综合能力；另一方面，在选题方面也要体现综合性的原则，尽量选择体现概念多元关联、综合程度合适的训练题，提高学生的综合解题能力.

4. 复习课与手持技术的融合

复习课与手持技术的融合形式是多样的，既可以像概念课的教学一样，为概念的形成与同化提供丰富的例证与归纳时机，也可以像习题课或规则课一样，用手持技术的 CAS 系统简化代数求解过程，给学生留下更多的思考时间，用于学习重要的数学，还可以提供实验和探究平台，促进学生的实践能力与创新意识的培养. 但作为综合性较强的复习课，要发挥手持技术的最大的价值，应设计“好的”数学问题，在多元联系与表达上提供融合的时机，让学生能关联所学知识，在优化解题过程中，完善认知结构，训练能力，提炼思想方法.

例如，在$\triangle ABC$中，已知$AB=2$，$AC=\sqrt{2}BC$，求$\triangle ABC$的面积的最大值.

本例从试题呈现与构成看，容易指向解三角形的相关知识和函数的思想，选择适当的变量构建$\triangle ABC$的面积的函数，通过研究函数的性质进行求解.

方法一：设$BC=x$，则$AC=\sqrt{2}x$，

$S_{\triangle ABC}=\frac{1}{2}AB\cdot BC\sin B=\frac{1}{2}\times 2x\sqrt{1-\cos^2 B}$.

根据余弦定理得

$\cos B=\frac{AB^2+BC^2-AC^2}{2AB\cdot BC}=\frac{4+x^2-(\sqrt{2}x)^2}{4x}=\frac{4-x^2}{4x}$.

代入上式得$S_{\triangle ABC}=x\sqrt{1-\left(\frac{4-x^2}{4x}\right)^2}=\sqrt{-\frac{1}{16}(x^2-12)^2+8}$.

由三角形三边关系有$\begin{cases}\sqrt{2}x+x>2,\\ x+2>\sqrt{2}x,\end{cases}$解得$2\sqrt{2}-2<x<2\sqrt{2}+2$，

故当$x=2\sqrt{3}$时，$S_{\triangle ABC}$取得最大值$2\sqrt{2}$.

从题设可以看出$\triangle ABC$的一边AB确定，而与面积关联的点C的位置受限于条件$AC=\sqrt{2}BC$，在图形计算器中，将$\frac{AC}{BC}=\sqrt{2}$的比值对象锁定，发现动点C的轨迹是圆，如图3−3−2所示. 可见，从轨迹的角度考虑面积的变化，容易获得以上解法.

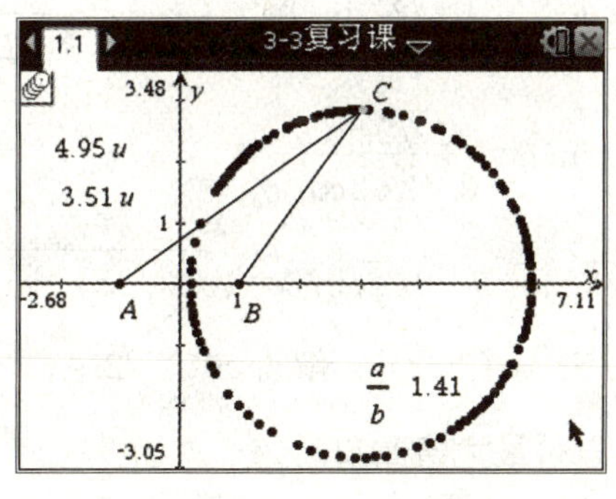

图 3−3−2

方法二：以 AB 的中点 O 为坐标原点，以 AB 所在直线为 x 轴，建立直角坐标系，则 $A(-1, 0)$，$B(1, 0)$，设 $C(x, y)$.

由 $AC=\sqrt{2}BC$，得 $\sqrt{(x+1)^2+y^2}=\sqrt{2}\cdot\sqrt{(x-1)^2+y^2}$，

化简得 $x^2+y^2-6x+1=0$，

即 $(x-3)^2+y^2=8$，所以点 C 在以（3，0）为圆心，半径为 $2\sqrt{2}$ 的圆上，

所以 $S=\frac{1}{2}\cdot 2\cdot |y_C|\leqslant 2\sqrt{2}$，当且仅当 $y_C=\pm 2\sqrt{2}$ 时等号成立.

建系的方法有多种，甚至可以引入边、角变量，取 $CB=r$，以 C 为圆心，$\sqrt{2}r$ 长为半径作圆，在保持 $AB=2$ 的条件下，按条件可以作出 $\triangle ABC$，也容易构建目标函数，如图 3－3－3 所示.

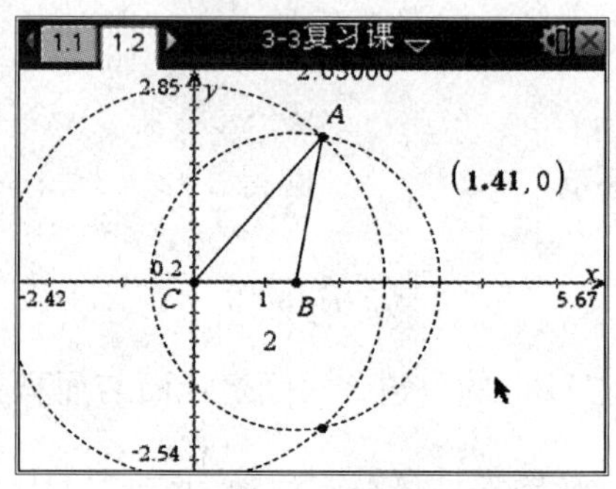

图 3－3－3

方法三：设 $C(0, 0)$，$B(r, 0)$，$A(\sqrt{2}r\cos\theta, \sqrt{2}r\sin\theta)[\theta\in(0,\pi)]$，

则 $AB^2=(\sqrt{2}r\cos\theta-r)^2+(\sqrt{2}r\sin\theta)^2=4$，$r^2=\dfrac{4}{3-2\sqrt{2}\cos\theta}$，

所以 $S=\dfrac{1}{2}r\cdot\sqrt{2}r\sin\theta=\dfrac{2\sqrt{2}\sin\theta}{3-2\sqrt{2}\cos\theta}$，

从而得到 $3S=2\sqrt{2}S\cos\theta+2\sqrt{2}\sin\theta=\sqrt{(2\sqrt{2}S)^2+(2\sqrt{2})^2}\sin(\theta+\varphi)$，

所以 $(3S)^2\leqslant(2\sqrt{2}S)^2+(2\sqrt{2})^2$，解得 $S\leqslant 2\sqrt{2}$.

经检验，$S_{\triangle ABC}$ 可取得最大值 $2\sqrt{2}$.

本例解法多样，体现了复习课的知识综合性特点，教学时从图形直观处融合手持技术，可以在知识关联与多元整合中开拓学生的思维，训练思维

能力.

5. **复习课教学的注意事项**

(1) 要明确复习课的教学目的与任务.

忽视复习课的教学目的与任务，就容易产生“以练代复习”或“以考代复习”的情形，单纯以练习代替复习，或以考试和讲评代替复习，或将复习课上成习题课或试卷讲评课. 其实复习课的最重要的功能是完整的认知结构的确立，这需要教师的归纳和整理，更需要教师的设计和引导. 虽然“练习”或“考试”也能达到或部分达到这个目标，但付出的“代价”不小，有的学生因此陷入“题海”，有的老师因此产生“错觉”，认为“这种问题我都讲了 n 遍了，还不会，因此是学生的问题”. 因此，要发挥复习课的课型功能，要清晰复习课的教学目的与任务，遵循复习课的基本构成进行教学设计.

(2) 要精心设计复习课的教学环节.

复习课同样需要精心设计每个教学环节，采用多样的教学形式组织并调控好课堂的各项活动. 数学复习课的教学和概念课有着本质的区别，因为复习知识多，没有精心设计的教学环节，一定使得整个教学过程杂乱无章，因此精心设计教学环节，组织好课堂教学活动是非常重要的. 同样，课堂上采用多种形式的活动组织教学，激发学生的学习兴趣，以取得更好的学习效果，也是非常有必要的.

(3) 要让学生在复习课中动手训练.

复习课不同于习题课或讲评课，但复习课也需要习题和讲评，同样需要学生的动手训练，就如著名心理学家皮亚杰所说，儿童的思维是从动作开始的，切断动作与思维的联系，思维就不能得到发展. 因此，让学生在学习的过程中动手是必要的复习手段，是高效的课堂行为. 复习课只有教师的“演示”，没有学生的“展示”，只有教师的“一言堂”，没有学生的参与，认为“让学生动手去做太耽误时间，不如教师自己演示来得快”，是非常错误的教学思想.

第 4 节　校本课的教学与教学设计[①]

1. 校本课的课型特点

数学校本课是教师基于学校和学生的特点设计的国家课程之外的课，是对国家课程和地方课程进行的再加工、再创造，其目的是为了有效地实现校本课程目标而组织、研究、开发的一节课. 这种课针对数学学科的特点，从实际生活中挖掘数学模型，加强数学应用，开发学生自身的潜能，充分发挥学生的创新性，培养学生的观察能力以及分析问题、处理问题的能力，并且加强训练学生的动手操作能力，鼓励学生展示自己的研究成果，体验成功，发展学生的心理健康，给学生提供概括、拓展和研究的机会. 数学校本课的教学内容一般取材于教材的拓展、阅读理解或对实习作业的有效改编，也可以是某项专题、研究性学习和主题的研究成果展示.

数学校本课的特点是“以学生为本”“以学校为基地”“以教师为主体”“以专家为指导”，有利于拓展学生的知识视野，有利于发展学生的思维能力，有利于把所学的数学知识应用到实际问题中去，有利于把实际问题抽象为数学问题.

2. 校本课的基本构成

数学校本课的主要任务之一是在实际生活中运用所学的数学知识，解决实际问题，因此数学校本课的基本构成主要有三个部分.

(1) 数学知识的来源.

《数学课程标准》强调“重视从学生的生活经验和已有知识中学习数学和

---

① 本节由福建省福州高级中学陈锦平（中学高级教师）提供，有增删和修改.

理解数学”，指出“数学教学必须从学生熟悉的生活情景和感兴趣的事情中提供观察和操作的机会，使他们感受到数学就在身边，感受到数学的趣味和作用，对数学产生亲切感”. 因此，在数学校本课的教学中，必须为学生架起数学与生活的桥梁，帮助学生理解生活中的数学，体会数学的价值. 将数学教材中的“探究与发现”“观察与猜想”“阅读与思考”以及数学探究和实习作业等等的数学知识还原. 课前可以布置学生就某个专题，通过网络搜集、查找、阅读资料文献，了解数学科学产生与逐渐繁荣的历史，数学思想逐渐演变的历史，数学家逐渐纠错的历史，数学应用逐渐扩展的历史. 在课堂教学中，通过数学史的介绍贯穿数学的人文精神，通过对典例的解题技巧的剖析，熏陶数学的推理，提高学生的思维水平，锻炼学生的意志品质.

（2）数学知识的应用.

“学习数学知识的目的在于运用数学知识.”因此教师必须为学生创设运用数学知识解决实际问题的条件和机会，带领学生走进生活；鼓励学生从数学角度看待客观世界，寻找客观世界与数学相关的因素，寻找解决问题的策略；在一次次“用数学”的过程中，潜移默化地形成“用数学”的意识，不断丰富学生“用数学”的经历，体会学习数学的快乐，培养学生“众里寻他千百度”的学习数学的毅力和“衣带渐宽终不悔”的学习数学的韧劲，体验应用数学时“蓦然回首”的喜悦.

（3）思想方法的提炼.

假如学生将所学的数学知识都忘记了，那么留下来的一定是数学中的基本思想和方法，这就是数学校本课的本质性的教学要求.

在教学过程中，教师巧妙地创设各种能够吸引学生的实际生活中的情境或问题，通过小组合作、讨论交流、操作尝试，让学生根据自己的知识和经验，用自己的思维方式在活动中思考、观察、归纳、猜想、推理、迁移，教师及时地引导探究，有意识地用数学思想方法“敲打”学生的思维，让学生在一次次的“敲打”过程中，不断地积累、不断地感悟、不断地明朗，直到自觉感悟优化数学思想.

3. **校本课教学设计的基本原则**

（1）激励性原则.

激励性原则是指教师激励学生探讨问题，从不同角度发掘新奇思路，让学生提出各式各样、言之有理的正确答案，并予以肯定、认同，同时也接纳离奇、荒诞、背逆性的新见解.

（2）针对性原则.

针对性原则是指教师从学生的实际出发，使教学的深度、广度、进度适合学生的知识水平和接受能力. 教师通过观察、分析学生的学习特点，了解学生的知识水平、接受能力、学习态度，以及每个学生的兴趣、爱好等方面，使学生各方面的才能都得到发展.

（3）实践性原则.

实践性原则是指数学来源于实际，数学服务于生活. 华罗庚教授曾经说过，数学是“一条原则，无数内容，一种方法，到处可用”.《数学课程标准》明确指出：使学生体会数学与自然及人类社会的密切关系，让学生感受数学服务于生活，培养学生应用数学的能力，贯彻理论联系实际这一原则，使数学教学充满活力，让学生的学习主动性和自觉性充分地被调动.

（4）启发性原则.

启发性原则是指在教学中教师要激发学生的学习主体性，调动他们的学习主动性，引导他们独立思考，自觉地掌握科学知识，学会分析问题和解决问题的能力，树立求真意识. 要求教师设置带有启发性的问题，问题的答案具有开放性，通过提问激发学生的兴趣，在解决实际问题中帮助学生获取知识，调动学生学习的主动性.

4. **校本课与手持技术的融合**

对于校本课而言，手持技术的作用尤为重要，体现在两个方面.

第一，从教师方面看，手持技术是开发校本课的重要研究工具，手持技术的优势能让教师立足校本，一有新的想法就可先行实践与探究，积累资源.

第二，从学生方面看，手持技术是学习校本课的重要认知工具，手持技术的优势能让数学思想更加直观，能让学生立足校本，转变学习方式，提高认知能力.

例如，已知 $a>b>0$，$c=\sqrt{a^2+b^2}$，双曲线$\frac{x^2}{a^2}-\frac{y^2}{b^2}=1$与直线 $y=x+c$ 的交点在直线 $y=2x$ 上，求双曲线的离心率.

本例本质上是多变元条件下，求双曲线的离心率的问题. 在手持技术支持下，解决本题的方法将更为简单，取 $a=1$，用 slove 命令解方程组 $\begin{cases}\frac{x^2}{a^2}-\frac{y^2}{b^2}=1,\\ y=2x,\\ y=x+c,\\ c^2=a^2+b^2,\\ e=\frac{c}{a},\\ a=1,\end{cases}$ 解得双曲线的离心率 $e=\sqrt{2}+1$，如图 3－4－1 所示. 本例的求解说明了在给定的变元个数与相关条件相符的情况下，即可采用方程组求解，体现了函数与方程的思想，手持技术让思想更为直观.

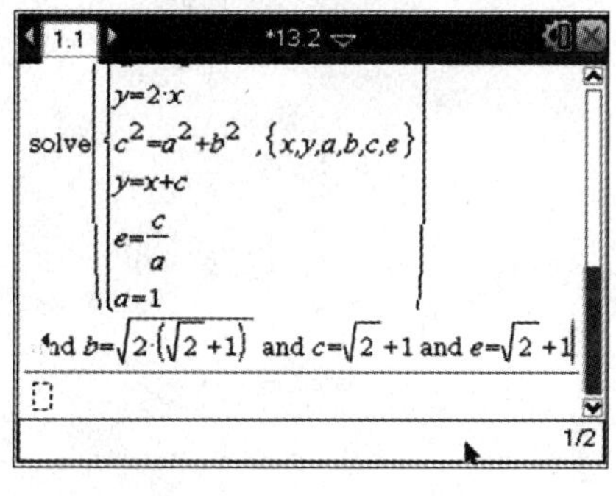

图 3－4－1

5. **校本课教学的注意事项**

（1）突出教师的研究.

校本课教学需要教师关注、研究学生的差异，以便找到针对性教学的科学依据. 校本课的教学意味着对话，意味着参与，意味着相互建构. 因此教师的教学行为自然成为数学校本课的主题，在教学中如何让学生通过感知——概括——应用的思维过程去发现真理、掌握规律是教师研究的重点.

(2) 突出对学生的研究.

教育的对象是学生，学生的经验与需求是教学的基础. 因此校本课要“研究”学生. 校本课要研究学生的学习兴趣、学习习惯 、学习态度、学习特点、知识基础、生活常识等等，研究校本课的开设对学生的考试有多大帮助，研究学生在课堂上感到最快乐的事是什么，最感兴趣的内容是什么，最喜欢的学习方式是哪些，等等.

(3) 突出对内容的研究.

内容研究就是将课本或资料上的教学内容或学生觉得较难、易错、易混的内容，加以延伸拓展，进行适当改造后，再用于教学.

第四章

教学设计与评析

本章选取指尖数学教学中的几种常见课型和典型案例，结合教学设计的理念与理论框架结构进行设计和评析，直观呈现了指尖数学的教学主张进教学、进教材的示例，展示了 TI 手持技术在教学中的应用. 本章节中每个案例都是对课堂教学的新型模式进行探索，显示了教学过程的指尖智慧，从中能深刻体会学习数学的无限快乐.

第 1 节　函数的奇偶性

1. 内容和内容解析

函数的奇偶性是描述函数整体特征的重要性质. 本节课在函数单调性学习之后，继续采用研究函数性质的“三部曲”策略，即利用“观察、描述、定义”的策略性知识，建立奇（偶）函数的概念.

在学习内容的安排上，遵循概念教学的一般套路，先给出几个特殊函数的图象，让学生通过观察获得对函数奇偶性的直观认识，再利用图、表探究函数奇偶性的数量关系特征，并通过代数运算，验证发现的数量特征对定义域中的“任意”值都成立，最后概括到一般而形成奇（偶）函数的概念. 因此，本课教学重点是延续函数性质研究的策略，形成奇（偶）函数的形式化定义. 本课教学难点是在形成奇（偶）函数概念的过程中，如何从图、表中抽象出一般的数量关系，并用数学符号语言表述奇（偶）函数的定义.

2. 目标和目标解析

本课教学目标是进一步掌握研究函数性质的基本策略，形成函数性质的“研究套路”，感受数学形式化定义的方法，体会数学的严谨性和抽象性. 具体目标是：

(1) 能用函数性质研究的“三部曲”建立奇（偶）函数的概念，形成形式化定义；

(2) 能用奇（偶）函数的定义判断函数的奇偶性.

3. 教学问题诊断分析

本课是在刚刚形成的函数单调性的研究方法的基础上，借助图象和表格数据特征继续研究函数的奇偶性. 函数的图象与表格数据特征的发现、描述是有一定困难的；将从图象和表格数据获得的直观结论，进一步从数量关系的角度通过逻辑推理加以确认，建立奇（偶）函数的定义，对于高一新生来说更是困难. 因此，本课的学习对学生的数学语言、逻辑思维、形成形式化定义的严谨性等都有较高要求，教学中需要教师从一般方法上加强引导，在教学过程中不断纠正.

4. 教学支持条件分析

函数图象的基本特征是研究函数奇偶性的直观基础，而图形计算器在函数图象上具有卓越的表现力.

本课可以借助 TI 图形计算器作出相应的函数图象，利用计算器的动态功能，帮助学生观察函数图象上的任意点 P 关于 y 轴（或原点 O）对称的点 P' 是否也在图象上，通过测量点 P 和 P' 的坐标，并移动点 P 观察它们的坐标间是否存在某种数量关系．这样，就将函数的整体性特征，通过函数的解析式转化为图象上点的特征，并用动态关联的方式，把图象上的点的运动，表现为便于观察的数的特点，从数与形两个方面丰富学生对奇（偶）函数的认识，使得数与形的结合表现得更加自然，有利于奇（偶）函数概念的形成．

5．**教学过程设计**

（1）通过“先行组织者”形成研究的策略．

问题　函数是描述事物运动变化规律的数学模型．如果了解了函数的变化规律，那么也就掌握了相应事物的变化规律，因此研究函数的性质是非常重要的．我们研究过函数的哪些性质？是怎样研究的？

实践与意图　教师通过提问的方式回顾研究函数性质的“三部曲”：观察图象，发现函数图象特征；结合图、表，用自然语言描述函数图象特征；用数学的符号语言定义函数性质．教师通过“先行组织者”，在函数性质的研究策略指引下，引出课题，指导学生应用函数性质研究的三个步骤进一步研究函数的奇偶性．

（2）通过“三部曲”策略建立偶函数概念．

问题 1　用 TI 图形计算器分别画出函数 $y=x^2$ 和 $y=2-|x|$ 的图象，如图 4－1－1，4－1－2 所示．观察图象，请你说说它们有什么共同特征．

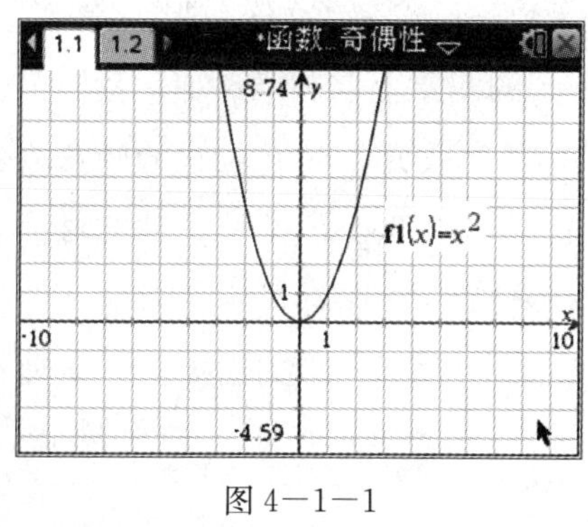

图 4－1－1

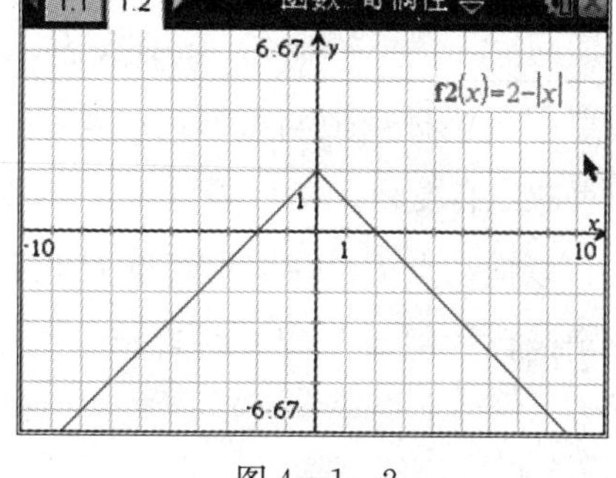

图 4－1－2

追问 1 你能说说什么叫作轴对称图形吗？

追问 2 由函数图象的几何特征，给出偶函数的“图象定义”：如果一个函数的图象关于 y 轴对称，那么这样的函数就称为偶函数. 根据“图象定义”，判断下图对应的三个函数中（如图 4—1—3 所示）是否有偶函数.

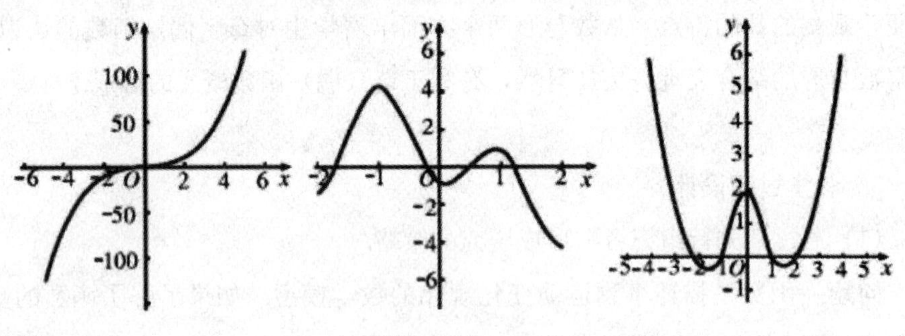

图 4—1—3

实践与意图 观察图象，发现函数图象特征是研究的第一步. 实际教学中，学生的回答比较宽泛、不够准确，所以用追问的方式加以引导. 首先，回顾轴对称图形的概念，其目的是指导学生从概念的角度准确描述函数图象的特征，同时顺带引出中心对称的概念，为奇函数的研究埋下伏笔；其次，通过图象直观给出偶函数的“图象定义”，引导学生借助图象特征认识偶函数，这样可以方便后续问题的叙述，同时可借此说明“形式化定义”的必要性.

问题 2 图象是由点构成的，因此图象对称的本质是点的对称. 在平面直角坐标系下，点的对称能用坐标的关系表示吗？根据“图象定义”，偶函数图象上的点的坐标有什么特点？这种特点与函数解析式有什么联系呢？

追问 如图 4—1—4，在函数 $f(x)=x^2$ 的图象上取一个点 P，我们可以测量点 P 的坐标，拖动点 P，发现它的坐标随之改变，点 P 位置的随意改变可以反映出自变量 x 的任意性. 如图 4—1—5，作出点 P 关于 y 轴的对称点 P'，可以拖动点 P，并采集到点 P 和 P' 众多位置下的坐标，从坐标看，点 P' 在这个函数的图象上吗？需要满足什么条件才能保证函数图象关于 y 轴对称呢？

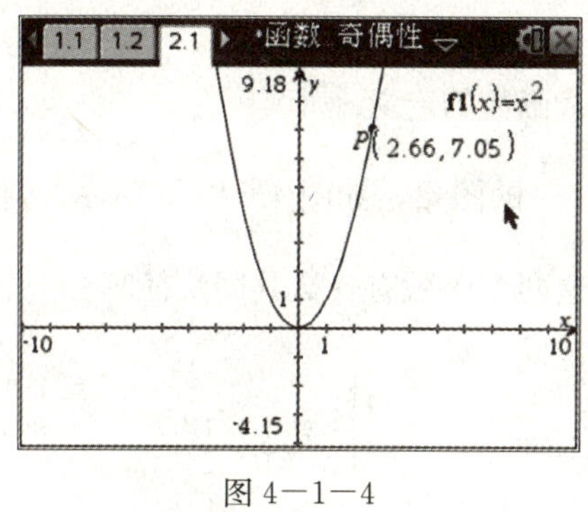

图 4—1—4

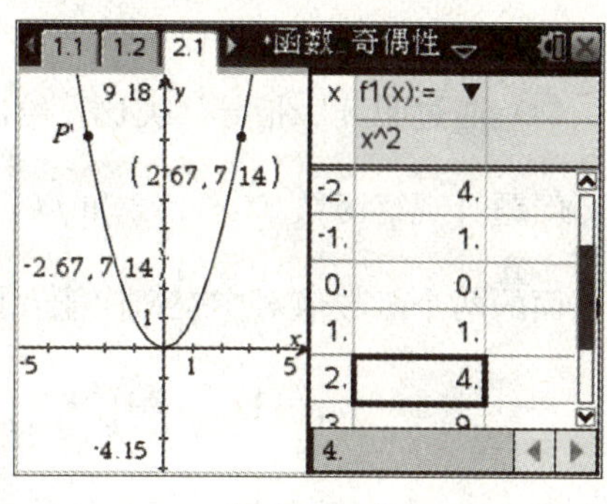

图 4—1—5

追问 以函数 $f(x)=2-|x|$ 为例，重复上述的研究过程，然后回答：函数 $f(x)$ 的图象上任意一点关于 y 轴的对称点都在这个函数图象上，函数 $f(x)$ 需要满足什么条件?

实践与意图 结合图、表，用自然语言描述函数图象特征是研究的第二步. 本环节充分展示了 TI 图形计算器在图、表动态关联上的优越表现. 首先，引导学生从函数图象的几何特征过渡到对代数特征的关注，把图象的对称性转化为点的坐标关系进行研究；然后在动手操作中，发现 $f(-3)=f(3)$，$f(-2.2)=f(2.2)$，$f(-0.1)=f(0.1)$ 等函数的数值所具有的等量关系；最后，换一个函数重复研究一遍，旨在加强对形与数的结合与转化的认识，并在概括的基础上提炼出“$f(-x)=f(x)$”的一般性条件，以及“$-x$”也要在定义域中这个隐性条件. 这个环节的设计意图是借助工具从函数解析式中抽取偶函数的本质属性，并引导学生从数量关系的角度对偶函数特征加以确认.

问题 3 你能借助数学的符号语言，用函数的解析式给偶函数下定义吗?

追问 函数 $f(x)$ 在定义域上有无数个自变量 $x_i(i=1, 2, 3, \cdots)$ 使得 $f(-x_1)=f(x_1)$，$f(-x_2)=f(x_2)$，$f(-x_3)=f(x_3)$，…，能不能说明函数 $f(x)$ 是偶函数? 请你说明理由.

实践与意图 用数学的符号语言定义函数性质是研究的第三步. 首先，指导学生给出偶函数的定义，接着通过追问环节，指导学生认识定义中的“任意”与“$f(-x)=f(x)$”这两个关键词，并指出“无数个”并不等同于“任意”. 这个环节的设计，直指学生较难理解的抽象符号与全称量词，从多角度对数学的符号语言加以确认.

(3) 通过阅读、指导、类比，给出奇函数的定义.

问题 观察函数 $f(x)=x$ 和 $f(x)=\dfrac{1}{x}$ 的图象，如图 4—1—6 所示，并完成下面的两个函数值对应表，你能发现这两个函数有什么共同特征吗?

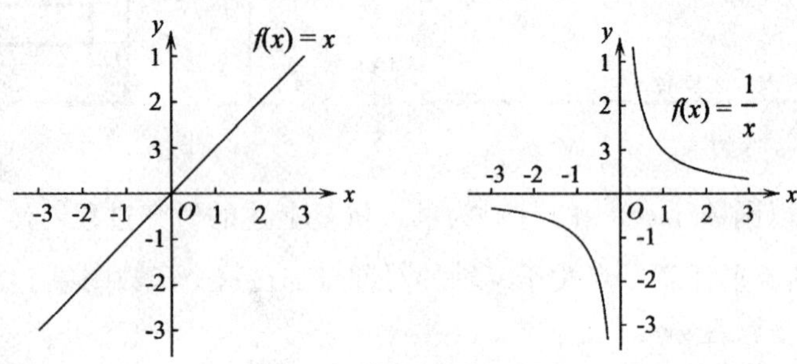

图 4—1—6

函数 $f(x)=x$ 数值对应表

x	…	-3	-2	-1	0	1	2	3	…
$f(x)=x$	…								…

函数 $f(x)=\dfrac{1}{x}$ 数值对应表

x	…	-3	-2	-1	0	1	2	3	…
$f(x)=\dfrac{1}{x}$	…								…

追问 1 你能给出奇函数的定义吗?

追问 2 ①判断函数 $f(x)=x^3+x$ 的奇偶性;

②如果图 4—1—7 是函数 $f(x)=x^3+x$ 图象的一部分，你能根据 $f(x)$ 的奇偶性画出它在 y 轴左边的图象吗?

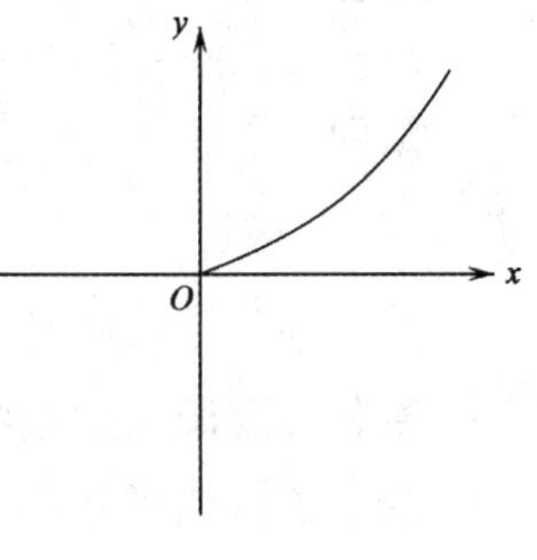

图 4—1—7

追问 3 本题的解决说明了研究函数的奇偶性有什么价值或意义?

实践与意图　延续函数性质研究的步骤，指导学生给出奇函数的定义. 实际教学中，应继续利用追问的环节，从形式化的角度对函数的奇偶性进行判断，并利用奇函数的图象特征补全函数图象，展示了从局部到整体的过程，体现了研究函数的奇偶性的价值.

(4) 应用奇偶函数定义判断函数的奇偶性.

问题 1　判断下列函数的奇偶性.

①$f(x)=x^4$；②$f(x)=x^5$；③$f(x)=x+\frac{1}{x}$；④$f(x)=\frac{1}{x^2}$.

实践与意图　从形式化的角度对函数的奇偶性进行判断，关注学生的书写与表达规范.

问题 2　判断下列函数的奇偶性.

①$f(x)=0$，$x\in\mathbf{R}$；②$f(x)=x^3$，$x\in[-3, 3)$.

追问　奇函数或偶函数的定义域有什么特征？

实践与意图　从形式化的角度对函数的奇偶性进行判断，引发学生对具有奇偶性的函数的前提条件的思考. 通过追问环节，引导学生认识到，奇函数的图象关于原点对称，偶函数的图象关于 y 轴对称. 因此，奇（偶）函数有一个很重要的性质，就是 x 轴上表示函数的定义域的点的集合一定关于原点对称，叙述与严谨表达是设计意图.

(5) 回顾与小结.

问题　请你对今天所学内容进行小结，并说明今天的学习给你什么启示.

追问　①我们学过函数的哪些性质？你是怎样研究函数的性质的？

②在研究过程中，你获得哪些研究问题的策略方法？这样研究函数的性质的方法，给了你什么启示？研究中，TI 手持技术给了你哪些帮助？

实践与意图　总结函数性质的研究对象、方法和基本思路，指导学生认识 TI 图形计算器在研究中的作用，并能将研究方法迁移到对其他函数的研究中.

6. **目标检测设计**

(1) 关于函数 $f(x)=\frac{1}{x}-x$ 的图象特征的描述，正确的是（　　）.

A. 关于 y 轴对称　　　　B. 关于坐标原点对称

C. 图象上升　　　　　　D. 图象下降

设计意图　迁移本课的知识和研究思路.

(2) 已知函数 $f(x)=ax^2+bx+3a+b$ 是偶函数，且定义域为 $[a-1, 2a]$，则 $a+b=$________.

设计意图　整合奇偶函数的性质，检测思维的层次性.

(3) 判断下列函数的奇偶性.

(Ⅰ) $f(x)=|x|+\sqrt{x^2}$；(Ⅱ) $f(x)=\dfrac{x^2+1}{x}$.

设计意图　迁移本课的知识和研究思路.

(4) 已知 $f(x)$是 $\mathbf{R}$ 上的奇函数，且当 $x>0$ 时，$f(x)=-x^2+2x+2$.

(Ⅰ) 画出 $f(x)$的图象，并求 $f(x)$的解析式；(Ⅱ) 指出 $f(x)$的单调区间.

设计意图　整合奇（偶）函数的性质，检测思维的层次性、严谨性和深刻性.

【教学心得】概念课需要“慢教学”

概念课是中学数学重要的课型，一般要求让学生经历概念的引入、概念的形成、概念的明确、概念的定义、概念的巩固和应用等概念课教学的基本环节.“函数的奇偶性”是高中数学起始阶段最重要的概念课之一，本节课的教学，笔者采用了“问题导引思考”的教学模式，让学生经历概念课的基本环节，与“开快车”下定义、“题型＋训练”的教学不同，概念课的教学特点就是“慢”.

1. 遵循概念教学的基本环节，“慢”中理解本质

概念是数学推理与判断的基础，概念不清就无法进一步开展其他数学活

动，因此，理解并掌握概念很重要. 掌握概念，实质上就是掌握同类事物的共同的本质属性. 因为同类事物很多，属性很杂，所以需要引导学生从众多的同类事物中抽取其本质的、共同的属性，这就需要“慢”中认识、逐步理解的过程. 认识论的原理指出，概念需要经历一个由感性到理性的循环往复的认识与理解过程，所以概念教学需要重视概念的形成和明确的过程，需要遵循概念教学的基本环节，不能求快，更不能用题型训练的方式来代替对概念的理解.

本节课的教学让学生完整地经历了概念的引入、概念的形成、概念的明确、概念的定义、概念的巩固和应用等概念课教学的基本环节，为了让学生从本质上理解偶函数的概念，教学时采用了研究函数性质的“三部曲”策略，即利用“观察、描述、定义”的策略性知识，逐步引导，逐渐加深对概念的理解. 首先，通过观察图象，发现图象的几何特征，从而引入偶函数概念，这是概念的感性认识的开始. 为了加强对概念的认识，教学中特意设计了偶函数的“图象定义”，从图象直观上促进概念的形成，但这时的概念是模糊的、感性的. 接着，引导学生从函数图象的几何特征过渡到对代数特征的关注，把图象的对称性转化为点的坐标关系并进行研究，这是概念的形成和逐步明确的过程. 在平面直角坐标系下，点的对称可以用坐标的关系表示，因此图象的对称性可以通过点的坐标满足的关系加以描述. 关系式 $f(-x)=f(x)$是从众多的结论中概括出来的，这是概念进一步明确的过程，也是从函数解析式中抽取的偶函数的本质属性，并从具体函数的数量关系的角度对偶函数特征加以确认. 最后，在认识了偶函数本质属性的基础上，用函数的解析式对偶函数下定义，并借助形成的研究策略，类比给出奇函数的定义，而形式化的定义则巩固了对概念的认识. 可见，教师要理解数学，遵循概念教学的基本环节，重视概念的形成和概念的明确过程，“慢”下认识概念的脚步，才能带领学生理解概念的本质.

2. 充分发挥图形计算器的作用，“慢”中发现规律

函数图象的对称性特征与自变量互为相反数的函数值的关系，是奇（偶）

函数最本质的属性关系，其规律的发现是非常重要的，教学时不仅需要给学生留足探究的时间，而且也要在方法上进行指导.

首先，偶函数图象特征的认识，是从函数图象的绘制开始的，图形计算器的作用表现在输入函数的解析式后，即可迅速得到函数的图象，所以教学中让学生绘制函数图象，然后引导学生发现它们的共同特征，是相当容易的.

其次，图象上的点的坐标可以与表格建立关联，这是图形计算器“多元动态关联”的优势表现. 因为点的移动可以反映取点的任意性，让学生进行操作，可以在“慢”中体会到数与形是如何互相结合和转化的，可以关注到点的变化与坐标间的关系，体会到运动变化的思想. 学生学会了观察的方法，就能将目光聚焦到函数值的关系探究上.

最后，大量捕获点的坐标是图形计算器的优势，从众多关于 y 轴对称的两个点的坐标中发现规律，可以协助学生对概念的深刻理解. 这些操作过程都需要时间的保证，因此，对规律的发现的指导要“慢”，要充分发挥图形计算器的作用.

3. 重视研究方法的过程学习，“慢”中感悟策略

学生的主体性地位，决定了学生要重视研究方法的过程学习，形成策略，而不是被动地接受陈述性的知识. 很显然，对研究一个问题的策略和方法的学习比单纯的陈述性知识的学习重要. 因此，教师对学生的研究方法的学习指导，需要一定时间的等待，不能强求一步到位，更不能以教师的理解代替学生的接受，以教师的演示代替学生的操作. 策略性知识的学习需要内化的过程，所以，学生在学习与操作中形成的策略，需要在反复中不断被强化，需要在“慢”中形成感悟.

比如，函数性质的研究方法，在单调性的教学中就被引进，其“三部曲”策略对函数性质的研究有着重要指导作用，在函数的奇偶性研究中，需要被重新提起，而且要贯穿到函数奇偶性研究的整个过程. 因此，本节课从教学开始，教师就通过提问的方式回顾研究函数性质的“三部曲”，通过“先行组织者”的策略，立足高位，引导学生应用函数性质研究的三个步骤，进一步研究函数的奇偶性.

又如，从函数图象的几何特征中抽取函数解析式所满足的关系式$f(-x)=f(x)$，是偶函数概念中本质的属性关系，其方法就是在具体函数中，通过对横坐标互为相反数的两个函数值进行比较，从大量的函数值关系中概括出来的. 这个研究方法在本课中被反复使用，目的就是留给学生内化的过程，因此，每次都要给学生留足研究的时间，让学生在过程中感悟研究策略，在“慢”中体验和内化.

第2节　函数模型的应用实例

1. **内容和内容解析**

函数模型的应用实例主要包含三个方面：利用给定的函数模型解决实际问题；建立确定性函数模型解决实际问题；建立拟合函数模型解决实际问题.

所谓拟合是指已知某函数的若干离散函数值，通过调整该函数中若干待定系数，使得该函数与已知点集的差别（最小二乘意义）最小. 简单说，拟合函数是指能大致描述现实世界中有一定关系的两个变量. 当然，一般来说这两个变量的关系往往不像匀速直线运动中时间与路程的关系那样是完全确定的，而是带有不确定性，但是在不确定的背后可能存在某种规律，研究其中的规律，可以对它们之间的关系作出判断，进而作出预测. 这里的规律研究就要用到函数的拟合，常常又涉及函数类型的选择以及吻合程度的判断等.

本节课安排在函数模型的应用实例的第3课时，通过一些实例的学习，让学生亲身体验建立拟合函数模型解决实际问题的基本过程（如下图4－2－1），感受基本初等函数与现实世界的密切联系和广泛应用.

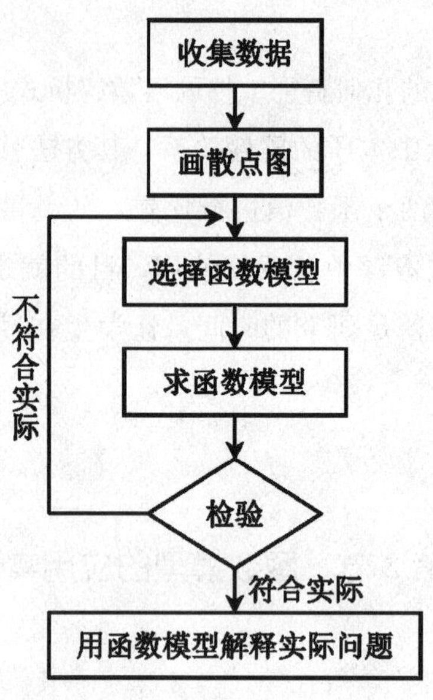

图 4—2—1

2. **目标和目标解析**

通过本课教学指导学生了解函数模型（如指数函数、对数函数、幂函数、分段函数等在社会生活中普遍使用的函数模型）的广泛应用；帮助学生利用函数图象、解析式等知识正确解决生活中的数学问题，并能够根据图表数据信息，建立拟合函数解决实际问题.

（1）初步感受用 TI 图形计算器的列表与电子表格输入数据，用数据与统计功能作散点图，并建立拟合函数的基本过程，体验技术给研究带来的便利.

（2）进一步用实例深化建立拟合函数过程中函数模型的检验以及用所得模型解释实际问题的认识，逐步建立用函数模型解决实际问题的基本过程.

3. **教学问题诊断分析**

函数的概念是函数拟合的起点，也是学生认识的难点，拟合函数的选择与吻合程度的检验判断是建立函数模型解决实际问题的重要环节，也是学生认识上的弱点.

新课程明确提出数据处理的能力要求，对收集的大量数据进行处理是教学难点，传统教学既要学生深刻理解本课内容和思想方法，又要处理大量数据的运算问题，是有一定困难的.

此外，实际问题的真实数据给学习过程带来不小的运算量，众多的数据靠笔算，运算能力的不足以及机械重复的工作将给教学过程带来很大的麻烦，自然也成了学生学习的难点.

4. **教学支持条件分析**

为了更有效地实现教学目标，教学时应引进 TI 图形计算器，让学生动手参与绘制散点图的过程，本来处理大量数据的庞杂计算已经交给 TI 图形计算器完成了，省出的时间可以拓展新知识，使学生将更多的课堂时间和精力放在回归分析的思想方法上，认识数学的本质和思想的发展过程，进而培养学生解决问题的能力. 从数学实验的角度看，TI 图形计算器的引入，使得数据分析简单易行，使学生关注到问题解决的核心内容，提高了课堂的实效性，解决了在有限的课堂时间需掌握的知识与数学实验费时的矛盾.

5. **教学过程设计**

(1) 认识建立拟合函数模型解决实际问题的重要意义.

18 世纪 70 年代，德国天文学家提丢斯发现金星、地球、火星、木星、土星离太阳的平均距离（天文单位）如下表：

行星	1(金星)	2(地球)	3(火星)	4(?)	5(木星)	6(土星)	7(?)
距离	0.7	1.0	1.6		5.2	10.0	

他研究行星排列规律后预测在火星和木星之间应该有一颗大行星，后来果然发现了一颗谷神星，但不算大行星，它可能是一颗大行星爆炸后的产物. 后来，人们用相同的方法推测在土星外面应该也有一颗大行星，并推测出它与太阳的平均距离约为 19.6 天文单位，从而发现了天王星.

问题 1　行星排列的规律可根据“按图索骥”的方法来推导，将行星标号与离太阳的平均距离视作两个变量，你们认为描述它们之间关系的最理想的函数关系式是什么？

实践与意图 虽然生活中的绝大多数变化现象很难根据已知理论直接建立函数模型，也没办法利用已有的数据关系直接建立函数关系，但可以用拟合函数大致反映变化规律，获得一定的研究线索，并可能有新的发现. 本问题指出本课学习的意义，并用实例激起学生学习的兴趣.

问题 2 如果拟合函数 $f(x)=\frac{3}{20}\times 2^x+\frac{2}{5}$ 可以大致反映上述变化规律，那么如何预测第 7 颗行星与太阳的平均距离呢？

实践与意图 计算得 $f(7)=19.6$，即第 7 颗行星与太阳距离的预测值. 事实上，后来在离太阳 19.2 天文单位处发现了天王星，与 19.6 非常接近. 在天文学上，按照数学计算结果之“图”，去寻找天体运动之“骥”，提丢斯利用拟合函数模型创造了一个天文史上的神话. 本问题指出拟合函数的应用价值，建立拟合函数的需求自然成了学生继续学习的动力.

(2) 初步感受建立拟合函数的基本过程.

下表是弹簧伸长的长度 x 与拉力 F 的相关数据：

x/cm	14.2	28.8	41.3	57.5	70.2
F/N	1	2	3	4	5

描点画出弹簧伸长长度随拉力变化的图象，并写出一个能基本反映这一变化现象的函数解析式.

问题 1 题中表格提供的相关数据，请你猜猜是怎么得来的.

实践与意图 生活中的绝大多数变化现象，要建立大致反映变化规律的函数模型，首先要收集数据，这是相当重要的一个环节. 可由于数学课堂的局限，问题中往往都是直接提供数据进行研究，本问题就是为引出基本过程的第一个环节而设计的，引起学生对数据来源的重视，以及对数据采集方法的关注.

问题 2 在计算器中输入数据，作出散点图. 请你根据点的分布特征，思考用什么函数模型来刻画弹簧伸长长度与拉力的关系.

实践与意图 本题散点图分布规律比较明显，在作出散点图之后，学生容易选择用一次函数 $F=kx+b$ 作为刻画弹簧伸长长度与拉力的关系的函数模型. 之后教师根据学生的选择，指导学生获得线性回归拟合函数 $y=14.07x+0.19$，其中 x 表示拉力，y 表示弹簧伸长长度.

具体操作步骤如下：

①添加一个电子表格页面.

②分别在 A，B 列中依次填入弹簧伸长的长度 x 与拉力 F 的数据，并分别将这两列数据赋予变量名 x 和 f，如图 4—2—2 所示.

③添加一个数据与统计页面.

④将光标移到屏幕下方中央，按键 enter 弹出对话框，选中变量 f 后按键 enter；将光标移到屏幕左侧边缘中央，按键 enter 弹出对话框，选中变量 x 后按键 enter，作散点图，如图 4—2—3 所示.

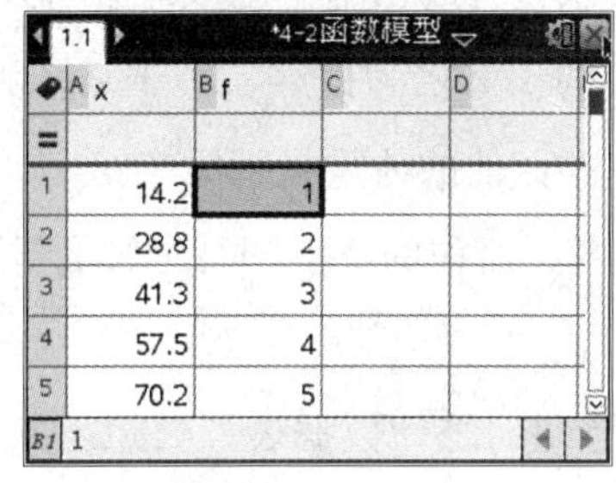

图 4—2—2

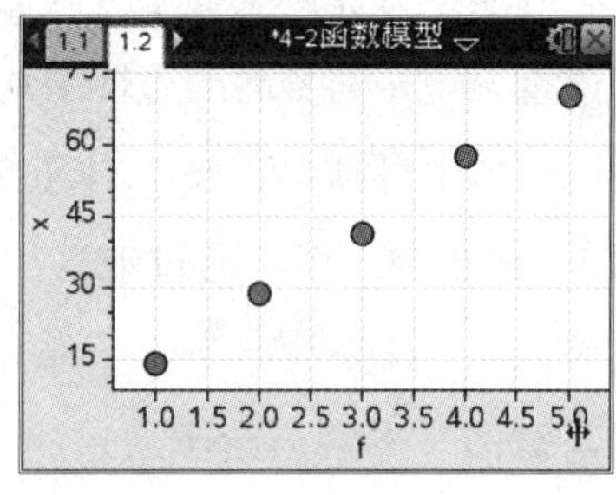

图 4—2—3

⑤根据散点图的特征，选择线性函数作模型，按键 菜单 4（分析） 6（回归） 2 （显示线性回归（$a+bx$）），添加一条回归直线，如图 4—2—4 所示.

⑥观察屏幕，得出这些数据可以用函数 $y=0.19+14.07x$ 拟合，如图 4—2—5 所示.

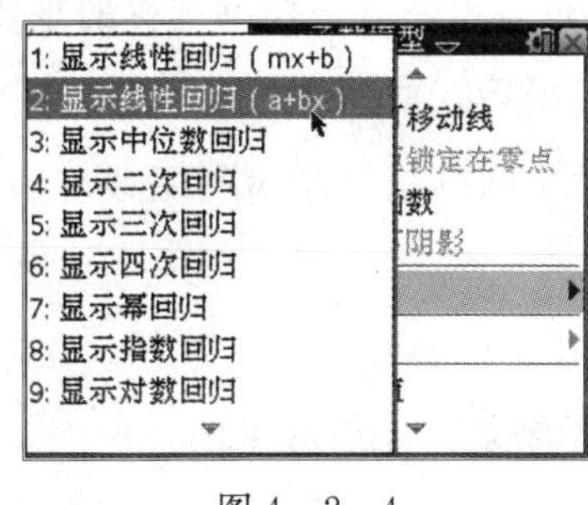

图 4—2—4

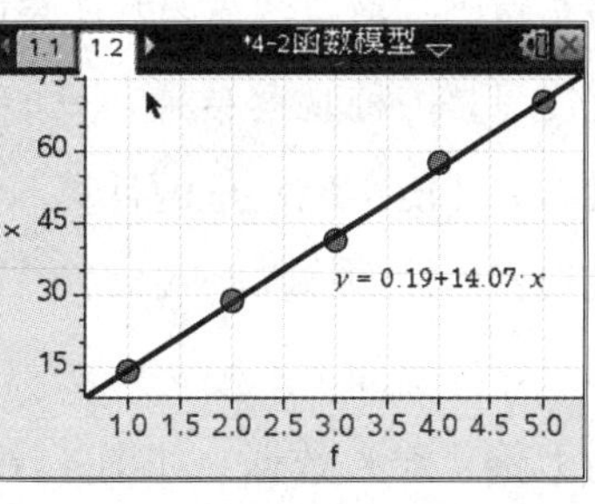

图 4—2—5

问题 3　请你简要谈谈解决本题有哪些重要环节.

实践与意图　本问题设计的目的是指导学生回顾建立拟合函数的基本过程，初步体验在建立拟合函数中作散点图，选择回归曲线以及得到拟合函数三个环节.

(3) 体验拟合函数的选择及用所得函数解释实际问题的过程.

某地区不同身高的未成年男性的体重平均值如下表：

身高/cm	60	70	80	90	100	110	120	130	140	150	160	170
体重/kg	6.13	7.9	9.99	12.15	15.02	17.5	20.92	26.86	31.11	38.85	47.25	55.05

①根据上表中各组对应的数据，试寻找一个拟合函数，使它比较近似地反映该地区未成年男性体重关于身高的关系，并写出这个函数的解析式.

②若体重大于相同身高的男性平均值的 1.2 倍为偏胖，小于 0.8 为偏瘦，那么该地区一男生身高 175 cm，体重 78 kg，他的体重是否标准？

问题 1　画出散点图，通过观察和思考，所作的散点图与已知的哪个函数的图象最接近？

实践与意图　本例只给了通过测量得到的统计数据表，要想由这些数据直接发现函数模型是困难的，但学生已有的经验已经不难解决此类问题，只是在函数选择上，可能会有多种情形. 本问题设计的目的是引出不同拟合函数的选择.

问题 2　有的同学选择二次、三次函数，有的同学选择指数型函数进行拟合，到底哪个函数模型更好呢？

实践与意图　散点图与函数图象的接近程度是函数模型选择的重要依据，可接近程度只是一种观察结果，只能定性描述，要体现拟合的程度还需要其他数学模型，才能实现定量的计算. 通过本问题指导学生利用残差图和相关系数评估选择的模型.

具体操作步骤如下：

①仿上例，输入数据，如图 4－2－6 所示，作出散点图，如图 4－2－7 所示.

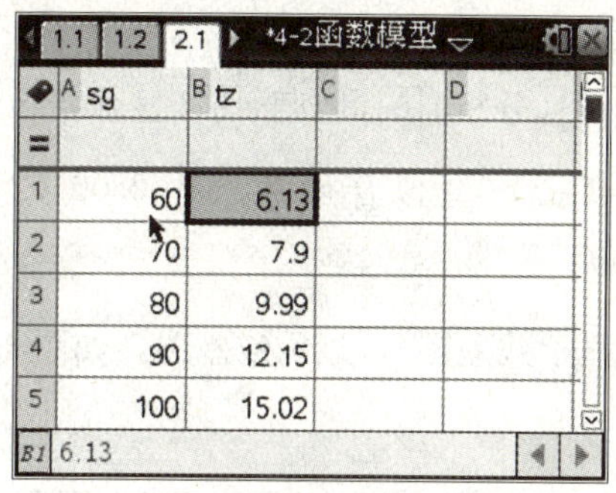

图 4—2—6

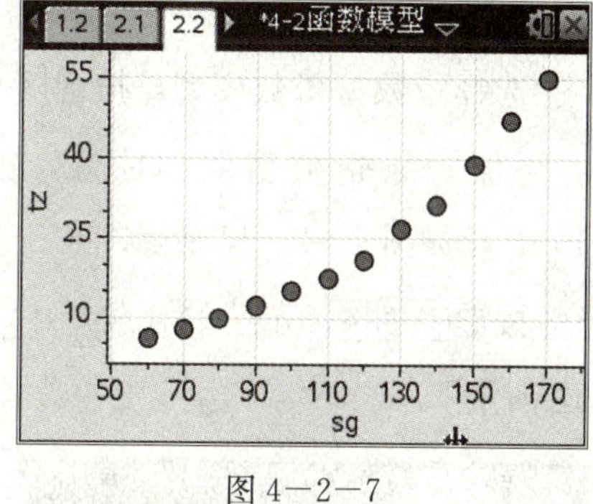

图 4—2—7

②根据散点图特征，选择二次函数模型，按键$\boxed{\text{菜单}}$$\boxed{4}$（分析）$\boxed{6}$（回归）$\boxed{4}$（显示二次回归），得到二次型拟合函数 $y=0.003741x^2-0.431022x+19.6973$，如图 4—2—8 所示.

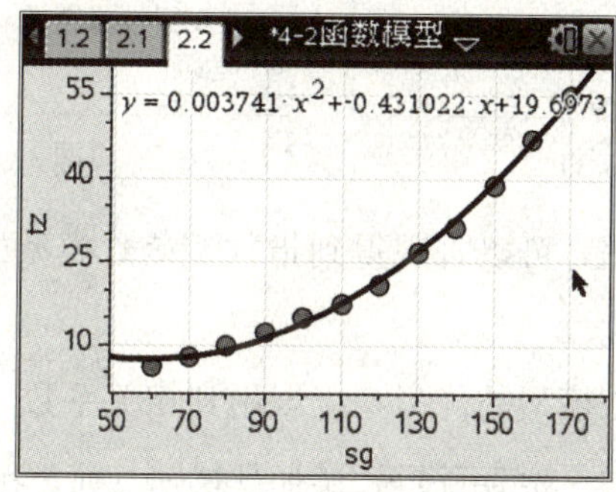

图 4—2—8

③按键$\boxed{\text{菜单}}$$\boxed{4}$（分析）$\boxed{7}$（残差）$\boxed{2}$（显示残差图），如图 4—2—9 所示，得到残差图，如图 4—2—10 所示.

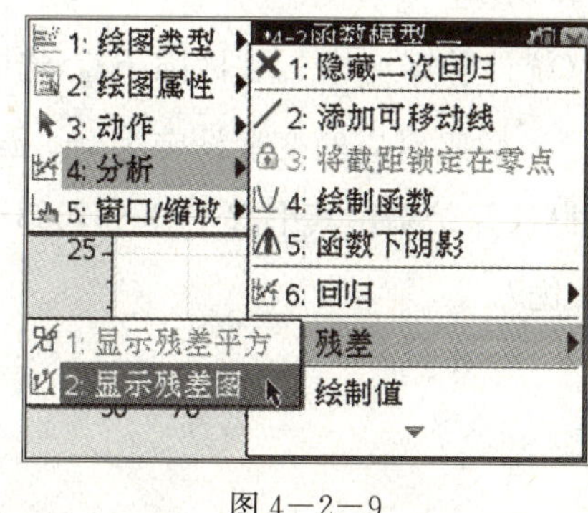

图 4—2—9

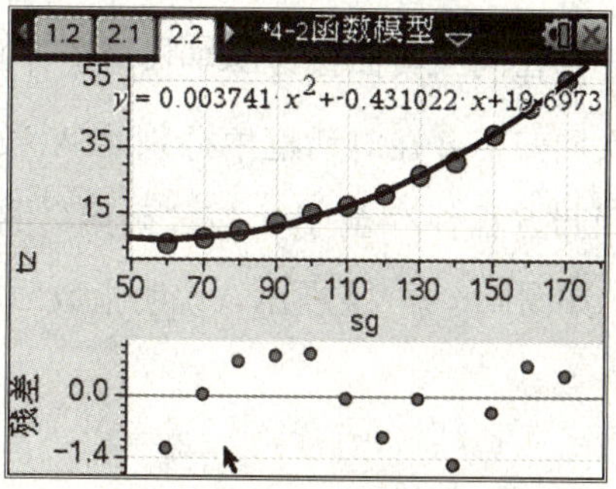

图 4—2—10

④选择指数型函数模型，按键[菜单][4]（分析）[6]（回归）[8]（显示指数回归），添加一条指数型回归曲线，得到指数型拟合函数 $y=2.00402\times 1.01991^x$，如图 4－2－11 所示.

⑤按键[菜单][4]（分析）[7]（残差）[2]（显示残差图），显示残差图，如图 4－2－12 所示.

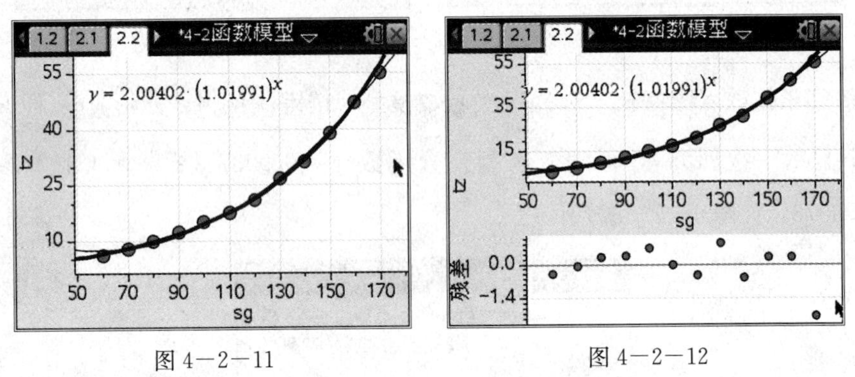

图 4－2－11　　　　图 4－2－12

⑥比较两个残差图，可以直观得到指数型函数模型的残差图更集中在平衡位置附近，所以更优.

⑦要定量比较函数模型的优劣，应该用到相关系数，相关系数越接近 1，表明函数拟合程度越高. 按[ctrl][文档▾]添加计算器页面，按键[菜单][6]（统计）[1]（统计计算）[A]（指数回归…），选中指数回归，并在对话框中分别将 X 数组、Y 数组对应的变量设定为 sg，tz，将回归方程保存至 f_1. 按“确定”获得计算结果，其中 $r^2=0.99801$，如图 4－2－13 所示.

⑧在同一页面按键[菜单][6]（统计）[1]（统计计算）[6]（二次回归…），选中二次回归，并在对话框中分别将 X 数组、Y 数组对应的变量设定为 sg，tz，将回归方程保存至 f_2. 按“确定”将获得计算结果，其中 $R^2=0.997083<r^2$，如图 4－2－14 所示，说明指数回归更优.

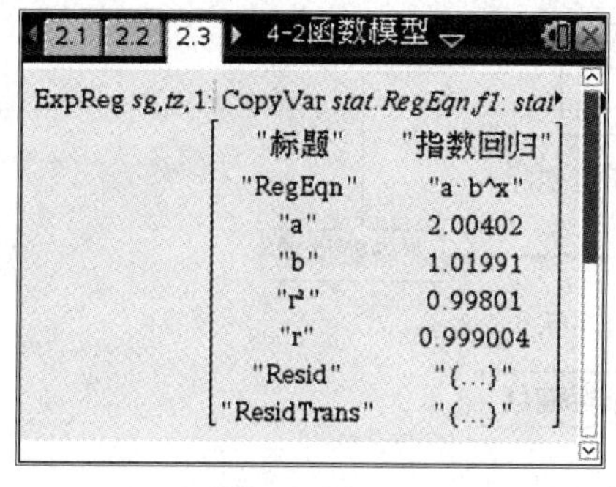

图 4—2—13

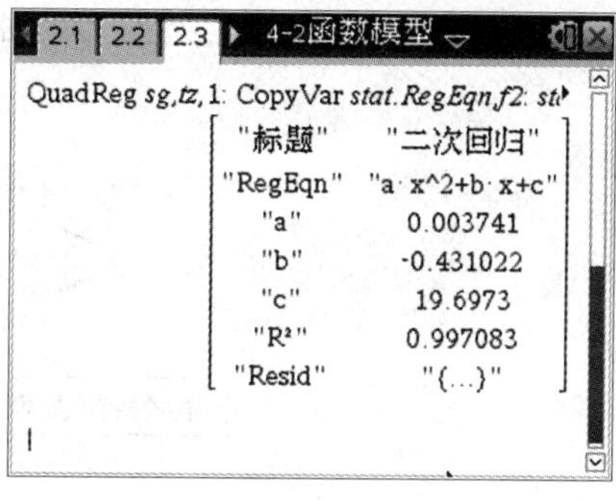

图 4—2—14

问题 3　如何判断该男生的体重是否标准？

实践与意图　判断该男生体重是否标准，这个标准就是根据拟合函数预测相同身高的男性体重的平均值. 在计算器页面直接输入 $f_1(175)$，即可计算得到身高为 175 cm 的该地区男性体重的平均值的预测值 $f_1(175)=63.0894$，该值的 1.2 倍为 $75.7072<78$，可知这个地区身高为 175 cm，体重为78 kg的男生偏胖.

本问题的设计，完善了建立函数模型解决实际问题的基本过程，使学生认识到，函数模型需要检验，若不符合实际，需要重新选择；若符合实际，可以用函数模型解释实际问题.

(4) 总结课题学习过程，正确认识技术的使用目的.

元代赵汸《葬书问对》说："每见一班按图索骥者，多失于骊黄牝牡. 苟非其人神定识超，未必能造其微也." 科学研究中的按图索骥亦是如此，索"骥"者须"神定识超"，深识其"图"，否则就可能视铁为金、看石成宝.

问题 1　建立拟合函数解决实际问题，有哪些基本环节？

实践与意图　指导学生归纳总结建立函数模型解决实际问题的基本过程如图 4—2—15 所示.

本问题指导学生从具体操作中抽象概括出一般解题过程，将经验上升为理论，同时也起了画龙点睛的作用.

问题 2　你认为 TI 图形计算器在本课的学习中起了什么作用？

实践与意图　技术的使用促进了教学内容的变革，消除了学生在运算上

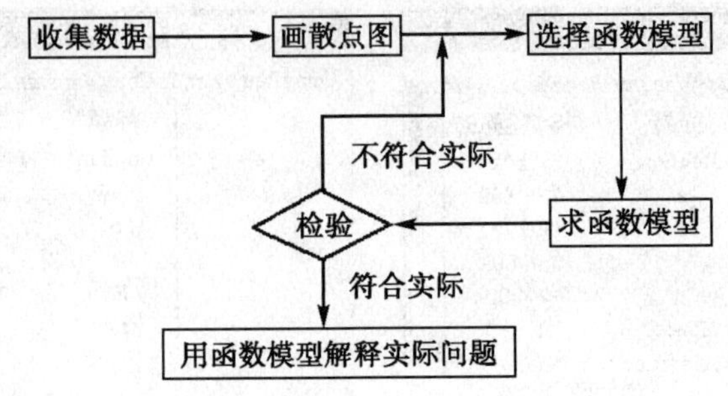

图 4—2—15

的差距，让学生有更多的时间用于理解数学本质，能更有效地培养学生的想象力和创造力. 本问题的设计是期待学生跳出“操作”，“神定识超”，深识其“图”，真正理解拟合函数应用的实质.

6. **目标检测设计**

(1) 据 2001 年 5 月 15 日参考消息报道，前四届奥运会和 2004 年（专家预测）奥运会转播费收入如下表所示（单位：亿美元）：

年份	1988	1992	1996	2000	2004
收入	3.99	6.36	8.95	13.31	14.97

①请用函数模型解释 2004 年奥运会转播费收入的专家预测值.

②请估计 2008 年北京奥运会转播费收入值.

设计意图 借助本题的学习，体会用 TI 手持技术建立拟合函数模型的过程，进一步感受函数拟合的实际应用. 这对培养学生的学习兴趣，培养学生的数学意识和提高数学应用能力都很有意义. 此外，北京奥运会已经结束，教师还可指导学生上网查阅相关资料，比较估计值与实际值的吻合程度，从中感受数学研究的价值.

(2) 我国 1990～2000 年的国内生产总值如下表所示：

年份	1990	1991	1992	1993	1994	1995
产值/亿元	18598.4	21662.5	26651.9	34560.5	46670.0	57494.9
年份	1996	1997	1998	1999	2000	
产值/亿元	66850.5	73142.7	76967.1	80422.8	89404.0	

①描点画出1990～2000年国内生产总值的图象；

②建立一个能基本反映这一时期国内生产总值发展变化的函数模型，并画出其图象.

设计意图 实际操作中往往需要选择合适的函数模型进行拟合，这里的“合适”常常体现了学生的直觉和一定知识的积累.

(3) 一质点按某种规律由点 (1，1) 开始运动，经过点 (2，8)，又经过点 (3，27)，请你写出符合这种规律的一个函数关系式 $f(x)=$______.

设计意图 选择一个函数，通过改变系数达到符合条件的要求，迁移本课学习内容.

(4) (2007年广东高考) 下表提供了某厂节能降耗技术改进后生产甲产品过程中记录的产量 x (吨) 与相应的生产能耗 y (吨标准煤) 的几组对照数据.

x	3	4	5	6
y	2.5	3	4	4.5

①请画出上表数据的散点图；

②请根据上表提供的数据，用最小二乘法求出 y 关于 x 的线性回归方程 $y=\hat{b}x+\hat{a}$；

③已知该厂技改前100吨甲产品的生产能耗为90吨标准煤. 试根据②求出的线性回归方程，预测生产100吨甲产品的生产能耗比技改前降低了多少吨标准煤.

设计意图 用高考试题作实战案例，充分展示了手持技术的应用价值.

【教学评析】 应用课教学要讲究“按图索骥”①

《函数模型的应用实例》(以下简称《实例》) 是高中数学必修一的内容，

① 本节教学评析由福建省福州第三中学林风老师 (中学正高级、特级教师) 提供.

是教学中的一个难点，一块“硬骨头”，以往常常因为教学手段的局限而跳过不教或蜻蜓点水，教学内容就难免形同虚设. 作者根据新课标精神、新技术的优势（TI图形计算器），以教材思路为基础进行新的思考、新的设计、新的探索，把看似平常的一节课演绎成一节立意高远、手段先进、形式新颖、风生水起的一节探究课.《实例》没有一般此类课型教学中常见的现象：“炫”技术、“秀”工具，导致数学本质的缺失.《实例》设计了三个案例，有文化背景丰富的行星排列的规律，有物理背景的弹簧伸长长度与拉力的关系以及生活中的男生的体重问题，背景跨越幅度大，内容各不相同，课堂的内涵丰富充实. 这节课体现了数学教学的多维教育目标和多元关联的应用价值，体现了数学教学与时代同发展、与科技共进步的时代风貌，体现了数学教学的主体内容和核心思想；通过数据的采集、分析、处理、检测等环节，从不同侧面反映了三种函数（一次函数、二次函数、幂函数）在实际生活中的应用，再现了数据问题的处理方法和研究方式. 三个案例体现不同的作用和层次，问题1重在设问引思，问题2重在操作探索，问题3重在筛选优化，通过入手一机体现“做中学”“做中思”“做中探”的教学理念.

图形计算器作为一种数学学习的“掌中宝”，对数学教学内容和方式都会带来新的挑战和机遇，它不仅仅是一种教学的演示工具，更应该成为学生学习的学具，体现“移动学习”的新理念. 因此建议案例3可以设计为让学生展示利用课余时间收集到自己周围生活中的例子，并进行分析，相信得到的问题情境更为丰富，拟合函数的类型更为多样（而不仅仅是《实例》中只涉及的三种函数），呈现学生亲身经历数据的产生、采集、分析、处理、检验的过程. 当然这样课堂上就会有很多变数，但是这样的教学会更生动、更亲切、更精彩. 其次也要对一些数学概念给予明确的界定，如函数与拟合函数的概念有哪些区别，各有什么特点等. 同时还可以这样设计问题，让学生自己通过适当的数学方法，将实际问题转化为数学问题（如麦当劳图标曲线作为生活中的具象可以如何转化为数学的图象进而研究它所对应的数学函数），只有把教学设计的立足点放在学生思与探的过程中，教学设计才能真正成为既有数学内涵，又有师生互动的一种“彩排”.

数学教学中有许多的“图”和“骥”，“按”是手段，“索”是目的. 只有教师精心设计才能让学生真正学会如何“按”和“索”.

第 3 节　函数图象变换①

1. 内容和内容解析

简单说，函数图象变换就是对函数图象作几何变换. 函数图象变换是一种对应关系，将一个函数的图象变换为另一个图象，其本质是将函数图象上每个点对应到同一个坐标系下的另一点，进而得到另一个函数的图象. 从基本初等函数的图象出发，施以一种（或多种连续）方式的图象变换，可得到另一个与之相关的函数图象，所以图象变换是绘制函数图象的常用方法. 此外，图象变换后，函数的性质有的保持不变，有的发生改变，从原有函数图象与性质出发，借助图象变换公式（图象上点与点的对应关系），可以很容易得到新函数的性质. 反之，对于一个复杂的函数，可以借助变换工具，将之化归为简单的、已知的基本初等函数，进而得到相应的性质. 因此，基于数形结合思想和几何直观的视角，图象变换成为研究函数性质的重要工具.

图象变换一般包括平移变换、对称变换、旋转变换、伸缩变换和反演变换等. 尽管人教 A 版必修 1、必修 4 教材在指数函数、对数函数、幂函数和三角函数等章节中多次提到“图象变化”“对称”“平移”“伸长”“缩短”等，并用实例展示了“图象变换”的应用和变换的本质，但在实际教学中，变换的本质没有引起教师足够的重视，学生也常常用“记忆”的方式记住抽象的变换方式和结论，这无助于数学思维能力的提高. 为此，我们在信息技术环

---

① 本节教学设计及设计说明是课程教材研究所“十二五”规划重点课题“数学教材中运用信息技术的方法与呈现方式研究”（主持人：金克勤）的研究成果之一，作者：黄炳锋，金克勤（浙江省黄岩中学），章建跃（人民教育出版社）.

境下，用“数学实验”的方式引导学生探究图象变换的实质，可以使学生较好地认识图象变换的内涵，形成研究图象变换的策略，这将奠定后续三角函数图象变换的学习基础.

2. **目标和目标解析**

根据学生的认知基础和教学实际情况，本课学习内容定为平移变换、简单的对称变换和伸缩变换. 教学遵循“问题导引思考”的理念和“数学实验”的模式，在技术环境下，以问题串、追问等方式引导学生通过观察具体变换下函数图象的形状特征，探索图象变换的一般结论，探寻图象变换的本质. 具体目标如下：

（1）能在技术环境下，将基本初等函数的图象施行图象变换（如平移变换、简单的对称变换和伸缩变换等），得到变换后的图象；

（2）能通过实验探究，正确写出变换公式与变换后的函数解析式，得出图象变换的一般规律，从而为绘制函数图象、研究函数性质提供新的思路与方法，并在实验中体会数形结合思想的应用，提高数学思维水平.

3. **教学问题诊断分析**

平面几何中有关图形变换的知识具有直观性、整体性的特点，属于定性认识，本课教学要在基本初等函数的图象基础上把这种定性认识上升到定量分析，这是困难的；另一方面，从具体的函数图象变换，抽象出一般的变换规律，这个过程需要把思考点聚焦到图象上点的坐标的对应关系上，这对学生是一个挑战. 此外，学生缺乏使用信息技术进一步研究图象变换的知识和方法，对图象变换的本质内涵认识也不够深刻，相应的数学思维水平亟待提高. 因此，本课教学既有思维难点，也有研究方法的困难，教师需要在数学实验的方法、探究思路的展开、信息技术的使用、具体图象的观察等方面加强引导.

4. **教学支持条件分析**

图象变换的本质是相关点的变换，能通过相应点的坐标关系式表现出来.

TI图形计算器可以迅速绘制大量的函数图象进行比较研究，可以列举图象上大量点的坐标进行对比分析，几何中的“变换”工具可以快速地实现点的各种几何变换，“测量”工具可以便捷地得到几何对象的距离、角度等数据，“游标”的引入还可以实现视觉化的动态显示效果．因此，TI图形计算器能为观察、比较、归纳两个相关的函数图象的关系，发现对应点之间的相互关系提供有效的研究手段.

此外，利用TI图形计算器的“多元动态关联”功能，可以将函数的三种表示法（解析式、列表、图象）形成直接关联，为发现图象变换的本质提供方便.

最后，利用TI无线导航系统的即时调查与对话交互功能，可以使教师及时了解学生的学习进程，有针对性地提供学习指导，利用学生的课堂“生成”形成进一步的教学资源，并对学生实施差异性教学引导，更有效地形成数学探究的课堂环境.

5．**教学过程设计**

(1) 发起即时调查，引出数学实验的课题.

问题1　在“图形”页面中，插入游标 $a(a>0$，且 $a\neq 1)$，画出函数 $f(x)=\log_a x$ 的图象，在技术的帮助下，你发现了什么规律？与你知道的对数函数性质一样吗？

实践与意图　教师指导学生绘制函数图象，利用游标改变参数 a 的大小，通过观察表格数据与图象变化趋势，获得对数函数的一些性质［如单调性，图象经过定点 (1，0) 等］．本环节除了指导学生绘制含参数的函数图象并适时回顾函数性质外，还能渗透通过观察图象、列表、电子表格页面的数据，发现函数性质的研究方法，为后续研究打好基础.

问题2　你觉得怎样移动函数 $f(x)=\log_a x$ 的图象，可以使移动后的图象都过定点 (2，3)？请你在TI图形计算器上进行尝试，并将你的结果传回（发起一个即时调查）.

实践与意图　教师示范移动函数图象的方法：用几何菜单下的“平移”

命令将函数 $f(x)=\log_a x$ 的图象上的一点按平移向量作平移变换，并用“轨迹”命令作出对应点的轨迹，即可得到平移后的函数图象，如图 4－3－1 所示. 然后，提出问题，并结合收集到的结论，指出为了使移动后的图象都过定点（2，3），只需确定平移向量为（1，3）[即从点（1，0）到点（2，3）的向量]. 同时，教师通过移动已知函数图象上的点，指导学生观察对应点的变化，进一步思考平移变换的本质，得出“平移变换是将已知函数图象上的每一个点都进行了一个平移”，如图 4－3－2 所示.

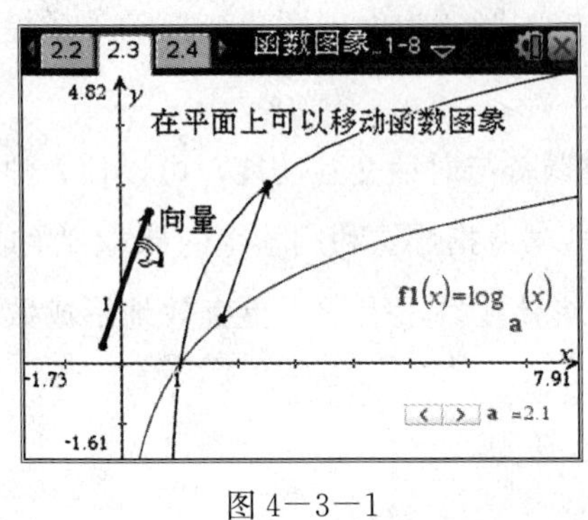

图 4－3－1

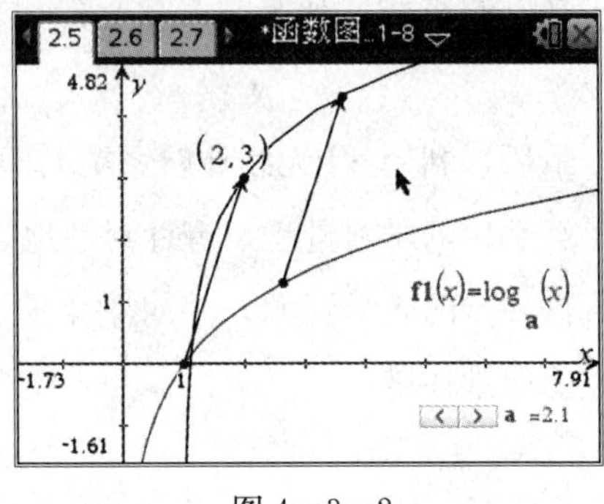

图 4－3－2

（2）指导数学实验，探究图象变换的内涵.

问题 3　按照这样的平移方式，函数 $f(x)=\log_a x$ 的图象上任意一点 $P(x, y)$，与移动后的对应点 $P'(x', y')$ 的坐标之间存在怎样的关系？

追问　你能用平移变换公式 $\begin{cases} x'=x+1, \\ y'=y+3 \end{cases}$ 得出移动后的图象所对应的函数解析式吗？

变式　函数 $y=2^{x+1}-2$ 的图象是由 $y=2^x$ 的图象怎样变换得到的？你能写出变换公式吗？

实践与意图　教师引导学生从关注图象的整体性变换，转为关注点的变换，并发挥技术的优势，利用图象、表格数据和解析式的即时关联，指导学生通过观察、比较和分析，得出结论，如图 4－3－3 所示. 同时，指出点与点的坐标关系式称为“平移变换公式”，是从微观的、定量的角度刻画变换的内涵，并用无线导航发起即时调查，要求学生提交发现的结论，检测对平移变换的理解情况，如图 4－3－4 所示，从而使学生在经历从整体到微观、从定性到定量的研究过程后，触及变换的本质. 接着，再根据学生的反馈情况，用追问或变式的形式，从形与数两个角度进一步加深对平移变换的认识，深刻理解平移变换的本质，为获得一般性的结论作好铺垫.

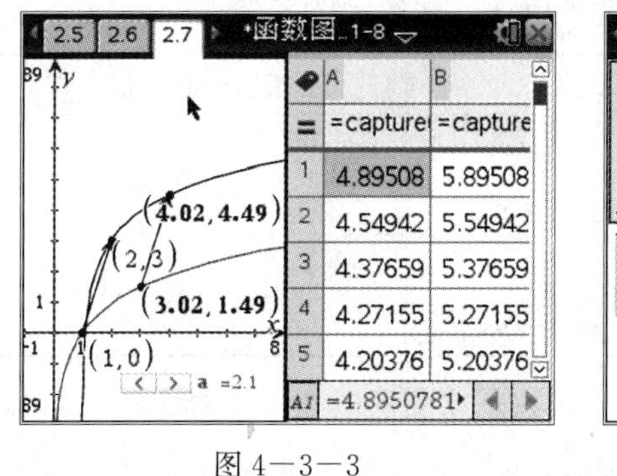

图 4－3－3

2.8 2.9 2.10 *函数图..1-8

按上述平移方式，写出已知函数图象上任意一点P(x，y)，与移动后的对应点P'(x'，y')的坐标之间的关系式。

学生：在此输入回复.

图 4－3－4

问题 4　你能说出函数 $y=f(x-k)+h$ 与 $y=f(x)$ 图象之间的关系吗？

追问　你能指出从 $y=f(x)$ 到 $y=f(x-k)+h$ 的图象变换公式吗？这个结论的获得对你有什么启示？

实践与意图　这是通过获取一般性的结论思考，对平移变换作一个小结. 教师适时引导学生回顾平移变换的研究过程和研究方法，形成研究策略，为后续“自主类比研究”打好基础，同时用下表示范研究结论的呈现过程，把图象变换和函数解析式之间的关系理清.

函数	图象变换	变换公式	变换后的函数解析式
$y=\log_a x$	向右平移 1 个单位， 向上平移 3 个单位.	$\begin{cases} x'=x+1, \\ y'=y+3 \end{cases}$	$y=\log_a(x-1)+3$
$y=f(x)$	向右平移 k 个单位， 向上平移 h 个单位.	$\begin{cases} x'=x+k, \\ y'=y+h \end{cases}$	$y=f(x-k)+h$

问题 5　在初中我们学过“对称”的概念，比如有轴对称、中心对称等. 现在，我们同样可以用上述研究方法得到对称变换的一般结论.

请你选择一个基本初等函数，对这个函数的图象分别作关于 x 轴、y 轴及原点的对称变换，你有什么发现？

追问 你能写出对应点坐标的关系式和变换后对应的函数解析式吗？

实践与意图 教师指导学生用基本初等函数进行数学实验，引导学生准确叙述对称变换对图象的影响，并借助点的对称变换引导学生思考对称变换的本质，写出变换公式和变换后的解析式（如下表示意的关于原点的对称变换）．本环节意在加强研究策略，使学生更深入地体会图象变换的内涵．

函数	图象变换	变换公式	变换后的函数解析式
$y=\log_a x$	关于原点对称变换	$\begin{cases}x'=-x,\\y'=-y\end{cases}$	$y=-\log_a(-x)$
$y=f(x)$	关于原点对称变换	$\begin{cases}x'=-x,\\y'=-y\end{cases}$	$y=-f(-x)$

问题 6 从以上的探究过程知道，函数图象变换的本质是对图象上点的坐标施以变换．如果变换公式是$\begin{cases}x'=mx,\\y'=ny\end{cases}$（其中 $m>0$，$n>0$），你有什么发现？

追问 这个变换称为伸缩变换，你能写出函数 $y=f(x)$的图象实施伸缩变换后对应的函数解析式吗？

实践与意图 教师指导学生用初步形成的研究策略进行数学实验，将基本初等函数图象上的点进行伸缩变换，获得图象的变化规律．本环节意在进一步深化研究策略，并通过具体实例感受伸缩变换对图象的影响．

（3）归纳小结，形成实验研究的策略．

问题 7 请对所学内容进行小结，并说明这一节的学习给你什么启示．

追问 ①这节课，我们借助图形计算器，对基本初等函数的图象进行变换，你能说说研究图象变换的方法吗？我们得到了哪些结论？

②在研究过程中，你能说说图形计算器给了你什么帮助吗？

实践与意图 总结图象变换的研究方法和基本思路，引导学生认识图形计算器在研究数学问题中的作用．

6．**目标检测设计**

（1）关于函数 $y=2^x$ 与 $y=\left(\frac{1}{2}\right)^x$ 的图象关系的描述，正确的是（　　）．

A. 关于 x 轴对称　　　　　　B. 关于 y 轴对称

C. 关于原点对称　　　　　　D. 关于直线 $y=x$ 对称

意图　检测本课所学知识.

(2) 函数 $f(x)=\log_2|x|$ 的图象大致是（　　）.

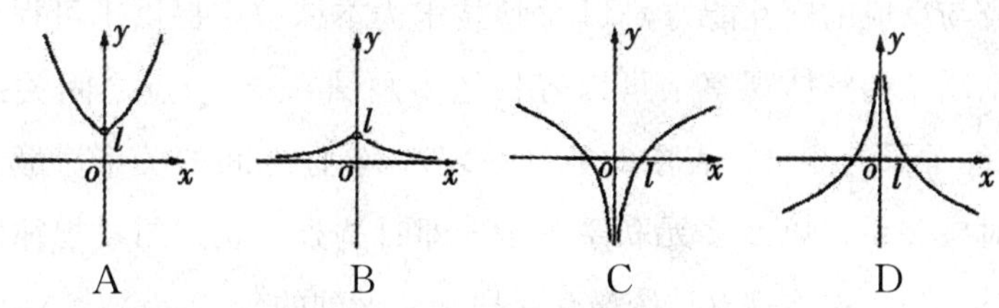

意图　检测本课所学知识.

(3) 函数 $f(x)=\begin{cases}|x^2-3x+2|, & x>0,\\ \dfrac{1}{4}, & x<0\end{cases}$ 的图象上关于 y 轴对称的点共有（　　）.

A. 0对　　　　B. 1对　　　　C. 2对　　　　D. 3对

意图　迁移本课的研究思路和方法.

(4) 已知 $a>0$，且 $a\neq1$，函数 $g(x)=a^{x-2}-1$ 的图象只可能是（　　）.

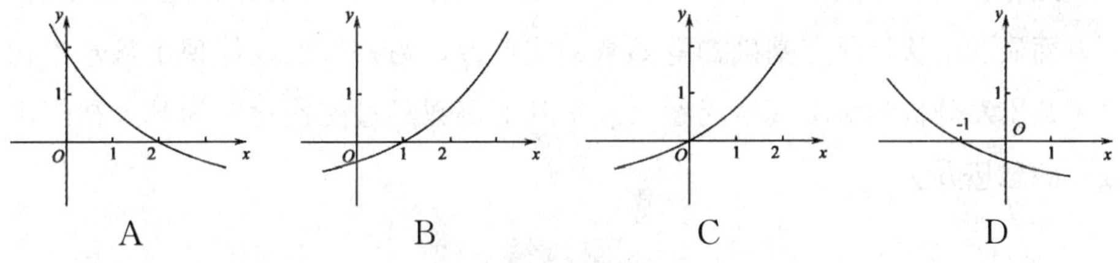

意图　从图象变换的角度考查函数的性质，凸显图象变换的作用.

7. **教学设计的说明**

本课设计的关键是利用平面几何中关于图形变换的知识、基本初等函数的知识等，让学生在技术的环境下，经历从宏观到微观、从定性到定量的认识提升过程，最终把图象变换和函数解析式之间的关系理清.

本课教学设计遵循“问题导引思考”的设计理念，依据“中学数学核心概念、思想方法结构体系及其教学设计”课题研究的成果，突出“问题”的设计，并通过教学设计中的“意图分析”引导教学，促进对图象变换的研究内容、方法和基本思路的理解.

本课教学突出 TI 图形计算器在函数图象上的卓越表现和 TI 无线导航系统即时调查与反应的交互能力，TI 手持技术为本课教学提供了可视化的实验环境，包括图象的整体观察（可以容易地多画图），点与点之间关系的观察（对应点之间关系的测量、表格的数据呈现），坐标之间的关系，最后归结为解析式的对应关系，以及多元联系表示、即时调查、观察图象规律的手段等（测量、游标等），这些都是传统教学手段无法做到的.

在具体教学过程的设计上，本课遵从“给一个示范”到“自主类比研究”的教学方法，遵循“观察具体（赋值参数、具体函数）→推广一般（从坐标运算的关系把握）→探寻本质（点的变换）”数学实验的教学模式. 事实上，函数图象变换的方式很多，在一节课中不可能也不必要解决所有变换问题，因此从“示范”到“提升”，采用最经济的教学方式，引导学生学习最基本的变换知识，培养学生发现和提出问题的能力，掌握在技术环境下用数学实验探寻变换本质的一般方法，是行之有效的教学实施策略.

此外，数学实验中“与基本初等函数的关系”的研究思路也是很重要的，一方面显示出认真研究基础初等函数的重要性，另一方面也体现了从基本初等函数出发分析和解决其他问题（或将其他函数经过变换化归为基本初等函数）的思想方法.

【教学评析】 手持技术让学习触手可及①

课例《函数图象变换》是黄炳锋老师在第八届 TI 手持技术与高中数学课

① 本节教学评析由浙江省黄岩中学金克勤老师（中学高级、特级教师）提供.

程整合国际研讨会上的一节公开课．这是一节运用手持技术工具进行数学教学的研究课，课上得很成功．在课前和课后，我与黄炳锋老师都有充分的交流，现在把对这节课的想法整理成文字呈现给大家，供讨论研究．

1．**技术使用拓展了学习的内容**

《函数图象变换》是函数学习的重要内容，涉及函数图象的平移变换、伸缩变换和对称变换，在实际教学中，很多教师已经形成了习以为常的教学模式，让学生记忆变换前后的函数形式，甚至编制口诀让学生记忆．表面上学生似乎掌握函数图象变换的相关内容，但往往只停留在对问题表象的认知上．这种忽视数学本质的教学，影响学生对问题本质的理解，影响学生思维能力的提高．产生这种现象的主要原因之一是教师对函数图象变换内容的理解不够深刻，更重要的是由于在传统课堂教学模式下，教学技术手段相对缺乏，函数图象呈现相对困难．黄炳锋老师作为有经验的中学数学教师，对这个问题有着较深刻认识．因此，在教学设计中，他规划了在信息技术环境下，用“数学实验”的方式引导学生探究图象变换的实质，使学生能够较好地认识图象变换的内涵，形成研究图象变换的策略，奠定后续三角函数图象变换的学习基础．这需要对技术与教学、技术与学习之间的关联有深刻的理解．

2．**技术改变数学学习方式**

目前，我国中学数学的教学方式比较单一，教师的讲授教学是中学数学课堂教学的主要形式，中学数学课堂教学对数学发现过程的展示和数学直观性背景的揭示比较少，大量的时间花在形式的记忆和模仿上．在学生的观念中，教师传的是“经”，布的是“道”，永远是真理的化身．久而久之，学生只会接受不会质疑，进而失去了探究的能力，充满美感和生机勃勃的数学丧失了其本来的面目．黄炳锋老师大胆地进行了数学课堂教学方式的探索，在技术环境下，让学生通过实验探究图象变换的本质，让学生了解图象变换的实质是图象上点的变换，而在平面直角坐标系下，点的变换其实就是点的坐标的变换，从而聚焦到点的变换公式上．从课的实践过程看，教学过程很好地体现了教师在教学设计中的思想，学生能够充分利用手持工具，发挥各自的能力，努力实现研究数学的目标.

黄炳锋老师通过设置让学生在技术帮助下探究函数 $y=\log_a x$ 图象特征的问题，以学生熟知的知识为教学起点，培养学生的观察、归纳能力. 进而设置问题“你觉得怎样移动函数 $f(x)=\log_a x$ 的图象，就可以使移动后的图象都过定点（2，3）？请你在 TI 图形计算器上进行尝试，并将你的结果传回”. 通过这样的教学过程展露每个学生探究这个问题的心路历程，对于学生和教师都是一种挑战，教师要在众多学生的回答中选择合适的问题进行分析、讲解，这对教师的能力和经验都是一种考验，数学课堂教学中为学生创造积极主动的、多样的学习方式是极为重要的，丰富学生的学习方式，改进学生的学习方法，使学生学会学习，为学生终身学习和终身发展打下良好的基础，是高中数学新课程追求的基本理念.

在课堂教学中，黄炳锋老师始终抓住函数图象变换的本质是点的变换这一事物的本质，以探究变换前后对应点的坐标关系为核心让学生开展数学实验，这是本节课的又一特点. 传统的数学教学常以严密的逻辑推理来论证，也缺少开展数学实验的工具，因而数学课堂中很难开展数学实验. 然而，许多数学发现实际上都源于实验，同时实验也可以用来检验猜想. 因此，在数学教学中适当引入实验，对学生品味数学、体验思维过程及数学思想都十分有利. 事实上，重视实验操作，鼓励探索数学规律的实验与操作是学生数学学习的重要途径，本节课中学生利用手持技术进行自主探索，通过技术的多元联系，列出变换前后对应点坐标的动态变化表，从而发现、归纳出平移变换的坐标公式，使学生完成了一个完整的知识建构过程. 这样的教学抓住了问题的本质，体现了数学的力量，使学生经历一次思维的征程.

3. 从教学设计到课堂实践的进一步思考

本节课的教学实践使我们认识到，从教学设计到教学实践，还有很多的环节和细节需要我们研究. 在技术广泛运用于课堂之时，不在于教师具有多高的技术水平，重要的是学生能否用技术帮助自己理解数学，解决数学问题.

从课堂实践来看，这还是不够理想的，学生对于技术运用的不熟练，影响了课堂的效率和效果. 从教学内容上看，在教学设计阶段，教师设计了平移变换、对称变换和伸缩变换的内容，设计本身无可非议，体现了知识的完整性，但由于课堂教学时间的限制，对后面内容的学习就会显得仓促. 不如集中力量先解决平移变换这一主要问题，把其他内容放到后几节课，让学生通过类比的方法进行学习，可能效果会更好.

在本节课中黄炳锋老师提出了六个问题，这六个问题都是好问题，给学生示范了提问的方法，体现了用问题引导教学的思想. 通过问题来引导学生更加主动、更有兴趣地学，富有探索性地学，使学生学习方式的改进得到落实. 但是，由于“提出问题比解决问题更重要”，若能引导学生自己去发现问题、提出问题，使学生通过自己的探索活动来获得数学结论，直至解决问题，领悟数学思想、理解数学本质，效果可能会更好一些.

大多数教师，特别是一线教师可能认为技术教学是一种可有可无的教学方式，大多数教师仍是用技术来解决一些低层面的课堂教学任务，如演示课件等，很少有像黄炳锋老师一样，将技术作为学生的认知工具来改善教学. 这就引发我们的思考：如何将技术与高中数学教学深度整合，使技术成为触手可及的学习工具？使技术像手机那样方便使用？这种层面的技术与数学课程的整合，孕育着教育观念的整体变革，它要求教师不能以自我为中心，片面着眼于技术的外在表现形式，而要努力挖掘技术作为智能中介的特质与潜能，进而在深层意义上推动学生的认知发展与学习创新. 这需要教师对技术与教学、技术与学习、技术与学生之间的关系有深刻的理解，在这一点上黄炳锋老师的课给了我们一种示范，引发了我们的思考，在推动教育技术与数学课程的深度融合上，我们任重道远.

第 4 节　整数值随机数的产生

1. **内容和内容解析**

本节课的内容是学习用 TI 图形计算器产生整数值随机数，并用整数值随机数进行随机模拟，估计一些用古典概型解决不了的概率实际问题，在自主设计方案与问题解决中进一步体会概率的意义.

用计算机或计算器模拟试验的方法称为随机模拟方法或蒙特卡罗方法，是指使用随机数（或更常见的伪随机数）来解决很多计算问题的方法. 随机模拟方法的基本思想是用频率近似概率，当所求解问题是某种随机事件出现的概率，或者是某个随机变量的期望值时，通过某种“实验”的方法，以这种事件出现的频率估计这一随机事件的概率，或者得到这个随机变量的某些数字特征，并将其作为问题的解. 这里的频率通过模拟试验获得，并用所获得的频率估计概率.

2. **目标和目标解析**

明确整数值随机数与伪随机数的概念，会用 TI 图形计算器产生整数值随机数，通过具体案例理解蒙特卡罗（随机模拟）方法，能针对具体的随机事件设计概率模型，并通过蒙特卡罗方法得出随机事件的概率估计值，进一步体会随机模拟方法和算法思想.

概率模拟是利用大量的简单重复的试验，来处理传统方法难以解决的涉及随机因素的问题，蒙特卡罗方法的解题过程一般可以归结为三个主要步骤.

(1) 构造或描述概率过程.

对于本身就具有随机性质的问题，主要是正确描述和模拟这个概率过程，对于本身不具备随机性质的确定性问题，就必须事先构造一个人为的概率过程，它的某些参量正好是所要求问题的解，即要将不具有随机性质的问题转化为随机性质的问题.

（2）实现从已知概率分布抽样.

构造了概率模型以后，由于各种概率模型都可以看作是由各种各样的概率分布构成的，因此产生已知概率分布的随机变量（或随机向量），就成为实现用蒙特卡罗方法模拟实验的基本手段，这也是蒙特卡罗方法被称为随机抽样的原因. 最简单、最基本、最重要的一个概率分布是（0，1）上的均匀分布，随机数就是具有这种均匀分布的随机变量，产生随机数的问题，就是这个分布的抽样问题. 在计算机上，可以用物理方法产生随机数，但价格昂贵，不能重复，使用不便；另一种方法是依照确定的算法产生，这样产生的随机数，与真正的随机数不同，所以称为伪随机数. 不过，经过多种统计检验表明，它与真正的随机数具有相近的性质，因此可把它作为真正的随机数来使用. 由此可见，随机数是实现蒙特卡罗模拟的基本工具.

（3）建立各种估计量.

一般说来，构造了概率模型并能从中抽样后，即实现模拟实验后，我们就要确定一个随机变量，作为所要求的问题的解，我们称它为无偏估计. 建立各种估计量，相当于对模拟实验的结果进行考查和登记，从中得到问题的解.

3. **教学问题诊断分析**

本节教学有两个难点，其一，实际问题数学化，尤其是设计随机模拟试验得到实际问题的解，虽然学生已初步学习了概率的有关知识，具有了用统计观点描述概率定义的认知，但是随机模拟需要与实际概率问题对接，所以宜采用发散难点逐一突破的方法；其二，随机数的产生，教学中宜采用与随机数有类似性质的伪随机数模拟，所以需要用到 TI 图形计算器.

4. **教学支持条件分析**

在教师启发下，让学生主动探究并建构知识体系和体验思想方法，这是新课程积极倡导的理念，主动探究需要工具辅助，TI 图形计算器成了模拟工具的有效准备.

教学内容中随机数的产生和算法实现蒙特卡罗方法都需要借助操作简单的计算器，因此，适当应用信息技术是本节课实现教学目标的重要支持条件.

概率模拟要求进行大量重复抽样和计算，靠人工计算只能有理论意义，由于有了手持技术，改变了学生使用计算技术的方式，使概率模拟有了现实的意义，对于培养学生用数学的意识、使用技术的能力、数学建模的方法都有着重要的作用.

5. **教学过程设计**

(1) 创设情境，引入课题.

问题1 生日问题.

在一个有50名学生的教室里，你认为一定有相同生日的学生吗？至少有2名学生生日相同的概率有多大呢？(一年视作365天)

①先在实验报告中做一个猜测，在有50名学生的教室里，至少有2名学生生日相同的概率为（ ）.

A. 低于10％ B. 大约45％ C. 大约81％ D. 高于97％

实践与意图 设计这个问题的目的是创设一个比较新颖的问题激发学生学习的兴趣，同时启发学生，解决概率问题一般有两种方法，一种是根据概率模型，从理论上进行求解；另一种，也是非常重要的一种，用试验的方法得到概率的估计值，引入课题.

②打开TI图形计算器的“我的文档”中名为“随机数的产生”的文件，按提示将人数改为50，进行试验，记录试验次数和成功的次数，求出试验中至少有2名学生生日相同的频率，并填写在实验报告中.

实践与意图 亲身感受用试验的方法求得频率，并用频率估计概率，引出随机模拟方法或蒙特卡罗方法.

(2) 身背技术，整装待发.

问题2 随机数的产生.

随机模拟方法的基本思想就是用频率估计概率，基本方法是用产生的随机数进行模拟试验．产生随机数可以用物理方法，但价格昂贵，不能重复，使用不便；另一种方法是依照确定算法，这样产生的随机数与真正的随机数不同，所以称为伪随机数．不过，经过多种统计检验表明，它与真正的随机数具有相近的性质，因此可把它作为真正的随机数来使用．

①你能用 TI 图形计算器产生区间［0，1］上的均匀随机数吗？

格式：rand([n])，[] 表示可选项，n 为正整数．

没有参数 n 时，产生区间［0，1］上的一个均匀随机数；有参数 n 时，产生区间［0，1］上的 n 个均匀随机数．例如：

输入 rand ()，产生在区间［0，1］上的 1 个均匀随机数；

输入 rand (3)，产生在区间［0，1］上的 3 个均匀随机数，如图 4－4－1 所示．

实践与意图　装备技术，为学生主动参与试验做好准备．

②你能用 TI 图形计算器产生任意区间［a，b］上的整数值随机数吗？

格式：randInt (a，b，[n])，其中 a，b 为整数且 $a<b$，[] 表示可选项，n 为正整数．

没有参数 n 时，产生在区间［a，b］上均匀分布的一个整数值随机数；当 n 是正整数时，产生在区间［a，b］上均匀分布的 n 个整数值随机数．例如：

输入 randInt (3，15)，产生在区间［3，15］上的 1 个随机整数；

输入 randInt (0，99，4)，产生在区间［0，99］上的 4 个随机整数，如图 4－4－2 所示．

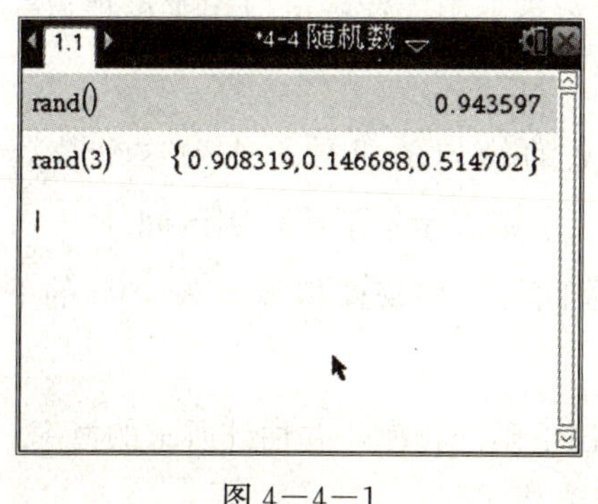

图 4－4－1

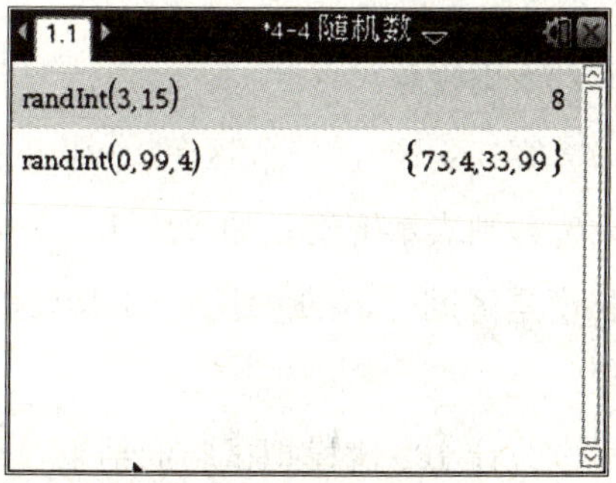

1.1　*4-4 随机数

randInt(3,15)　8

randInt(0,99,4)　{73,4,33,99}

图 4－4－2

实践与意图 装备技术，为学生主动参与试验做好准备.

③你能用 TI 图形计算器的表格产生 100 个在区间 [0，20] 上的整数值随机数吗？如何查看 100 个数中有没有 20 这个数？

实践与意图 视学生学习情形而定是否加入介绍在表格中产生随机数的方法和统计的使用.

(3) 新课教学，自主探究.

问题 3 天气预报.

天气预报预测在今后的三天中，每一天下雨的概率均为 40%. 这三天中恰有两天下雨的概率大概是多少？

①设 $A=$ {下雨}，则 $\bar{A}=$ {不下雨}，那么三天试验中出现的可能结果有哪些？

实践与意图 引入符号表示，简化三天试验中出现的可能结果的记录过程，同时指出，这里试验出现的可能结果是有限个，但是每个结果的出现不是等可能的，所以不能用古典概型求概率的公式.

②如何用均匀随机数模拟一天中下雨的概率为 40%？请同学们设计一个解决方案.

实践与意图 设计一个能够模拟下雨出现概率为 40%的解决方案，既是解决这个问题的关键，又是降低问题难度的一个设计，目的是让学生初步感受概率模拟的过程.

方案一：产生一个区间 [0，9] 上的均匀随机整数，可以选用 0，1，2，3 表示下雨，选用 4，5，6，7，8，9 表示不下雨，这样可以用来模拟概率为 40%的下雨现象.

方案二：产生一个区间 [0，1] 上的均匀随机数，如果这个数属于 [0，0.4) 则表示下雨；如果属于 [0.4，1] 则表示不下雨，因区间 [0，0.4) 的长度是区间 [0，1] 长度的 40%，因此可以用来模拟概率为 40%的下雨现象.

③统计 100 次模拟试验的结果，求出下雨的频率，并估计所求的概率.

实践与意图 要求学生用TI图形计算器通过设计模拟试验的方法，设计并统计100次模拟试验的结果，估计所求的概率.

④设计一个模拟三天天气情况的随机试验，并统计100次模拟试验的结果，求出恰有两天下雨的频率，并估计所求的概率.

实践与意图 因为是3天，所以每三个随机数作为一组，产生100组，判断其中符合恰有2天下雨的随机数组的个数，求出频率，并估计概率.

问题4 蒙提霍尔问题（三门问题）.

假设你正在参加一个游戏节目，你被要求在三扇门中选择一扇：其中一扇门后面有一辆汽车，其余两扇门后面则是山羊，选中后面有车的那扇门就可以赢得汽车. 现在你选择了一扇门，假设是1号门. 知道门后面有什么的主持人，为了增强现场气氛，开启了另一扇后面有山羊的门，假设是3号门. 接着他问你："你想选择2号门吗?"转换你的选择对你来说是一种优势吗?

①开始猜汽车在1号门后，打开门获得汽车的概率为多少?

实践与意图 这是一个源自博弈论的数学游戏问题，出自美国电视游戏节目"Let's Make a Deal"，问题的名字来自该节目的主持人蒙提·霍尔. 很显然，开始猜汽车在1号门后，打开门获得奖品的概率为$\frac{1}{3}$，这是古典概型，不难理解.

②转换你的选择对你来说是一种优势吗? 你能否设计一个试验来估计换选2号门后的中奖概率吗?

实践与意图 要不要换选2号门，关键看选中门后汽车的概率有没有发生变化，可这个概率问题的求解在理解上有点困难，所以选择用随机模拟方法进行试验.

（4）归纳小结，提升思想.

问题5 总结课题学习过程，正确认识技术的使用.

在一个只有50名学生的教室里，至少有2名学生的生日相同的概率超过了97%，这个结论看起来真的有点不靠谱，可事实就是如此，通过试验的方式我们进行了验证.

①你能描述随机模拟试验的基本原理和步骤吗？

②你能说出随机模拟的优点吗？

实践与意图 技术的使用促进了教学内容的变革，缩小了学生在运算上的差距，也让随机模拟成为每个学生都可以参与的过程，教学的最后一个环节，是期待学生跳出“操作”，真正理解随机模拟试验的实质.

6. **目标检测设计**

(1) 假如在NBA明星中，保罗·皮尔斯的三分球命中率为70%. 现采用随机模拟的方法估计该运动员三次投篮恰有两次命中的概率：先由计算器产生0到9之间取整数值的随机数，指定一部分数字表示投篮命中，剩下的数字表示投篮不中；再以每三个随机数为一组，代表三次投篮的结果，那么表示一次投篮命中的数可以指定为（　　）.

A. 0，2，4，6，8　　B. 0，1，2，3，4，8，9

C. 1，3，5，7，8，9　　D. 1，2，3，4，5，7，8，9

设计意图 感受用随机数模拟一次试验的概率.

(2) 将一枚质地均匀的硬币连掷三次，出现“2个正面朝上，1个反面朝上”和“1个正面朝上，2个反面朝上”的概率各是多少？并用随机模拟的方法做100次试验，计算各自的频数.

设计意图 检测本课所学知识.

(3) 如果某种彩票的中奖概率为$\frac{1}{100}$，假设该彩票有足够多的张数，那么买100张这种彩票一定能中奖吗？请您设计一个随机模拟试验，估计至少有1张中奖的概率.

设计意图 经历随机模拟试验过程，掌握随机模拟方法.

(4) 盒中仅有4个白球和5个黑球，从中任意取出2个球，设计一个用计算机或计算器模拟上面取球过程的试验，并估计取出的两个球都是黑球的概率.

设计意图 经历随机模拟试验过程，尝试编程解决概率估计问题.

【教学感悟】技能课中“数学实验”的方法

技能课是以程序性知识的理解和巩固为主的课，本节是体现“用计算器产生随机数来模拟掷硬币的试验等”的技能课，用数学实验的方法引入教学过程，加深了程序性知识的理解与巩固，为数学学习方式的变革提供了前所未有的可能性.

1. **动手操作就是实验探究**

教学中，教师给学生提供了大量的动手操作的机会，从整数型随机数的产生到天气预报的模拟实验，每一个探究过程都有学生的直接参与，在动手中操作，在操作中思考，学生借助技术工具在实验和验证中获得对随机模拟思想的理解，并凭借概率与频率的关系以及以往的学习经验思考结论的合理性，这就是数学实验的探究过程. 通过设置实验探究的基本路线，促使学生在动手操作中提高数学思维能力，就如苏霍姆林斯基所说的“儿童的智慧在他的手指尖上”，学生的动手操作形成了“聪敏的、好钻研的智慧”.

2. **多元关联产生创新灵感**

数学实验的目的是获得创新结论或产生灵感，TI 图形计算器的“多元关联”的特点能实现这一目的.“多元关联”是 TI 图形计算器的重要设计理念，它有两层含义：其一，可以将一个数学概念用代数、图形、表格或文字等“多元”的形式表现出来. 比如用命令生成的整数型随机数组，既可以用列表的方式表示，也可以用频率分布直方图表示，还可以用散点图等方法表示，表示法之间互相关联，当一种表示法发生变化时，其他表示法也实时发生变化，借助多元关联，可以动态观察数学对象的改变，获得相应结论；其二，同一个问题中的数据是“动态关联”的，可以从多角度开发和利用它们，比

如用变量 n 定义实验次数，在问题中，所有的 n 都表示实验次数. 多元关联能从“普遍联系”的角度，为数学实验的方法以及技能的提升提供创新的灵感.

3. 问题导引思考促进理解

课堂中的教学活动，并非学生随意所为，而是教师主导的行为，因此教学需要设计. 本课教学设计遵循“问题导引思考”的设计理念，依据“中学数学核心概念、思想方法结构体系及其教学设计”课题研究的成果，突出“问题”的设计，并通过教学设计中的“意图分析”引导教学，促进对随机模拟的方法和基本思路的理解.

著名数学教育家波利亚说：“数学有两个侧面，一方面是欧几里得式的严谨学科，从这个方面看，数学像是一门系统的演绎科学；但是另一方面，在创造过程中的数学，看起来却像是一门实验性的归纳科学.”

这两个侧面体现了数学的教学观，一方面强调数学的严谨性，另一方面又强调通过实验和探究进行新的发现，而且相对于过去过分强调变式与技巧的课堂来说，实验与探究的教学理念更值得关注. 因此，随着新课程改革的深入推进，有一些数学问题，不妨采用“数学实验”的方法进行探究和解决.

第 5 节　一元二次不等式及其解法

1. 内容和内容解析

本节是一元一次不等式的延伸，与一元二次方程、二次函数联系紧密. 从思想层面看，本节突出了数形结合思想和分类与整合思想，它是解决函数定义域、函数值域等问题的重要工具，本节教学在整个中学数学中具有较重要的地位和作用.

本节教学结合实际问题展开，从学生感兴趣的上网收费问题说起，通过对两种收费标准下的收费情况的比较，抽象出不等关系，并引出了一元二次不等式的概念. 为了得到问题的解答，引出了不等式及不等式的解集的概念，并重点讨论了列不等式和解不等式的问题. 最后通过观察具体的二次函数图象及与其相应的一元二次方程根的关系，推广出了一般的一元二次不等式解集的求法，并用框图的形式归纳了求解一元二次不等式的过程.

本节教学与信息技术的整合点体现在用图形计算器加强与函数图象、方程的根与不等式的解集之间的联系上，借助图形计算器将数形结合的思想形象化，同时为求解不等式的过程提供形象、快捷的技术支持，适当弱化形式化的求解过程，有效回避烦琐的计算、人为技巧化的难题，不过分强调细枝末节的内容，积极渗透了算法思想.

2. **目标和目标解析**

从内容上看，本节教学要求学生经历从实际情境中抽象出一元二次不等式模型的过程；通过函数图象了解一元二次不等式与相应函数、方程的联系；会解一元二次不等式，对给定的一元二次不等式，尝试设计求解的程序框图.

借助函数图象求解一元二次不等式，可以大大降低对不等式求解问题的理解. 因此用信息技术设置的探究问题，应重在让学生体验数学知识的形成过程，遵循认识事物的一般规律，从具体的二次函数与一元二次方程的关系出发，利用二次函数图象的直观性，借助方程的根是二次函数的两个零点，引导学生观察二次函数图象上任意一点 $P(x，y)$ 在图象上移动. 随着点 P 的横坐标 x 的变化，点 P 的纵坐标 y 也发生相应的变化，在获得感性认识的前提下，归纳出一元二次不等式解集的求法，进而由特殊推广到一般.

3. **教学问题诊断分析**

本节教学有两个难点，其一，实际问题数学化；其二，理解“三个二次”的关系并求解一元二次不等式. 求一元二次不等式的解集对学生而言并不会太困难，但理解二次函数、一元二次方程与一元二次不等式解集之间的关系，则要经历观察、思考、探究的过程. 教学中，可以借助手持技术作函数图象的便利，从函数图象入手，结合对一元二次方程的根的分析，得到一元二次不等式的解集，进而突破难点. 还可以从学生熟悉的一次函数、一元一次方程与一元一次不等式的解集之间的关系，用类比的方法进行难点突破.

4. **教学支持条件分析**

针对本节教学的两个难点，分析教学支持条件，可以从两个方面考虑：其一，从实际情境中抽象出一元二次不等式模型，可以采用难点分散的方法，逐步突破；其二，借助图形计算器，从图象入手，引导学生通过观察、思考进行探究，将数与形紧密结合起来，获得“三个二次”的关系. 同时还可以指导学生应用“solve”命令解不等式，并在解题过程中感受参数的作用与影响，有意识地渗透分类与整合的思想.

5. **教学过程设计**

(1) 从实际情境中抽象出一元二次不等式的模型.

某同学要把自己的计算机接入因特网，现有两家 ISP 公司可供选择. 公司 A 每小时收费 1.5 元（不足 1 小时按 1 小时计算）；公司 B 的收费标准如图 4—5—1 所示，即在用户上网的第 1 小时内（含恰好 1 小时，下同）收费 1.7 元，第 2 小时内收费 1.6 元，以后每小时减少 0.1 元（若用户一次上网时间超过 17 小时，按 17 小时计算）.

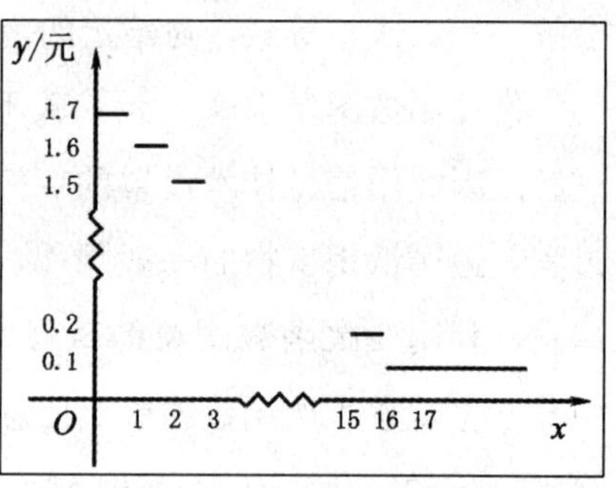

图 4—5—1

一般来说，一次上网时间不会超过 17 小时，所以不妨假设一次上网的时间总小于 17 小时. 那么一次上网在多长时间以内能够保证选择公司 A 的上网费用小于或等于选择公司 B 所需费用?

问题 1 假设一次上网 x 小时，你能用含 x 的代数式分别表示公司 A 与公司B收取的费用吗?

实践与意图 构建数学模型解决实际问题是教学难点，适当搭建桥梁让学生更容易解题，实质是将难点分散. 这里，公司A收取的费用为$1.5x$(元)；公司B收取的费用为$\frac{x(35-x)}{20}$（元).

问题2 假如能够保证选择公司A的上网费用小于或等于选择公司B所需费用，那么如何在数量上描述它们之间存在的不等关系?

实践与意图 通过对两种收费标准下的收费情况的比较，抽象出不等关系：$1.5x\leqslant\frac{x(35-x)}{20}$，整理得$x^2-5x\leqslant0$，并引出一元二次不等式的概念.

(2) 求一元二次不等式$x^2-5x\leqslant0$的解集.

问题3 作出一次函数$y=2x-7$的图象，并根据函数图象回答下列问题.

①图象与x轴的交点坐标是什么?

②当x取何值时，$y<0$?

③当x取何值时，$y=0$?

④当x取何值时，$y>0$?

⑤分析不等式$2x-7>0$与一次函数$y=2x-7$以及一元一次方程$2x-7=0$的关系，写出不等式$2x-7>0$的解集.

实践与意图 用学生熟悉的一元一次不等式、一次函数与一元一次方程的关系作铺垫，进行解法类比，其中手持技术的应用特点在于图象与表格数据的关联，直观感知自变量x的变化对函数值y的影响.

具体操作如下：

①按键**开机**(开机)，按键[1]（新建文档)，选择[2]（添加图形)，在函数提示符“$f_1(x)=$”之后，输入函数表达式“$2x-7$”，按键[enter]，得到函数$f_1(x)=2x-7$的图象（图4—5—2，图4—5—3).

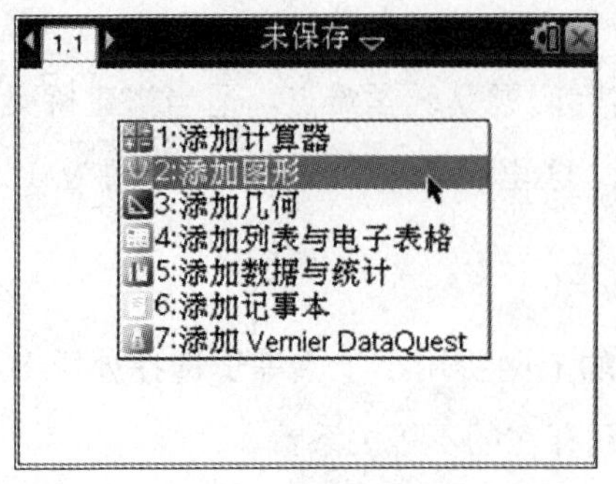

图 4—5—2

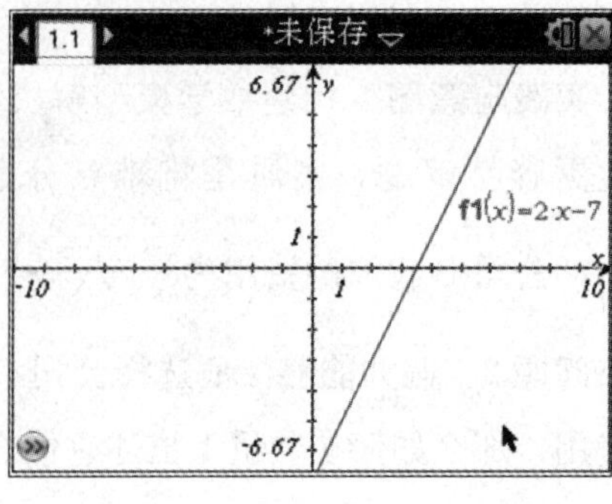

图 4—5—3

②按键菜单 7（点/线）1（点），单击函数图象，在函数图象上作一个对象点，按键退出，退出作点状态. 若没有显示点坐标，可以按键菜单 1（动作）7（坐标与方程），单击对象点显示其坐标（在对象点上单击一次，然后将光标移动到坐标结果应定位的位置，按键enter放置结果，按键退出退出该状态）（图 4—5—4，图 4—5—5）.

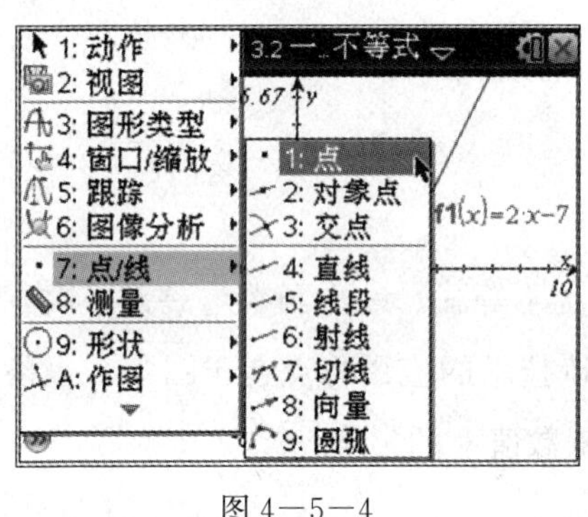

图 4—5—4

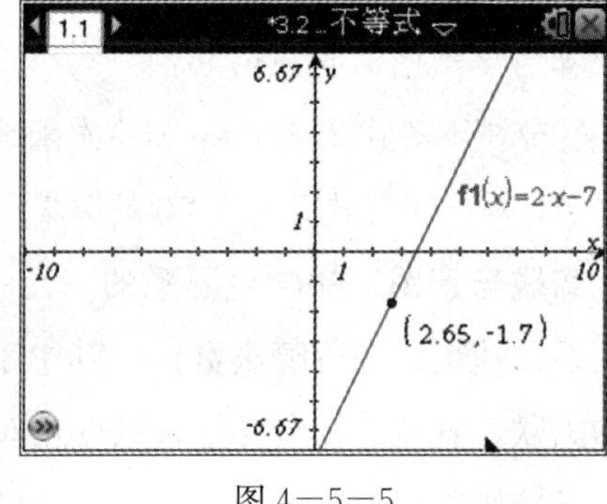

图 4—5—5

③单击对象点的横坐标并选中，按键ctrl sto→将其赋值给变量“xa”，用同样的方法将对象点的纵坐标赋值给变量“ya”.

④按键文档▾ 5（页面布局）2（选择布局）2（布局 2），重新布局页面，并在右侧界面按键菜单 4（列表与电子表格），添加一个列表与电子表格页面（图 4—5—6，图 4—5—7）.

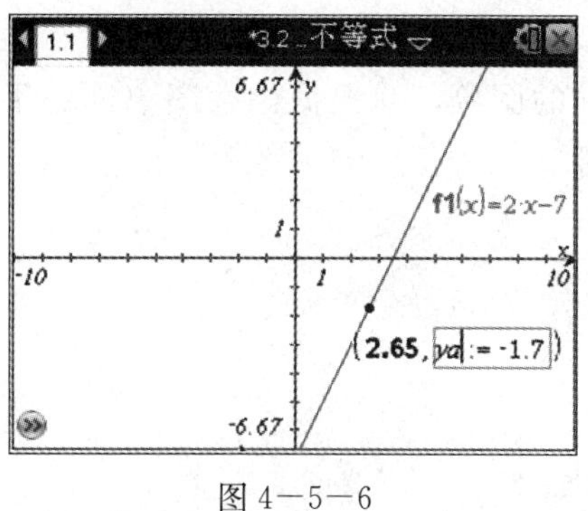

图 4—5—6

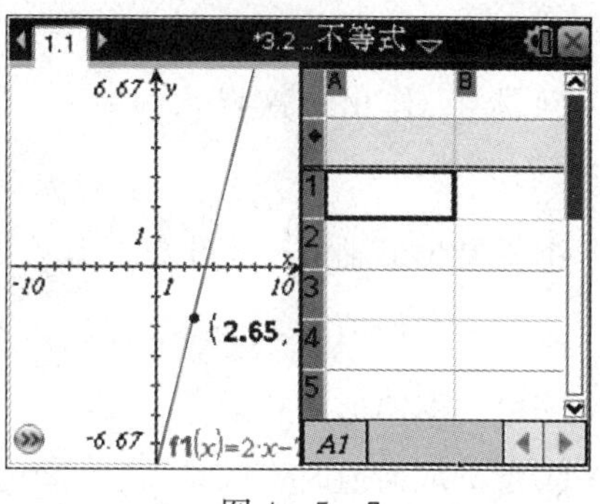

图 4—5—7

⑤在表格的 A1 位置，输入“$=xa$”，显示对象点的横坐标，同样在表格的 B1 位置，输入“$=ya$”，显示对象点的纵坐标（图 4—5—8，图 4—5—9）.

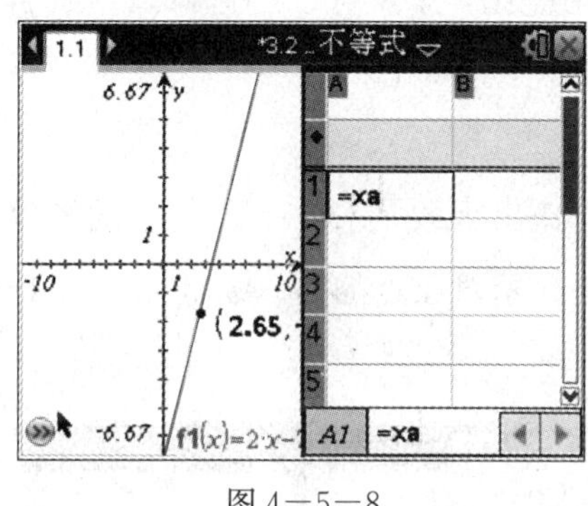

图 4—5—8

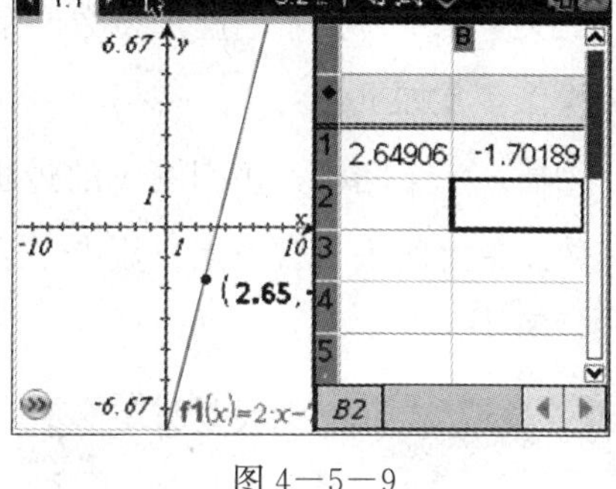

图 4—5—9

⑥将光标移到对象点上，长按键，当光标显示形时，表明已经选中对象点，此时移动对象点，可以清晰看到，对象点在 x 轴上方时，对象点的纵坐标为正，表示函数值大于零；对象点在 x 轴下方时，对象点的纵坐标为负，表示函数值小于零，从而直观得到不等式的解集（图 4—5—10，图 4—5—11）.

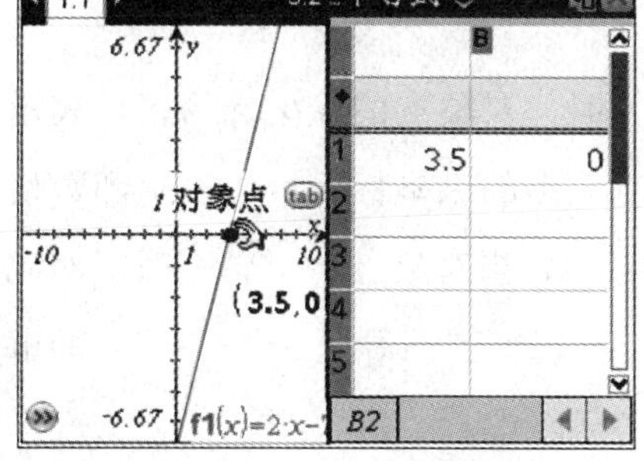

图 4—5—10

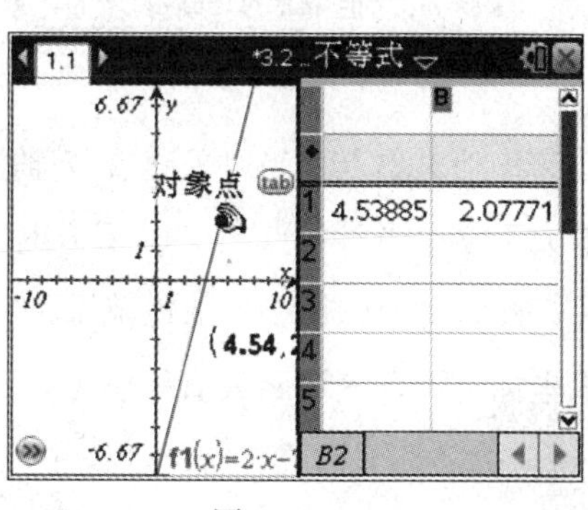

图 4—5—11

问题 4　作出二次函数 $y=x^2-5x$ 的图象，并根据函数图象回答下列问题.

①图象与 x 轴的交点坐标是什么?

②当 x 取何值时，$y\leqslant 0$?

③当 x 取何值时，$y=0$?

④当 x 取何值时，$y\geqslant 0$?

⑤考查不等式 $x^2-5x\leqslant 0$ 与二次函数 $y=x^2-5x$ 以及一元二次方程 $x^2-5x=0$ 的关系，写出不等式 $x^2-5x\leqslant 0$ 的解集.

实践与意图　借助手持技术，并应用类比，学生可以迅速得出“三个二次”的关系，手持技术的应用将数形结合思想直观化.

操作步骤如下：

①插入一个问题，仿问题 1 的过程，作出函数 $f_1(x)=x^2-5x$ 的图象以及函数图象上的一个自由点，用电子表格显示对象点的横、纵坐标（图 4－5－12，图 4－5－13).

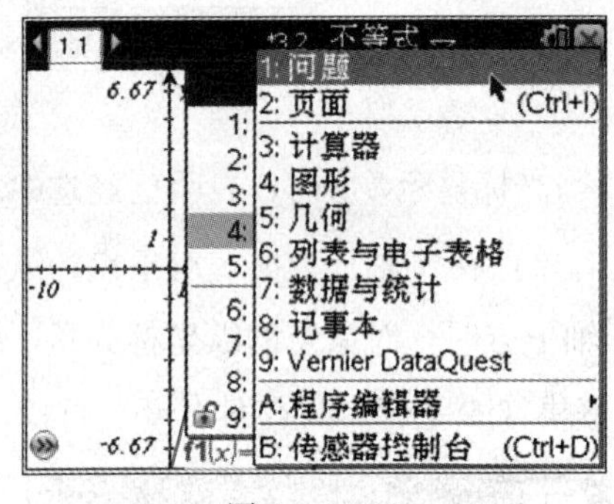

图 4－5－12

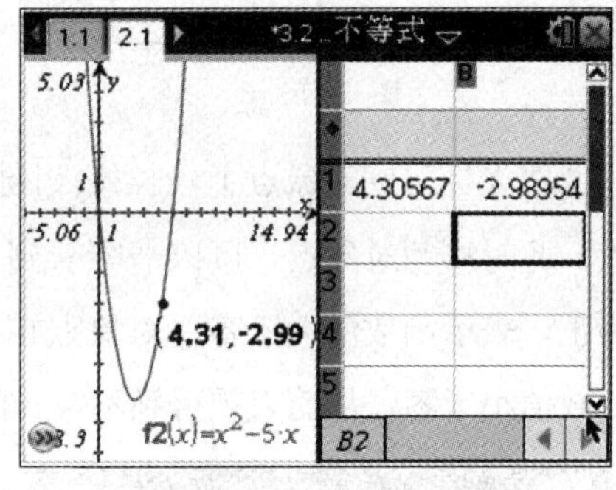

图 4－5－13

②移动对象点，当对象点在 x 轴上方时，对象点的纵坐标为正，表示函数值大于零；当对象点在 x 轴下方时，对象点的纵坐标为负，表示函数值小于零，此时对应的横坐标取值范围是（0，5)；当对象点在 x 轴上时，对象点的纵坐标为零，表示函数值等于零，从而直观得到不等式 $x^2-5x\leqslant 0$ 的解集为 $\{x \mid 0\leqslant x\leqslant 4\}$（图 4－5－14，图 4－5－15).

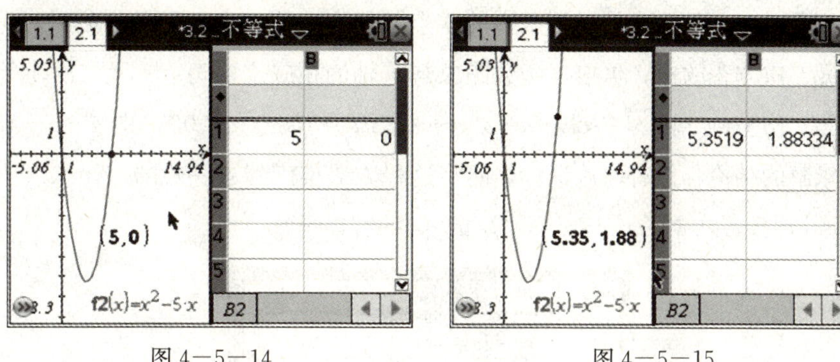

图 4—5—14　　　　　　　　图 4—5—15

问题 5　利用图形计算器求不等式 $23x^2-11x-1>0$ 的解集.

实践与意图　加强对“三个二次”关系的认识，巩固形成的数形结合的思想，同时学习用图形计算器的计算求解功能解不等式.

具体操作如下：

①按键[开机]开机，按键[便签本]打开便签本.

②按键[菜单][3](代数)[1](求解)，然后输入“$23x^2-11x-1>0$，x”，再按键[enter]，可得不等式的解为“$x<\frac{-(\sqrt{213}-11)}{46}$ or $x>\frac{\sqrt{213}+11}{46}$”(图 5—5—16，图 5—5—17).

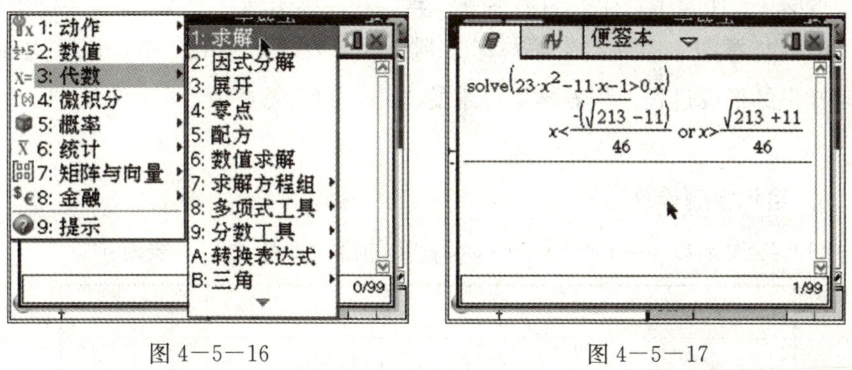

图 4—5—16　　　　　　　　图 4—5—17

注：解不等式与解方程同样用 solve 命令，在输入的表达式后需要跟上变量，不等号模板可用按键[ctrl][≠≥]调出.

(3) 讨论一元二次不等式 $ax^2+bx+c>0(a>0)$ 的解集.

问题 6　上述解法是根据函数的零点与相应一元二次方程根的关系，先求出一元二次方程的根，再根据函数图象与 x 轴的相应位置确定一元二次不等式的解集. 仿上例，输入“solve($a*x^2+b*x+c>0$，x)|$a>0$”（图 4—5—18），对所求解的结论，你有何认识？你能将这种方法推广到求一般的一元二次不等式 $ax^2+bx+c>0$ 或 $ax^2+bx+c<0(a>0)$的解集吗？

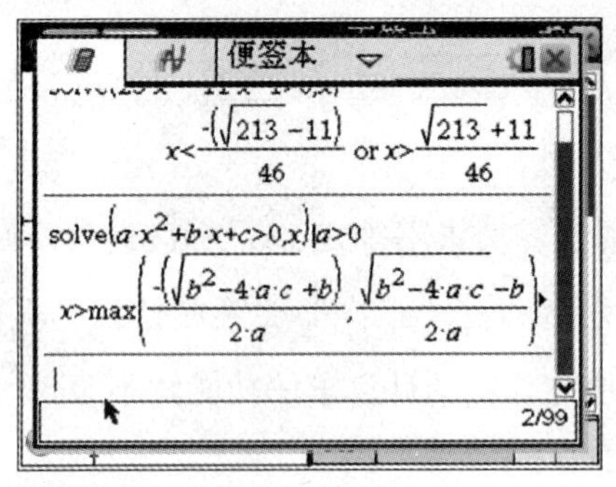

图 4—5—18

实践与意图　引导学生类比一元二次方程 $ax^2+bx+c=0(a>0)$ 根的讨论方法及二次函数 $y=ax^2+bx+c(a>0)$ 的图象与 x 轴的三种位置关系的讨论方法，分三种情况讨论对应的一元二次不等式的解集，将课本表格补充完整.

问题 7　你能用程序框图把求解一般一元二次不等式的过程表示出来吗？

实践与意图　引导学生填写课本判断框与处理框中的空格，让学生参与数学知识的形成过程，培养学生思维的深刻性和反思意识.

6. 目标检测设计

(1) 二次函数 $y=ax^2+bx+c$，$x\in\mathbf{R}$ 的部分对应值如下表所示.

x	-3	-2	-1	0	1	2	3	4
y	6	0	-4	-6	-6	-4	0	6

则不等式 $ax^2+bx+c>0$ 的解集是____________________.

实践与意图　用表格的形式提供函数的对应关系，由此判断二次不等式的解集，意在考查数形结合的思想和化归与转化思想.

(2) 已知函数 $f_1(x)$ 与 $f_2(x)$ 的图象（图 4—5—19），据此可知关于 x 的不等式 $f_1(x)\leqslant f_2(x)$ 的解集是________________________________.

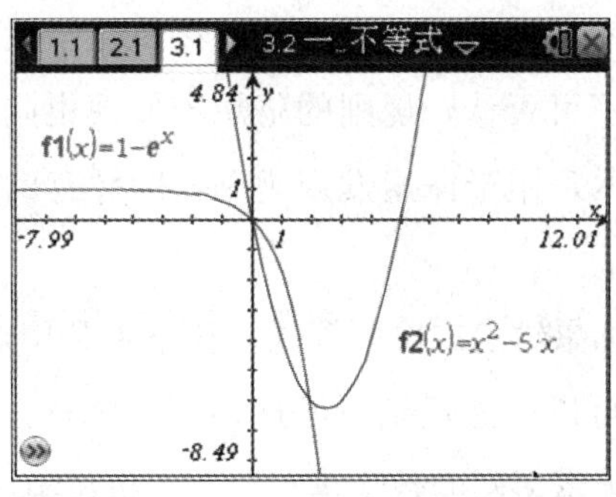

图 4—5—19

实践与意图 用图象的方法求不等式的解集，同时借助手持技术确定方程的根，将不等式的解集与函数图象的交点、方程的根联系起来.

(3) 利用 solve 命令求不等式 $0.23x^2-1.21x-1.01>0$ 的解集.

实践与意图 用图形计算器中的 solve 命令求解一元二次不等式，体验形象、快捷的技术支持.

(4) 利用 solve 命令求关于 x 的不等式 $ax^2-\frac{41}{4}ax+25a>0$ 的解集.

实践与意图 用图形计算器中的 solve 命令求解一元二次不等式，感受参数的作用与影响，渗透分类与整合的思想.

【教学心得】 规则课教学也可以使用手持技术

《普通高中数学课程标准（实验）》之所以倡导积极主动、勇于探索的学习方式，是因为传统的数学学习活动更多地采用了接受、记忆、模仿和练习的方式. 随着 TI 手持技术逐渐在课堂教学中推广使用，绽放在指尖上的数学魅力给探究能力的培养提供了新型的学习方式，即使是一节规则课，也同样可以用手持技术进行教学.

从学科的角度看，数学规则课（定理、公式、法则）是从公理、定义或已有定理推演得出的规则的教学，其过程需要经历一系列的推理、论证和判断，以及规则的应用. 规则往往具有应用的广泛性，规则课的特点说明了应用规则的重要性，但不可否认，规则的猜想与发现也同样重要，在规则课的教学中，引入手持技术，用于探索发现规则，同样有助于发展学生的创新意识和实践能力.

比如本课教学，如果给定二次不等式，让学生利用规则进行求解不等式，多次训练的结果同样可以掌握规则，但这种死记硬背、冰冷重复、过度训练带来的恶果，就是让丰富多彩的数学学习沦落为机械学习.

如果使用手持技术，局面将大为改观，与一次函数、一次方程与一次不等式的情形进行类比，只要将函数表达式从一次改为二次，三个“二次”的关系就直观呈现在学生面前，甚至三次、四次等更高次的不等式问题都直观呈现在学生面前，给了学生概括与归纳的机会；“solve”命令用于求解不等式，给了学生自我检验的机会；含参不等式的求解拓展了学生的思维，整个学习过程是掌握高中数学内容的意义并把握其内部实质性联系的学习，是在原有数学认知结构的基础上，形成新的知识或扩大原有的关于高中数学认知结构的过程，所以成为高中数学有意义的学习过程.

第 6 节　数列的性质研究

1. 内容和内容解析

本节课通过 TI 图形计算器研究数列的性质，在自主设计方案与问题解决中进一步体会数列与函数之间的联系与区别.

数列的本质是函数，因此数列的性质研究本质上是函数性质的研究，但由于数列本身又具有特点，所以研究方法就多样了.

本课从数列的项、项的变化、变化的规律等角度进行性质研究.

2. **目标和目标解析**

根据数列 $a_n=f(n)$的通项公式，制作关于 n 的函数关系，用函数的方法研究数列性质.

考查 $f(n)$的单调性：$f(n+1)-f(n)>0$（或<0），然后根据 $f(n)$ 的单调性研究数列 $\{f(n)\}$ 的性质.

借助 TI 图形计算器，研究递推关系 $a_n=f(a_{n-1})$ 的数列性质.

体验数列性质的研究过程，感受工具在研究中的作用，归纳研究方法，形成一般思维，渗透数形结合思想、函数与方程的思想、化归与转化的思想等数学思想方法.

3. **教学问题诊断分析**

有关性质研究是常见的数列问题，也是函数性质在数列中的延伸与拓展，此类问题的解答，往往因为缺乏有效的方法而失败，所以方法选择与为什么选择这种方法成为教学问题. 同时，教学中常常因为数列的数值运算结果较大、较为复杂，而忽视数列的图象的重要性，缺少图象的直观性的帮助，对数列的性质的理解，比如单调性、周期性等，都造成了一定困难.

4. **教学支持条件分析**

由于 TI 图形计算器具有很强的计算与图形分析功能，是帮助学习和掌握数列性质的优秀工具，通过教师有效的设计，借助 TI 图形计算器，在学生自主操作和教师的有效指导下，可以加深对数列性质的理解并拓展教学内容，特别是对于递推关系表示的数列以及数列的图象的直观展示过程，都可以成为适合学生接受的学习方式.

5. **教学过程设计**

(1) 创设情境，引入课题.

问题 1 Logistic 模型的研究，给了我们什么启示呢？

解析 自然界中，由于生存的空间和资源的局限，使得生物的种群的规模在发展的过程中存在着某种规律，这种规律被称为生物的种群规模的"Logistic模型".

Logistic 模型：$u_n=a\cdot u_{n-1}\cdot(1-u_{n-1})$，其中，$a\in(0,\ 4]$ 是环境系数，u_n 表示第 n 代生物的规模，该模型反映了下一代对上一代的既依赖又有竞争的关系.

现在，取 $a=1.5$，$u_1=0.1$ 进行研究，观察生成的数列，发现若干代之后，生物的规模趋于稳定，如图 4—6—1，图 4—6—2 所示.

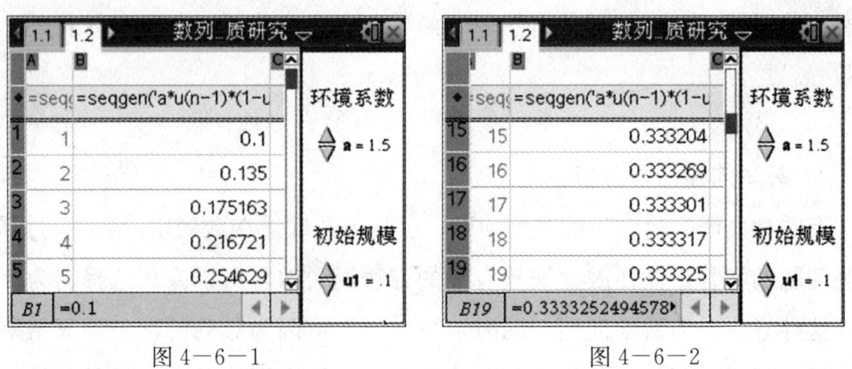

图 4—6—1　　图 4—6—2

再用图象法表示这个递推数列，观察离散点的分布情况，也可以看出 u_n 的值很快趋近于定值$\frac{1}{3}$，如图 4—6—3，图 4—6—4 所示.

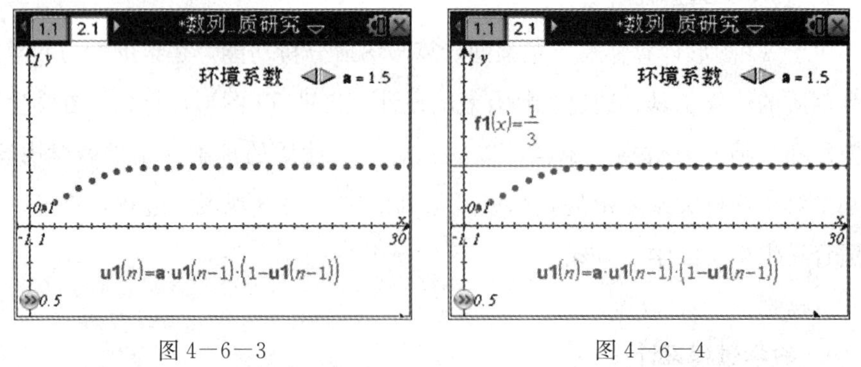

图 4—6—3　　图 4—6—4

实践与意图 从自然界中的 Logistic 模型的研究，引出数列的表示法就是研究方法，引导学生关注数列的四种基本表示方法可以作为数列性质研究的方法.

（2）新课教学，自主探究.

问题 2　已知数列$\{a_n\}$的通项公式$a_n=(n-5)(n-7)$，在这个数列的前10项中，哪一项最大?

解析　写出数列的前10项，发现第1项最大，对有限项的数列的研究，可以用列表法，如图4—6—5所示. 事实上，从函数角度观察数列，发现$a_n=n^2-12n+35=(n-6)^2-1$，其对称轴$n=6$，从单调性上看，数列先单调递减，再单调递增，又因为$a_1=24$，$a_{10}=15$，所以a_1最大，如图4—6—6所示.

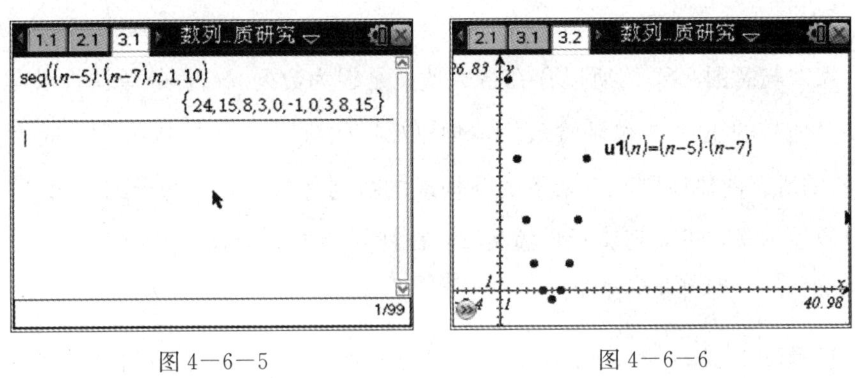

图4—6—5　　　　图4—6—6

实践与意图　数列的单调性是数列的重要性质，TI图形计算器的引入，将这一性质直观显示出来.

问题 3　已知数列｛a_n｝的通项公式$a_n=28-2n$，将这个数列的所有偶数项删除，余下的数按顺序构成一个新数列｛b_n｝. 记｛b_n｝的前n项和为S_n，求S_n的最大值.

解析　先思考将数列｛a_n｝的所有偶数项删除，余下的数按顺序构成的新数列｛b_n｝是什么数列，再思考如何求S_n的最大值.

$b_n=a_{2n-1}=28-2(2n-1)=30-4n$.

解法一：令$b_n>0$，得$n<\frac{15}{2}$，所以当$n=7$时，S_n取得最大值$S_7=98$.

解法二：$S_n=-2n^2+28n=-2(n-7)^2+98$，如图4—6—7所示，观察数

列 $\{S_n\}$ 项的特征，可知最大值为 98；也可以绘制数列 $\{S_n\}$ 的图象，发现当 $n=7$ 时，S_n 取得最大值 98，如图 4－6－8 所示，这些结论与配方所得结论是一致的.

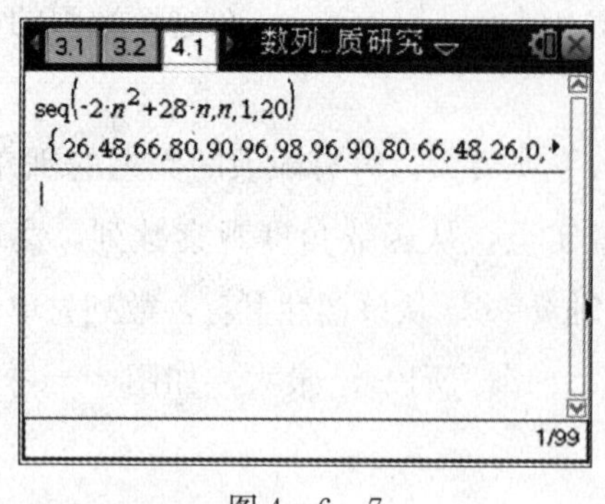

图 4－6－7　　　　图 4－6－8

实践与意图　S_n 之所以存在最大值，是因为数列 $\{b_n\}$ 的单调性及项的正负，所有的正项之和显然最大，但 $\{b_n\}$ 的项是怎样的构成呢？将数列 $\{a_n\}$ 的所有偶数项删除，余下的项构成的数列称为 $\{a_n\}$ 的子列，用 TI 图形计算器观察，可以将步长设置为 2，在计算器页面中输入 seq(28－2n，n，1，100，2)，即可获得结果.

问题 4　已知 $a_n=n+2$，$b_n=\left(\frac{8}{9}\right)^{n+1}$，数列 $\{a_nb_n\}$ 有没有最大项？若有，求出最大项；若没有，请说明理由.

解析　在列表与电子表格中，列出数列 $\{a_n\}$，$\{b_n\}$ 以及数列 $\{a_nb_n\}$ 的若干项，如图 4－6－9 所示，再用图象表示数列 $\{a_nb_n\}$，如图 4－6－10 所示，可以获得直观的认识，但不能作为解题依据.

设 $c_n=a_nb_n=(n+2)\left(\frac{8}{9}\right)^{n+1}$，令 $\frac{c_n}{c_{n-1}}=\frac{(n+2)\left(\frac{8}{9}\right)^{n+1}}{(n+1)\left(\frac{8}{9}\right)^{n}}=\frac{\frac{8}{9}(n+2)}{n+1}>1$，

解得 $n<7$，这说明当 $n\leqslant 6$ 时，$c_n>c_{n-1}$.

同样当 $n=7$ 时，$c_n=c_{n-1}$；当 $n\geqslant 8$ 时，$c_n<c_{n-1}$.

所以 $c_1<c_2<\cdots<c_6$，$c_6=c_7$，$c_7>c_8>\cdots$.

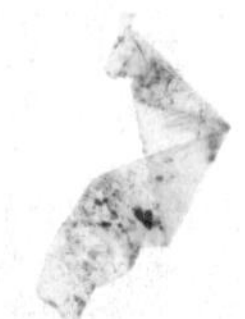

所以数列 $\{a_nb_n\}$，即 $\{c_n\}$ 有最大项 $c_6=c_7=8\times\left(\frac{8}{9}\right)^7$.

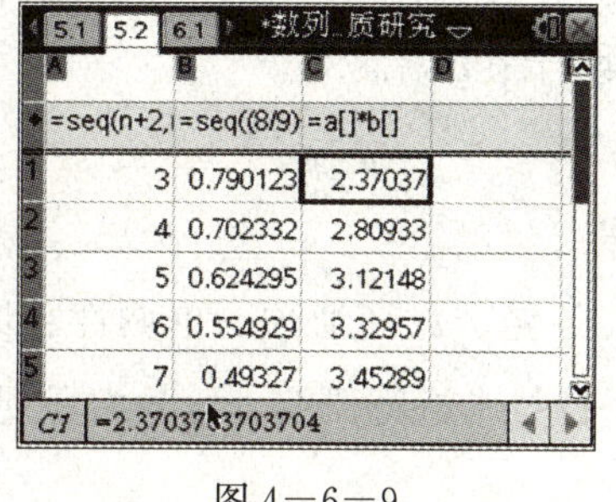

图 4—6—9

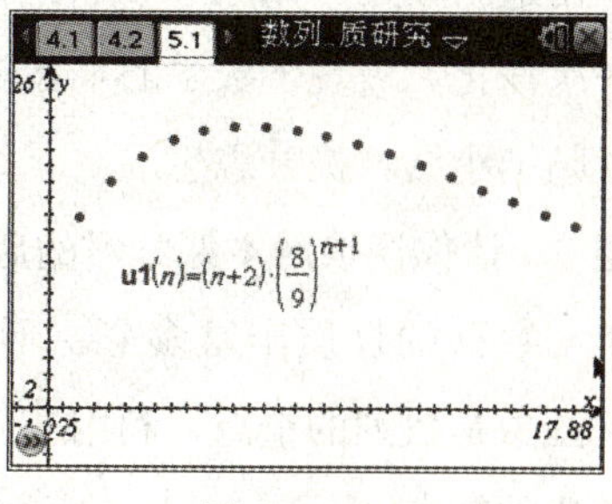

图 4—6—10

实践与意图 数列的散点图给了直观形象，但严谨的推导才能给出合理的解释.

问题 5 设数列 $\{a_n\}$ 满足：$a_1=2$，$a_{n+1}=1-\frac{1}{a_n}$，记 $T_n=a_1\cdot a_2\cdots a_n$，求 T_n 的最小值.

解析 在列表与电子表格中，列出递推数列 $\{a_n\}$ 的若干项，如图 4—6—11所示，再用图象表示数列 $\{a_n\}$，如图 4—6—12 所示，发现数列 $\{a_n\}$ 具有周期性.

事实上，$a_{n+3}=1-\frac{1}{a_{n+2}}=1-\frac{1}{1-\frac{1}{a_{n+1}}}=-\frac{1}{a_{n+1}-1}=-\frac{1}{1-\frac{1}{a_n}-1}=a_n$，

所以 $\{a_n\}$ 是以 3 为周期的周期数列.

又因为 $a_1=2$，$a_2=\frac{1}{2}$，$a_3=-1$，$a_4=2$，$a_5=\frac{1}{2}$，$a_6=-1$，…，

所以 $T_1=2$，$T_2=1$，$T_3=-1$，$T_4=-2$，$T_5=-1$，$T_6=1$，…，$\{T_n\}$ 是以 6 为周期的周期数列，所以 T_n 的最小值为 -2，且取得最小值时 n 的值为 4，10，16，….

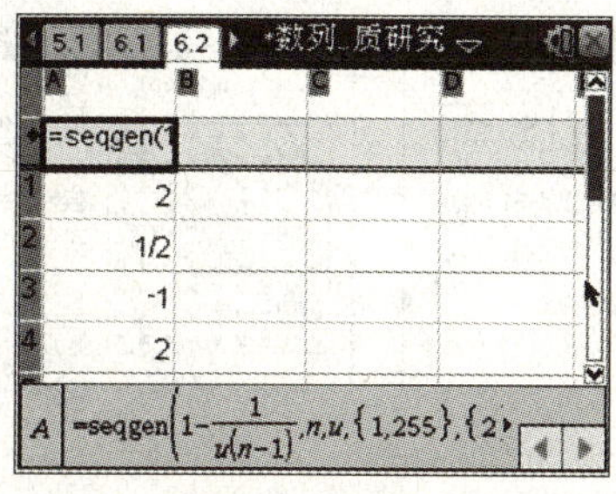

图 4—6—11

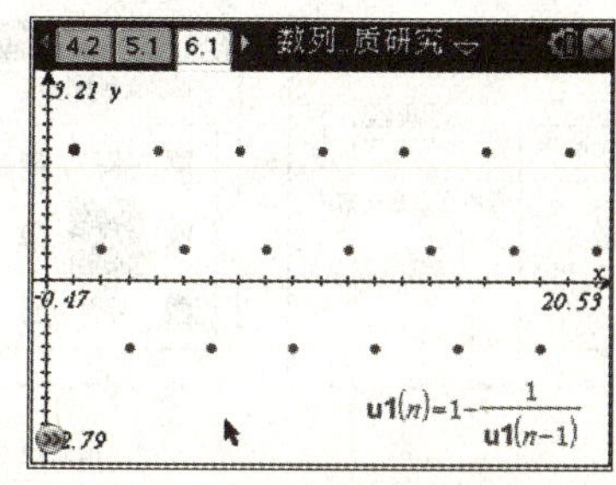

图 4—6—12

实践与意图　将抽象的问题转化为直观的数表和图象，数列的周期性一目了然，构造新数列 $\{T_n\}$，或结合数据可以迅速得到问题的解. 这是对传统内容的一次深化，展现了数学的丰富多彩与深刻内涵.

(3) 归纳小结，提升思想.

问题 6　请你谈谈对本课学习的启发.

解析　数列的性质丰富多彩、形式各异，数列通项、单调性、最值性、周期性、图象是数列的重点，利用 TI 手持技术进行研究，给我们呈现了多样化、形象化的特点.

本课学习通过工具研究数列的性质，开阔了视野，解题方法更加多样；同时我们认识到，数列的性质研究，直观是起点，本质是函数，通过分析其周期性、单调性与最值问题，都可以加深对函数的认识与理解.

实践与意图　回顾总结，提升认识.

6. 目标检测设计

(1) 数列 $\{a_n\}$ 的通项 $a_n=n^2\left(\cos^2\dfrac{n\pi}{3}-\sin^2\dfrac{n\pi}{3}\right)$，其前 n 项和为 S_n，则 S_{30} 等于（　　）.

A. 470　　　B. 490　　　C. 495　　　D. 510

(2) 已知等比数列 $\{a_n\}$ 的公比 $q=\sqrt{2}$，S_n 为 $\{a_n\}$ 的前 n 项和，记 $T_n=\dfrac{17S_n-S_{2n}}{a_{n+1}}$，$n\in\mathbf{N}^*$. 若 T_{n_0} 为数列 $\{T_n\}$ 的最大项，则 $n_0=$________.

(3) 如图 4—6—13 所示，谢尔宾斯基地毯图形中，小正方形的个数依序构成一个数列，求这个数列的通项公式.

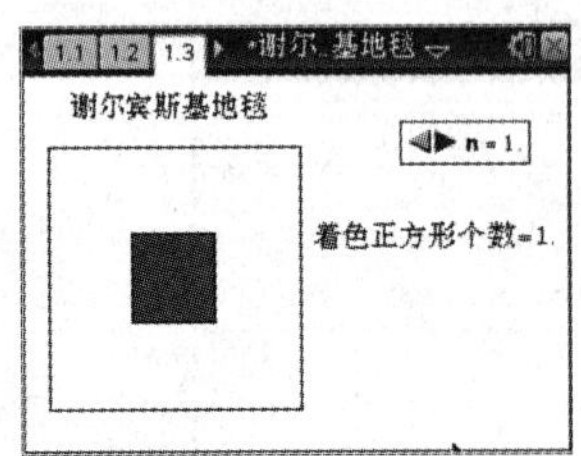

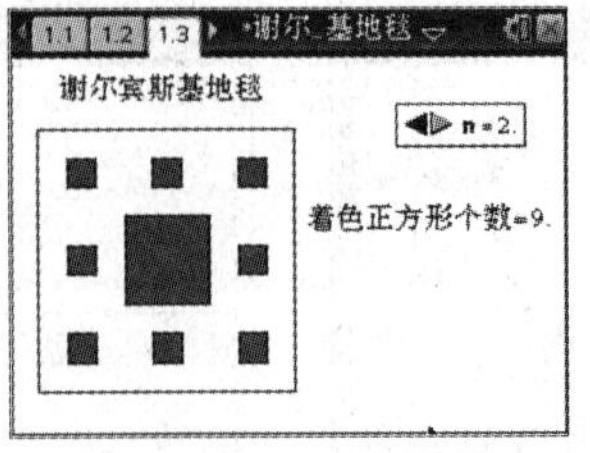

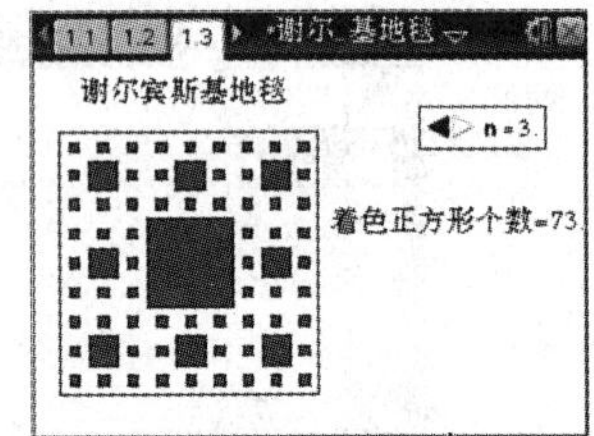

图 4—6—13

（4）当 $n\in\mathbf{N}^*$ 时，比较 e^{n-2} 与 n^3+5n+1 的大小关系.

实践与意图 通过具体问题的解决，进一步理解数列的性质的研究方法、研究步骤，提高解决实际问题的能力.

【教学反思】习题课设计同样需要“三个理解”

本课以数列的表示法、基本研究方法和基本思想为主线，有目的、有计划地从数列的项、项的变化、变化的规律等角度，精心选编习题，进行性质研究. 纵观教学过程，可以发现学生在教师指导下进行解题训练提高了思维能力，并逐步体会数列与函数之间的联系与区别，学会数学地思考，教师在恰当之时、关键之处进行点拨与概括，体现了习题课的教学特点.

习题课是在对课程的一个章节或专题学习的基础上，教师针对这一阶段教学特别是学生作业中反映出的问题，分析学生对重要概念的把握、核心概念的理解以及教学目标的偏差，通过系统整理知识要点，分析作业题中的错误，精选与阶段性教学内容相联系的习题展开分析和讨论，以达到在矫正教学目标的基础上深化拓展学生知识能力的目的. 因此，习题课需要从数学的内在规律、学生的具体表现以及教学方法的角度综合考虑教学设计，与概念课、规则课一样，同样需要“三个理解”，即理解数学，理解学生，理解教学.

1. 习题课的设计要理解数学的特性

理解数学，反映到习题课的设计，就是抓住数学的三大特性——抽象性、严谨性和应用性.

数学的抽象性要求教师既能用直观、形象的方式指导学生学习数学的抽象，又能从直观、形象的表面透视数学的抽象. 手持技术在图形、列表等方面强大的表现力，在教学中可以有效地化解数列性质的抽象性，方便地给出递推数列的直观表示. 这是手持技术的优势，但教学没有停留于此，而是继续从数学严谨的角度进行了推理论证，体现了数学的严谨性．特别要指出的是，本节虽是习题课，但从教学开始，教师还是设计了数列应用的情境，体现了数学的应用性.

2．习题课的选材要理解学生的能力

理解学生，反映到习题课的设计，就是抓住数学育人的对象是学生，选材要突出学生的需求，从学生的角度选择教学内容，在能力的发展区设计问题，才能体现学生的主体性地位．本课从第一个问题开始，就将数列的表示法与数列问题的研究方法挂钩，形成解题策略，之后从数列的项、通项公式、前 n 项和、子列等问题，构成环环相扣又逻辑连贯的问题串，促进思维能力的提高.

尤为重要的是，本课教学过程始终发挥技术的优势，为学生创造积极主动的、多样的学习环境，通过“示范、探究、解决、验证”的教学过程，丰富学生的学习方式，改进学生的学习方法，使学生学会学习.

3．习题课的教学要体现解题的教学

理解教学，反映到习题课的设计，就是遵循数学解题教学的原则，让学生动手，在动手中获得感知，知而获智，智达高远．因此，习题课要给学生留足解题的时间，不要急于用自己的思考代替学生的结论，更不能用“满堂灌”的教法让学生背诵现成的结果．同时，作为习题课，还要发挥教师的主导作用，本节每个习题解答之后，都要给出解题分析和方法概括，只有对解题过程进行提炼，学生的能力才能获得提升，思想方法才能有效渗透，解题策略才能逐步形成.

教学是科学也是艺术，在我国，“教学有法，教无定法，贵在得法”的观点被广泛传播．这里，“教学是科学”意味着教学存在规律性，教学应该遵循这种规律，说明教师的成长包含对教学规律的把握和运用；“教学是艺术”说明教学需要丰富的情感、想象力，高超的技能和“临场发挥”（如洞察“课堂生成”的“教学机智”），要注重发挥教师的个性特长，说明教师的成长需要积累经验，需要观摩、模仿而逐步形成自己的教学风格.

第 7 节　斐波那契数列的探究性教学

1. 内容和内容解析

本课内容取材于人教 A 版数学必修 5 的“阅读与思考”，作为知识性拓展栏目，意在开拓学生视野，激发学习兴趣. 如果在知识性介绍的基础上，设置适切的探究性问题，引导学生借助图形计算器探究斐波那契数列的性质，将能更好地体现数学的思维教育价值. 因此，笔者将这一内容开发成为一节校本课程课.

2. 目标和目标解析

本课是在初步了解数列的概念与表示法的基础上，进一步探究特定数列的简单性质，培养合情推理能力，感受信息技术在解决问题中的作用，同时扩展学生的数学视野，发展学生发现问题、提出问题、解决问题的能力. 具体目标是：

（1）能从实际问题中归纳出数列模型，并写出数列的若干项；

（2）探究斐波那契数列的简单性质，经历观察、归纳、抽象等过程，体会从特殊到一般的数学思维方法.

3. 教学问题诊断分析

本课本质上是实际问题的数学建模和对模型性质的讨论，其中涉及大数字运算，没有信息技术的帮助很难完成，因此本课既有思维难点，也有技术难点. 特别是在建立斐波那契数列模型和性质的探究中，需要较多的探究数学问题的经验，对合情推理能力也有较高要求. 因此，教师需要在探究思路的展开、信息技术的使用、具体计算结果的观察等方面加强引导.

4. 教学支持条件分析

数列中，各项的特征是研究数列性质的直观基础，图形计算器在数列的表示法上具有卓越的表现力，同时可以轻松突破大数字运算的技术难点.

本课采用 TI 图形计算器与 TI-Nspire™ Navigator™无线导航系统，构建个性化的探究学习过程，引导学生探索斐波那契数列的单调性、整除性、求和等，指导学生借助图形计算器进行观察、猜想、验证，培养学生的合情推理能力，并在直观感知中渗透思维的严谨性和深刻性，体会利用图形计算器研究数学问题的方法.

5. 教学过程设计

(1) 即时调查，创设情境.

问题 1 随便写下两个正整数作为数列 $\{a_n\}$ 的前两项，从第三项起，每一项都等于前两项的和，把你构造的数列的第 20 项发送给老师，老师由此可猜出你开始时写下的两个数.

追问 ①老师能猜中的关键是源于问题中的什么条件?

②你是否还见过用这种方式构造的数列?

实践与意图 学生用 TI 图形计算器构造数列 $\{a_n\}$，然后将 a_{20} 发送给教师（借助 TI 无线导航系统收集）. 教师利用自编的函数，分析学生发送的数字，得出 a_1，a_2. 因为所得结果基本正确，所以学生感到非常惊奇. 猜数字游戏之所以神奇，是因为要猜出（求解）数列的两个项，一般需要两个独立条件，也就是需要两个等量关系式，可教师只要学生提供一个条件就够了，由此能有效地激起学生的好奇心. 在此基础上，教师采用追问的形式，提醒学生关注构成数列的项的特殊性，也就是教师能猜中前两项的关键应该是源于从第三项起，每一项都等于前两项的和的构造数列的方法. 在此基础上再引出斐波那契的兔子繁殖问题.

(2) 实际问题，引入课程.

问题 2 如果一对兔子每月能生出 1 对小兔子（一雄一雌），而每 1 对小兔子在它出生后的第三个月里，又能生 1 对小兔子. 假定在不发生死亡的情况下，由 1 对初生的小兔子开始，20 个月后会有多少对兔子?

追问 ①你能写出从第 1 个月开始，每个月的兔子总对数吗?

②兔子总数（对）与初生兔子数（对）和成熟兔子数（对）有什么关系?每个月成熟兔子数（对）与前一个月的兔子数（对）又有什么关系?

实践与意图 在学生充分思考后，教师借助图 4－7－1 和表 4－7－1 追问、启发学生理解题意并分析数列的项的构成，建立实际问题的数列模型：

$F_1=F_2=1$，$F_n=F_{n-1}+F_{n-2}$，$n\geqslant 3$，$n\in\mathbf{N}^*$.

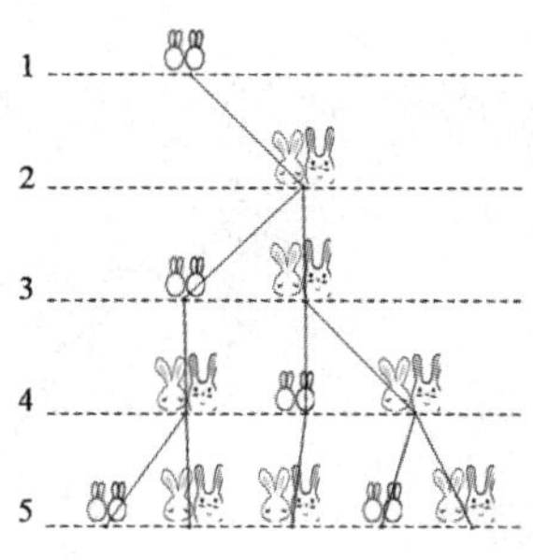

图 4－7－1

时间（月）	初生兔子(对)	成熟兔子(对)	兔子总对数
1	1	0	1
2	0	1	1
3	1	1	2
4	1	2	3
5	2	3	5
6	3	5	8
7	5	8	13
8	6	13	21

表 4－7－1

从兔子繁殖问题中抽象出斐波那契数列模型是教学的难点，图示与表格的引入是为了加深对题意的理解，突破教学难点.

(3) 指导阅读，开阔视野.

问题 3 阅读课本，从中你受到什么启发?

实践与意图 学生阅读课本指定段落文字，教师指导数学阅读，并适时插入演示幻灯片和视频，解读知识间的关联，指导学生关注斐波那契数列的定义、项的构成以及斐波那契数列与自然界的巧合. 同时，指出斐波那契数列就像黄金分割一样流行，有许多优美而有趣的性质，可是很多人视而不见，并没有深入理解和研究，从而激起学生探究的热情.

(4) 技术介入，探究性质.

问题 4 借助 TI 手持技术探究斐波那契数列的性质，把你的发现说出来，即使你现在还不能证明它.

追问 ①探究数列的性质可以从哪些角度入手?

②从数列的有限项获得的一般结论是否一定可靠?

实践与意图 教师指导学生在 TI 手持技术支持下进行合情推理，提出有意义的猜想. 教学中，为了更好地发挥学生的自主性，教师注意启发与等待、纠正与肯定的时机，让每个有想法的学生都充分表达并转化为数学关系式，并大致作出正确的判断，培养学生的探究能力. 实际教学中，学生探究得到以下性质.

①单调性：从第 2 项起，单调递增.

②整除性：$2|F_{3n}$，$3|F_{4n}$，$5|F_{5n}$，…，$n\in\mathbf{N}^*$.

③平方与前后项的乘积：连续三项斐波那契数 F_{n-1}，F_n，F_{n+1} 的首末两项之积与中间项的平方之差为±1，确切地说，$F_{n+1}F_{n-1}-F_n{}^2=(-1)^{n+1}$，$n\in\mathbf{N}^*$，$n\geqslant2$.

④ $\lim\limits_{n\to+\infty}\dfrac{F_n}{F_{n+1}}=\dfrac{-1+\sqrt{5}}{2}\approx0.618$.

(5) 解密游戏，归纳总结.

问题 5 现在你知道本课开头老师能猜中数字的奥秘了吧?

本质上就是：数列 $\{a_n\}$ 满足 $a_1=x$，$a_2=y$，$a_n=a_{n-1}+a_{n-2}$，$n\geqslant3$，$n\in\mathbf{N}^*$. 试用 F_n 表示 a_n（注：F_n 为斐波那契数).

追问 ①表达式 $a_n=F_{n-2}x+F_{n-1}y$ 将数列 $\{a_n\}$ 与 $\{F_n\}$ 建立起联系，斐波那契数列的哪些性质在数列 $\{a_n\}$ 中得到延续?

②根据 $\lim\limits_{n\to+\infty}\dfrac{a_n}{a_{n+1}}=\dfrac{-1+\sqrt{5}}{2}\approx0.618$ 以及提供的 a_{20}，如何猜测数列 $\{a_n\}$ 的前 2 项?

实践与意图 教师进一步启发学生得到表达式 $a_n=F_{n-2}x+F_{n-1}y$，并用较为严谨的方法解密猜数字游戏，高层次的知识要求能激发学生继续阅读并维持探究的热情. 在追问中，教师指出数列 $\{a_n\}$ 是仿照斐波那契数列构造的，不论初始的两项是什么，随着项数的增大，前一项与后一项的比值都趋于$\dfrac{-1+\sqrt{5}}{2}\approx0.618$. 因此，根据第 20 项的数字，就可以猜测第 19 项是

$\text{int}\left(a_{20}\cdot\frac{-1+\sqrt{5}}{2}\right)$，从而利用图 4－7－2 所示的算法程序可以求得 a_1，a_2. 同时教师也指出这种方法有一定风险，当猜测的第 19 项与实际不相同时，就会出错（注：此时，猜出的第 19 项往往比实际小 1，所以出错时对算法程序稍作调整，就基本能猜中 a_1，a_2 了）.

```
Request "输入第 20 个数" ,n
m:=int(n*( -1+ √5 )/2)
For i,1,19
s:=m-n
m:=n
n:=s
EndFor
Disp "第 1 个数是" ,s
Disp "第 2 个数是" ,m
```

图 4－7－2

问题 6　请你小结今天所学内容，并说说今天的学习给你什么启示？

追问　①研究数列性质时，我们主要研究什么？你是怎样研究数列的性质的？

②这节课，我们借助 TI 图形计算器提出猜测，进行验证. 深入的学习还要求严格证明，这种研究数列性质的方法，给了你什么启示？你认为图形计算器在研究问题中可以起到哪些作用？

实践与意图　教师指导学生总结斐波那契数列性质的研究内容、方法和基本思路，指导学生认识计算器在研究中的作用，并将研究方法迁移到其他问题中.

6. **目标检测设计**

（1）有一段楼梯有 10 级台阶，规定每一步只能跨一级或两级，要登上第 10 级台阶有几种不同的走法？

实践与意图　检测将实际问题转化为数列模型进行解决，迁移本课的研究思路和方法.

(2) 现有长为 144 cm 的铁丝，要截成 n 小段（$n>2$），每段的长度不小于 1 cm，如果其中任意三小段都不能拼成三角形，则 n 的最大值为多少？

实践与意图 根据三角形的三边关系定理和斐波那契数列的联系，建立数列模型解决实际问题，迁移本课的研究思路和方法.

(3) 借助 TI 手持技术，探究斐波那契数列的性质，把你的发现写成数学小论文.

实践与意图 布置用较长时间完成的探究作业作为校本课程课的延续，同时展示往届学生对斐波那契数列性质的探究成果（比如在 2009 年 3 月，一位高一学生在《数学通报》上发表论文《斐波那契数列的一些有趣性质》），树立学习榜样，激发学生深入探究的热情.

【教学随笔】 我心目中的探究课堂与探究教学

2013 年 6 月 24 日，在国际课堂教学研究小组、国际程序委员会主办，福建师范大学承办的第五届国际课堂教学研究论坛上，笔者为会议开设了本节教学观摩课. 授课班级是 2013 年刚入学的高一创新班新生. 为了完成探究任务，学生提前学习了数列的概念、表示及简单性质，并接受了 TI 图形计算器的应用培训. 虽然对学生来说，知识学习的过程还比较仓促，而且 TI 图形计算器的应用也不够深入，但本次探究性教学的尝试还是得到与会专家、教师的认可，我也感觉教学过程与自己心目中的数学探究课堂比较接近.

我心目中的数学探究课堂，不是教师唱独角戏的舞台，而是师生积极思维、智慧对话的场所. 在数学课堂里，教师创设情境激发情感，预设问题导引思考，同时关注结果，适时概括；在数学课堂里，学生主动发现、主动发展，有动手操作与自主探究的时间保证，能积极发现结论或探寻新的方法，有表达和沟通的机会. 在传统课堂中，我努力践行我的教学理想，但常常因为大班教学与提问、沟通人数及时间的限制，造成一定的困难. 因为师生对话不够深入，也难顾及全班，更难全面了解学生的学习进展情况，所以教师只能凭借以往的教学经验，在整体层面上加以引导；从学生角度看，由于学习能力、运算水平等因素的影响，导致课堂教学中的探究活动很难同步，也难深入，最终学生的探究活动浅尝辄止、流于形式．但随着 TI 手持技术作为一种认知工具引进数学课堂，我的课堂教学从教学方式、教学内容等方面，发生了深刻变化，传统课堂中的教学困难也得到有效的解决．

我心目中的课堂探究教学，是师生互相激励的智慧演绎，教师用问题导引学生进行思考，学生在操作中思考，在动手与动脑中，积极主动地完成教师预设的问题，能经常对问题提出质疑，能创新解法．教师的教学凸显“延时判断，适时概括”的特点，教师每次提出问题，都能给学生留足必要的判断时间，不急于用自己的思考代替学生的结论，更不急于表现自己的“高明”，教学讲究学习过程，延时判断正是过程性的重要表现；其次，教师还能针对数学本质、教学过程、学生情况以及技术的应用等进行“适时概括”．曹才翰教授在《中学数学教学概论》中指出了“数学概括”的意义：“其一，指在思想上把具有相同本质特性的事物联系起来；其二，是把被研究对象的本质特性推广到范围更广的包含这个对象的同类事物的本质特性”，简单说就是总结和推广．适时概括强调在最佳的时间里给出方法的总结、推广和理论的提升，这对学生正确认识数学，发展数学学习能力，优化学习效果都有相当重要的作用．

正因此，我心目中的课堂教学，应做到“道而弗牵，强而弗抑，开而弗达”．

第 8 节　三次函数的图象与性质

1．内容和内容解析

函数是描述客观世界变化规律的重要数学模型，导数是研究函数的单调性、极值和最值等性质的重要工具，函数及其导数具有丰富的思想内涵和应用价值，是高中数学教学的重点和难点. 在学习了人教 A 版“导数在研究函数中的应用”之后，笔者以三次函数为专题研究对象，安排了本课的学习内容.

三次函数 $f(x)=ax^3+bx^2+cx+d(a\neq 0)$ 具有丰富的性质，利用导数研究这些性质，其研究的过程和方法具有普适性、一般性和有效性，可以迁移到其他函数的研究中.

本课学习是以三次函数的图象的形状特征为主线，探索三次函数的单调性、极值、零点个数等问题. 其中需要学生自己确定研究的问题，构建研究的思路，设计研究的方法，获得三次函数的图象与性质，并在此过程中，体会数形结合、分类与整合、化归与转化等思想方法. 因此，本课的教学重点是在研究三次函数性质的过程中，进一步理解导数思想，巩固用导数研究函数性质的方法.

2. 目标和目标解析

本课是为了进一步掌握用导数研究函数性质的方法，感受导数在解决问题中的作用，体会导数的思想及其丰富内涵，同时扩展学生的数学视野，发展学生独立获取数学知识的能力，提高学生应用所学知识解决问题的能力. 具体目标是：

(1) 能用导数研究三次函数的单调性、极值、零点个数等性质；

(2) 通过对给定系数的三次函数图象与性质的研究，归纳三次函数的一般性质［如三次项系数的正负对图象的影响，有三个单调区间的条件，有 $i(i=1,\ 2,\ 3)$ 个零点的条件，等等］，培养从特殊到一般的思维方法.

3. 教学问题诊断分析

本课是利用已有的导数知识研究一类函数的性质. 函数的图象与性质本身就比较复杂，研究过程中不仅需要调动广泛的知识，而且需要有比较清晰的研究思路，这样才能明确研究的问题，找到研究的方法. 因此，本课的学习对学生的知识、探究数学问题的经验、用导数研究函数性质的基本思想方法等都有较高要求，教学中需要教师从一般思路上加以引导.

4. **教学支持条件分析**

函数图象的形状特征是研究函数性质的直观基础，而图形计算器在函数图象上具有卓越的表现力.

本课借助 TI 图形计算器与 TI-Nspire™ Navigator™ 无线导航系统尝试个性化的探究学习，引导学生探索函数图象的形状特征，在归纳推理中认识分类的标准、方法及原则. 同时，在对三次函数的单调性、极值、零点个数等问题的研究中，指导学生用图形计算器进行观察、猜想、验证，培养学生的合情推理能力；从直观感知到严格论证的过程中，训练思维的严谨性和深刻性，体会利用图形计算器研究数学问题的方法.

5. **教学过程设计**

(1) 即时调查，引入课程.

问题 1 已知 a，b，$c\in\mathbf{R}$，函数 $f(x)=ax^2+bx+c(a\neq 0)$ 的图象如图 4－8－1所示，试写出这个函数的解析式，并提交你的结论.

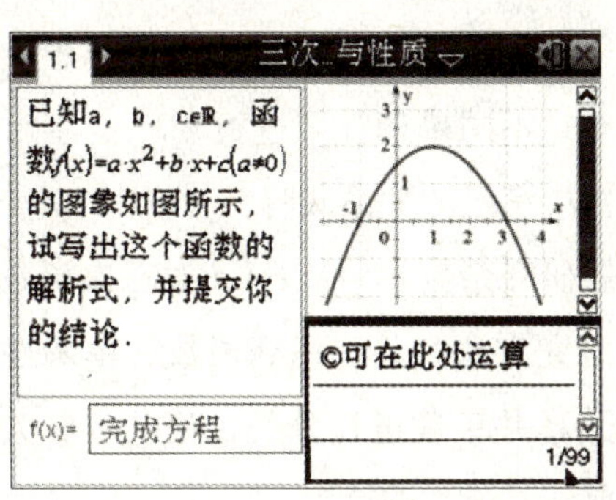

图 4－8－1

追问 ①解决本题的关键是提取图象中的信息，因为选择了不同的信息，所以就有不同的解法. 你能概括一下确定二次函数的解析式需要几个独立条件吗？

②系数 a，b，c 是如何影响二次函数的图象和性质的？

③类比二次函数，你能猜想一下确定三次函数 $f(x)=ax^3+bx^2+cx+d$ $(a\neq 0)$ 需要几个独立条件吗？系数 a，b，c，d 将怎样影响三次函数的图象和性质？

实践与意图 在学生熟悉的二次函数知识基础上，类比获得本课的学习对象.

(2) 借助工具，尝试探究.

问题 2 可以想象，三次函数 $f(x)=ax^3+bx^2+cx+d(a\neq 0)$ 的图象与性质和系数 a，b，c，d 有直接关系．为了方便，我们先探究三次函数的单调性是由哪些系数决定的，各个系数又是如何影响函数的单调性的.

追问 ①你认为本题要研究什么？你准备用什么方法研究？能说说你的思路吗？

②你能判断哪个系数对函数的单调性没有影响吗？用图形计算器验证一下．各个系数对函数单调性的影响让我们眼花缭乱，为了简化研究，我们可以选择什么方法？

③用图形计算器单独验证系数 a 对三次函数 $f(x)$ 的单调性的影响，你得到什么结论？你想怎样继续研究函数的单调性？

④在用图形计算器画不同单调性的图象时，你想过如何界定“不同单调性”吗？用什么标准对“不同单调性”进行划分？你能借助导数写出不同单调性的情形下，各系数应满足的关系式吗？

实践与意图 本题研究系数 a，b，c，d 对三次函数的单调性的影响．在学生确定研究对象和研究方法，并认识到函数的单调性有多种的情形下，引导学生明晰研究的思路，并正确进行分类讨论，一要关注分类的标准，二要选择分类的方法，三要注意分类的原则.

(3) 借助探究，拓展应用.

问题 3 你能求出函数 $f(x)=ax^3+bx^2+cx+d(a\neq 0)$ 只有一个零点时系数应该满足的条件吗？

追问 ①函数 $f(x)$ 恰有一个零点时，其图象有什么特点？函数解析式上又有什么特征呢？用导数加以推证，你能得出各系数具有怎样的等量关系吗？

②类似地，你能写出函数 $f(x)$ 恰有两个零点、三个零点的条件吗？

③你还发现了什么？你是否尝试过将函数的解析式因式分解？对不同的零点情形，请你猜测将 $f(x)$ 因式分解的结果将会是怎样的.

实践与意图 引导学生明确研究对象和研究方法，学会将零点个数的研究转化为对函数的极值或解析式结构形式的研究，并在尝试中猜测、归纳三次函数有不同零点个数时的图象所具有的基本特征，探究不同零点个数的函数解析式的系数应满足的关系，进一步巩固用导数研究函数性质的方法.

问题 4 试写出一个三次函数 $f(x)=ax^3+bx^2+cx+d(a\neq 0)$ 的解析式，满足以下列出的若干条件.

①$f(x)$ 恰有两个零点；

②$f(x)$ 在区间（0，2）上为单调函数；

③$f(x)$ 的图象关于点（1，1）对称；

④$f(x)$ 在（2，$+\infty$）上单调递减.

说明：满足其中一个条件或若干个条件均可，也可满足全部条件.

追问 ①你写出的函数满足了哪几个条件？除了图形直观展示，你还能用什么方法加以验证？

②你能在图形计算器上继续调整你给出的函数解析式的各项系数，观察它们到底怎样影响函数的性质，并根据条件修正函数解析式，得到“最优”的解析式吗？

实践与意图 本题以开放性问题的形式给出，是上述研究方法和研究思路的直接应用，图形计算器的使用拓展了解决问题的途径，并给教师提供了调控、检测的手段，丰富了学生的学习方式.

（4）归纳小结，强化思想.

问题 5 请你对本节课所学的内容进行小结，并说说给了你什么启示.

追问 ①研究函数性质时，我们主要研究什么？你是怎样研究函数的性质的？导数起了什么作用？

②这节课，我们凭借图形计算器的帮助，总是从具体的函数图象上获得感知，提出猜测，然后用导数等方法研究系数之间的数量关系，这样研究函

数的性质的方法，给了你什么启示？研究中，图形计算器给了你什么帮助？

实践与意图 总结函数性质的研究对象、方法和基本思路，指导学生认识到计算器在研究中的作用，并将研究方法迁移到其他函数的研究中.

6. **目标检测设计**

(1) 已知 $a<b$，函数 $f(x)=(x-a)^2(x-b)$ 的图象可能是（　　）.

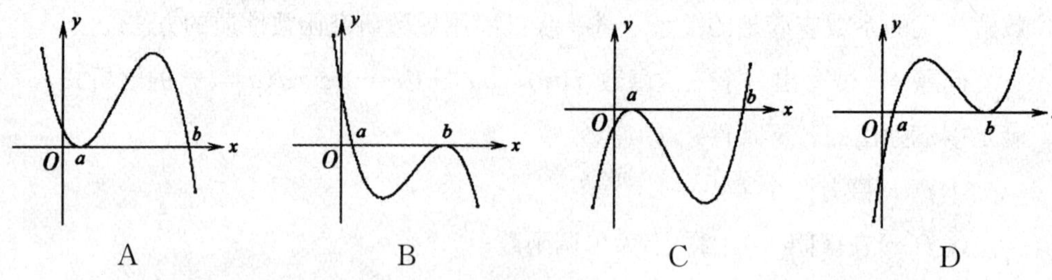

实践与意图 检测本节课所学知识.

(2) 设 $f'(x)$ 是函数 $f(x)$ 的导函数，$y=f'(x)$ 的图象如图 4－8－2 所示，则 $y=f(x)$ 的图象可能是（　　）.

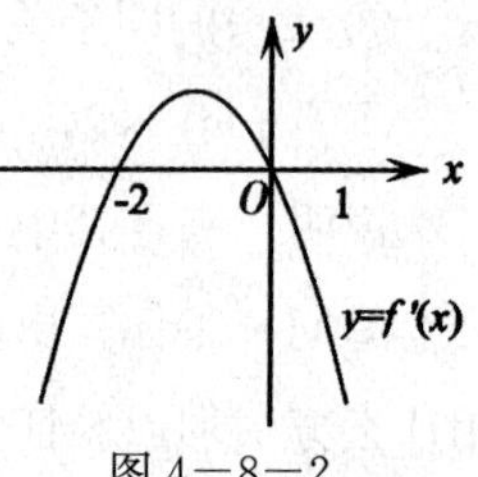

图 4－8－2

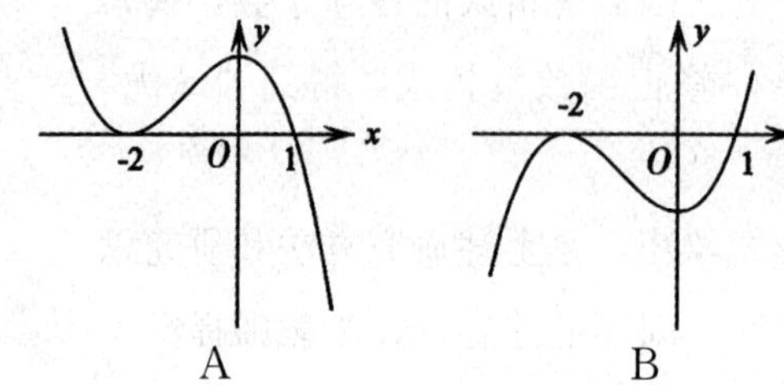

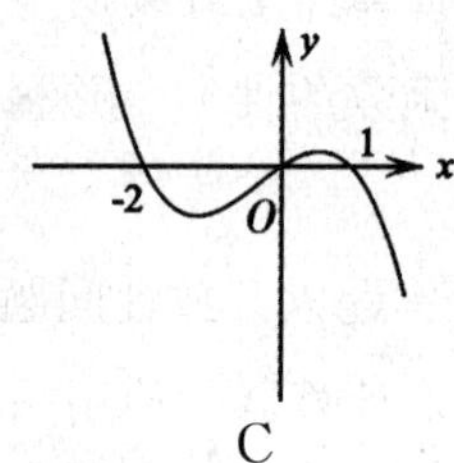

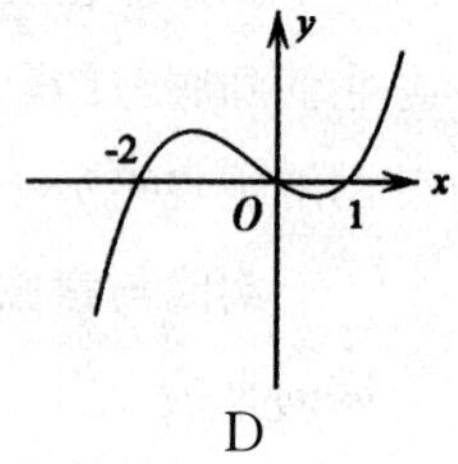

实践与意图 检测函数与导函数的图象的联系.

(3) 设三次函数 $f(x)$ 的导函数为 $f'(x)$，函数 $y=x\cdot f'(x)$ 的图象的一部分如图 4－8－3 所示，则（　　）.

A. $f(x)$ 的极大值为 $f(\sqrt{3})$，极小值为 $f(-\sqrt{3})$

B. $f(x)$ 的极大值为 $f(-\sqrt{3})$，极小值为 $f(\sqrt{3})$

C. $f(x)$ 的极大值为 $f(-3)$，极小值为 $f(3)$

D. $f(x)$的极大值为$f(3)$，极小值为$f(-3)$

实践与意图 整合函数的图象与性质，检测思维的层次性、严谨性和深刻性.

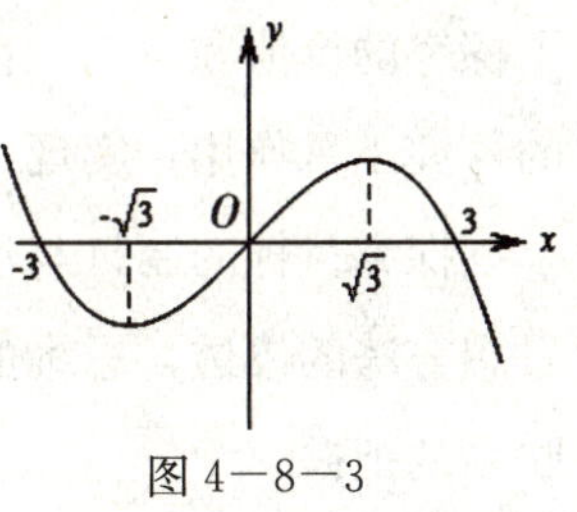

图 4—8—3

(4) 若曲线$y=x^3+a$与$y=\dfrac{4}{x}$的交点均在直线$y=x$的同侧，则实数a的取值范围是________.

实践与意图 迁移本节课的研究思路和方法.

(5) 已知$n\in\mathbf{R}$，函数$f(x)=x^2\cdot(x-3)+n$.

①若曲线$y=f(x)$的切线中，斜率最小的切线l经过点$A(3, 0)$，求n值；

②若经过点$A(3, 0)$可作曲线$y=f(x)$的三条切线，求n的取值范围.

实践与意图 用本课的研究思路和方法解决函数及其导函数的应用问题，体现本课的研究意义. 同时在求解过程中，使用图形计算器进行验证与猜想，充分展示手持技术的应用价值.

【教学反思】 在“操作与思考”中“深度探究”

数学所具有的概念的抽象性与逻辑的严谨性等特性，决定了数学的教学不可能完全依赖于学生的自主学习. 指尖数学倡导教学双主体，学生是“学”的主体，教师是“教”的主体. 学生“学”的主体性体现在“操作与思考”上，教师“教”的主体性体现在课堂的目标定位和学习指导，体现在充分发挥 TI 手持技术在数学课堂中的积极作用上，亦即体现在课堂如何实现“深度探究”上，以下是在教学之后的一些思考.

1. 制订“探究”目标，彰显课程理念

在课堂教学中，“怎么教”是源于“教什么”，“教什么”来自教学目标，

教学目标的定位要看如何实现“接受与探究的融合”，新课程倡导的理念突出了探究的价值和意义，在指尖数学的教学主张下，要发挥 TI 图形计算器强大的探究工具作用，实现“深度探究”，首要任务就是制订“探究”目标.

探究目标的制订与所学的核心内容有关，应关注数学能力的形成、数学思想方法的渗透，思维的严谨性、深刻性的培养以及数学的本质与规律性的联系的把握.

比如本课教学，由于学生已经初步掌握用导数研究函数的图象和性质的基本方法，但对导数研究函数性质的工具性作用认识还不够深刻，用导数研究函数的单调性、极值和最值等性质的方法还不够明晰，所以有必要安排一项专题学习，以便将导数的工具性作用，研究函数性质的过程与方法作为一般结论应用于其他函数的性质研究中，三次函数便成为选择的对象.

三次函数具有丰富的性质，如果直接给出性质让学生证明，就丧失了由特殊到一般的推广的思维训练，所以教学将目标定位为通过实验归纳三次函数的单调性的影响因素，有一个零点的等价条件以及根据条件写出三次函数的表达式等，是基于学科与技术的综合考量. 制订了“探究”目标，就容易在目标指向下设计教学问题，教学过程才能彰显课程理念.

2. 设计“好的”问题，引领动手实践

美国数学家哈尔莫斯说过：“问题是数学的心脏.”这句名言指出了数学问题对数学的重要性，但问题有“好”与“不好”之分，“好”问题能凸显数学的本质和学科教育价值，并在“导”与“引”两个方面激发学生积极探索，引领学生动手实践.

纵观整个教学过程，教师共设计了 5 个问题，第一个问题对于学生来说，因为他们比较熟悉二次函数，而且二次函数的性质相对简单，所以容易在二次函数知识的基础上，通过类比获得本课的学习对象，教学进程顺利. 第二个问题的困难在于多参数的影响，造成学生在实验基础上对影响函数单调性的条件归纳情形比较混乱，但正是因为这种无序，才成就了课堂的聚焦，引发学生在“操作与思考”中进入“深度探究”. 从这个意义上讲，前两个都是

“好”的问题，它能发挥学生的主观能动性，引领学生动手实践. 第三个问题从设计角度看，应该有明确的指向，但学生还比较缺乏研究此类问题的经验，也不太能熟练使用手持技术进行探究，所以从实际教学看，没有很好地发挥技术的优势. 而第四个问题，虽然教师只要求设计的函数满足若干个条件即可，但学生都希望找到满足所有条件的函数，虽然这样的函数是存在的，但在教学时间有限的情况下，都以失败告终，这个结果难说“好”与“不好”，学生没有理解问题的本意，说明教学对“好”的问题的设计极为重要.

3. 倡导“多样”学习，鼓励个性展示

本课教学首次尝试无线导航系统，因为这个系统能及时收集学生的学习信息，并对每个学生提交的信息进行分类、比较和验证，所以教师可以时刻关注到每个学生的学习状态，又能适时展示学生的学习成果. 特别是给出条件写函数解析式这种开放性问题，学生能在实验中反复尝试，修正结果，在实验中获得体验和感悟，教师能很轻松地借助技术检查学生提交的结论，所以技术在“多样”学习与个性展示方面，发挥了巨大的作用. 虽然这仅仅是一次有意义的实践，但从效果上看，已经可以预见到技术的力量和发展前景.

本课教学的收获与不足说明，要真正发挥技术服务教学的功能，在“操作与思考”中引导学生进行“深度探究”，需要教师进一步熟悉手持技术的特点，明确手持技术运用的目的，并积极尝试，积累经验，注意反思，这样才能达到“融合技术”，为学生的终生发展奠定坚实的基础.

第9节　直线与圆锥曲线的位置关系

1. 内容和内容解析

解析几何是近代数学具有里程碑意义的学科分支，其根本方法是坐标法，

核心思想是数形结合思想.

坐标法的引入，建立起点与有序数组之间的一一对应关系，由此可以将线（直线或曲线）表示为方程，几何问题就归结为代数问题，实现了从几何到代数的翻译；然后，通过数、式及方程的运算、变换和它们之间关系的讨论，获得结论；最后再把结果翻译成相应的几何结论，实现了从代数到几何的翻译. 这就是解决几何问题的三部曲：翻译——代数讨论——翻译.

一般认为，任何一个几何概念、命题都对应一个代数概念和命题，所以几何与代数可以轻松实现双向的翻译，所有的几何问题理论上都能通过上述三部曲加以解决. 可实际操作中，由于几何到代数的转化以及代数讨论的困难，使得问题难以解决，解析几何成为高中生学习的难点，因此，有必要选择合适的内容，通过适当方法的引导，使学生逐步形成解决解析几何问题的基本策略. 这样，直线与圆锥曲线的位置关系的研究成为用代数方法研究几何问题的经典示范.

直线与圆锥曲线的位置关系的内容主要涉及位置关系的判定，以及弦长问题、最值问题、对称问题、轨迹问题等的解决. 问题解决突出了“设而不求、整体代换”的解析几何求解特征，重点考查了数形结合思想、化归与转化思想、分类与整合思想、函数与方程思想、特殊与一般思想等，以及类比归纳等数学方法，同时在分析问题和解决问题的能力以及计算能力上也有较高要求. 因此，教学中可选取体现上述思想的典型案例对能力进行训练，在剖析与解决问题的过程中，提炼对直线与圆锥曲线位置关系的探究具有一般意义的参考价值.

2. 目标和目标解析

根据学生的认知基础和教学实际情况，本课学习以几何到代数的转化为目标，以从特殊到一般的思维训练为重点，以搭建整体认知框架为任务，设计教学目标，并遵循“问题导引思考”的教学理念，具体如下：

(1) 在问题导引思考下，确定直线与圆锥曲线的位置关系问题解决的基本步骤和方法，掌握化归与转化的三部曲；

（2）在几何问题向代数表示转化中，熟悉解决问题的基本策略，有效化解代数讨论的困难；

（3）在整体认知的目标教学中，渗透数形结合思想、化归转化思想以及特殊与一般的思想.

3. 教学问题诊断分析

几何对象具有直观性、整体性的特点，属于定性认识；代数运算具有准确性、微观性的特点，属于定量认识. 本课教学要在以往的基本经验基础上将这种定性认识上升到定量认识，这是有困难的；另一方面，从特殊到一般的思维训练，提出问题与解决问题的困难对学生也是一个挑战. 因此，本课教学既有思维难点，也有研究方法的困难，教师需要在方法、探究思路的展开，信息技术的使用，具体几何对象的分析、转化等方面加强引导.

4. 教学支持条件分析

用学案引导教学搭建整体认知结构，用形象生动的过程分析深度剖析问题内涵，用信息技术展示几何直观实现代数表示的正确转化，在过程与拓展中引导学生思考，是重要的教学支持条件. 教学中有针对性地提供学习指导，利用学生的课堂“生成”形成进一步的教学资源，并对学生实施差异性的教学引导，能更有效地形成总复习数学探究的课堂环境.

5. 教学过程设计

（1）引言点题，策略引路.

引言 法国著名数学家笛卡尔曾经提出解决一切问题的方法：“把一切问题归结为数学问题，把一切数学问题归结为代数问题，把一切代数问题归结为方程问题.”虽然这个大胆的设想最终未能实现，但是却在解决几何问题中有了重大的突破，那就是创立了解析几何.

实践与意图 讲述笛卡尔的梦想，渗透数学文化和转化的思想，引出解析几何的本质.

问题 教材中“直线与方程”“圆与方程”以及“圆锥曲线与方程”的章节内容体现出解析几何的本质是________________________________.

实践与意图 发起即时调查，引导学生回答解析几何的本质是“用代数的方法研究几何图形的性质”之后，教师指出，解析几何的基本观点是“任何一个几何概念、命题都对应一个代数概念和命题”. 这样，就获得了研究几何的代数方法，那就是：引入坐标系，将点表示为坐标，将线表示为方程，将几何问题归结为数、式及方程的运算、变换和它们之间关系的讨论. 最后再把结果翻译成相应的几何结论，即以下三部曲：翻译——代数讨论——翻译. 本问题用一道高考题引导学生思考学科的基本问题，从较高的思维层次指导学生关注解析几何解决问题的根本方法和基本策略.

(2) 典例示范，提能析法.

例1 已知斜率为 k 的直线 l 经过点 $(0,-2)$，当 k 变化时，试讨论直线 l 与椭圆 $mx^2+\frac{y^2}{4}=1$（常数 $m>\frac{1}{4}$）的位置关系.

实践与意图 从最常见的问题入手，分析直线与圆锥曲线的位置关系的基本步骤，即设、联、消、简、判，构成基本的解题策略，为后续问题的解决进行必要的铺垫.

例2 已知直线 l：$y=x-\frac{3}{2}$ 与抛物线 C：$y^2=2x$ 相交于 A，B 两点，若在 x 轴上有一点 P 满足 $|PA|=|PB|$，求点 P 的坐标.

追问 几何关系 $|PA|=|PB|$ 如何转化为代数表示?

实践与意图 通过解决一个比较简单的问题，阐述如何合理选择线路，将几何对象恰当转化为合适的代数对象，化解运算的困难.

例3 已知椭圆的中心在坐标原点 O，焦点在 x 轴上，直线 $y=x+1$ 与该椭圆相交于 P，Q 两点，且 $|PQ|=\frac{\sqrt{10}}{2}$，若以 PQ 为直径的圆恰过原点 O，求椭圆的方程.

追问 几何条件 $|PQ|=\frac{\sqrt{10}}{2}$ 能用代数表示吗? 你如何处理“以 PQ 为

直径的圆恰过原点 O” 这个几何条件？

实践与意图　本例设计目的有两个，一是强化几何对象的恰当转化，通过进一步的训练理解解析几何的基本观点；二是为后续问题的解决进行必要的铺垫，化解多重理解的困难.

例 4　已知与圆 $x^2+y^2=\frac{4}{5}$ 相切的动直线 l 交椭圆 $\frac{x^2}{4}+y^2=1$ 于 A，B 两点. 试问：以 AB 为直径的圆是否过一个定点？若是，求出定点坐标；若不是，说明理由.

追问　如果以 AB 为直径的圆确实经过一个定点，作为证明问题，是容易完成的，那么探究该问题，你有什么想法呢？

拓展思考：

(1) 根据椭圆与圆的对称性可知，若存在定点，定点只能是原点，为什么？

(2) 已知圆（即与 l 相切的圆）的圆心只能在原点，为什么？

(3) 已知圆的半径显然由椭圆确定，你能给出一般结论吗？

(4) 本题结论能推广到双曲线吗？

实践与意图　在解析几何的基本观点支持下，通过逻辑思维的帮助形成先猜后证的解决问题的方法，并借助拓展思考和技术，深刻理解本题的解决方法，并用合情推理猜测新的结论，提供思维能力.

例 5　如图，已知 S 是椭圆 $mx^2+\frac{y^2}{4}=1$（常数 $m>\frac{1}{4}$）上异于上、下顶点 A，B 的一个动点，过点 A 作 y 轴的垂线与直线 BS 交于点 P，以 AP 为直径的圆与直线 AS 交于点 Q（异于 A）. 试问：是否存在 m，使得 O，P，Q 三点共线？若存在，求出 m 的值，若不存在，说明理由.

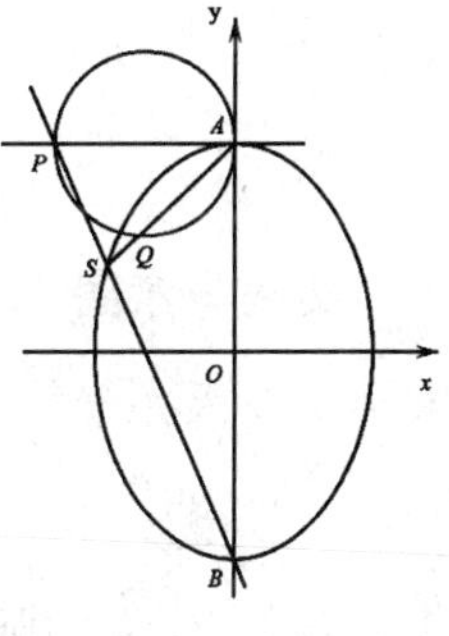

追问　你想过如何处理 O，P，Q 三点共线的问题吗？从代数讨论的角度看，如何选择合适的代数关系来解决三点共线这个几

何问题？

实践与意图 在分析的基础上，留下思维拓展的空间，布置为课后思考问题.

(3) 方法小结，形成框架.

问题 本节复习课学习了哪些内容？本节的学习给了你什么启示？

实践与意图 总结直线与圆锥曲线的位置关系的研究对象、方法和基本观点，指导学生认识到直线与圆锥曲线的位置关系的整体框架结构，了解化归转化与数形结合思想在研究与解决问题中的作用，并将研究方法迁移到其他解析几何问题的研究中.

6. **目标检测设计**

(1) 已知抛物线 $C: y^2=8x$ 的焦点为 F，准线为 l，P 是 l 上一点，Q 是直线 PF 与 C 的一个交点. 若 $\overrightarrow{FP}=4\overrightarrow{FQ}$，则 $|QF|=$ （　　）.

A. $\frac{7}{2}$　　B. 3　　C. $\frac{5}{2}$　　D. 2

实践与意图 检测本课所学的解决问题的基本方法.

(2) 若点 P 在以 F_1，F_2 为焦点的双曲线 $\frac{x^2}{a^2}-\frac{y^2}{b^2}=1$ $(a>0,\ b>0)$ 上，且满足 $|PF_1|+|PF_2|=3b$，$|PF_1|\cdot|PF_2|=\frac{9}{4}ab$，则该双曲线的离心率为（　　）.

A. $\frac{4}{3}$　　B. $\frac{5}{3}$　　C. $\frac{9}{4}$　　D. 3

实践与意图 通过几何条件的代数转化的选择，检测本课所学解决问题的基本方法.

(3) 如图，在平面直角坐标系 xOy 中，A_1，A_2，B_1，B_2 为椭圆 $\frac{x^2}{a^2}+\frac{y^2}{b^2}=1(a>b>0)$ 的四个顶点，F 为其右焦点，直线 A_1B_2 与直线 B_1F 相交于点 T，线段 OT 与椭圆的交点 M 恰为线段 OT 的中

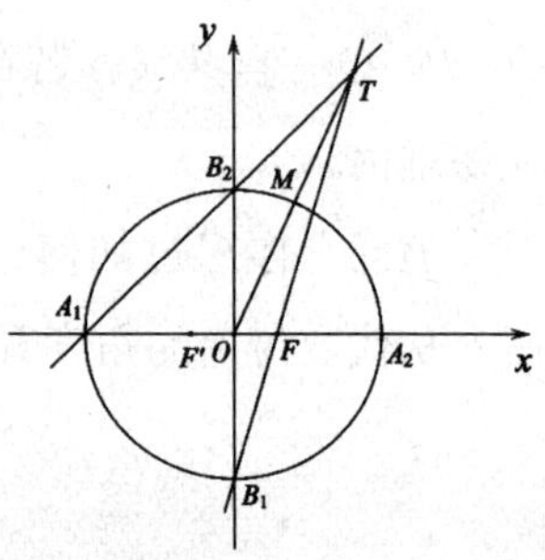

点，则该椭圆的离心率为________.

实践与意图 通过几何条件的代数转化的选择，检测化简思路.

(4) 已知直线 l 经过点 $P\left(0,\ -\frac{1}{3}\right)$ 且与椭圆 O：$\frac{x^2}{2}+y^2=1$ 交于 A，B 两点，若 $2\overrightarrow{AP}=3\overrightarrow{PB}$，求直线 l 的方程.

实践与意图 通过几何条件的代数转化的选择，检测本课所学的解决问题的基本方法.

(5) 已知椭圆 C 的离心率 $e=\frac{\sqrt{3}}{2}$，长轴的左右端点分别为 $A_1(-2,\ 0)$，$A_2(2,\ 0)$.

(Ⅰ) 求椭圆 C 的方程.

(Ⅱ) 设直线 $x=my+1$ 与椭圆 C 交于 P，Q 两点，直线 A_1P 与 A_2Q 交于点 S. 试问：当 m 变化时，点 S 是否恒在一条定直线上？若是，请写出这条直线方程，并证明你的结论；若不是，请说明理由.

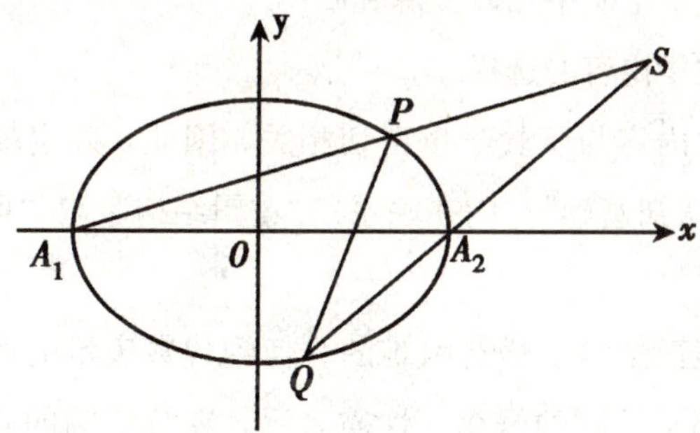

实践与意图 通过先猜再证，检测本课所学的解决问题的基本方法.

【教学感悟】数学复习课的设计应有“三个关注”

复习课具有两个显著特征，一是搭建知识框架，形成良好的数学认知结构；二是根据教学目标设计必要的训练以发展相应的数学思维能力．因此，复习课的教学设计应有如下三个关注点．

第一，关注教学主线的确定．

教学主线是教师在“理解数学”的基础上形成的课堂结构和教学线索，能体现当前数学知识的本质和逻辑关联性，促成良好的认知结构．

解析几何本身是一个数形结合的产物，本课教学兼具代数的抽象与严谨和几何的直观与形象，坐标法将数与形有机关联起来．因此，本课的复习主线应立足于三个基点：几何，代数与坐标，以“几何关系——分析”“代数表示——选择”“代数讨论——解决”这三个层次进行．确定了教学主线，就容易形成设计思路：以直观的图形和相关的几何知识为背景，以数形结合为手段，建立解决问题的三部曲的知识体系；同时注意数与形的结合、代数与几何的结合、形象思维与逻辑思维的结合．

此外，确定复习课的教学主线还要注意变换思维方式，能从不同角度看问题，要善于从数学本质中加以提炼和归纳．

第二，关注教学内容的选择．

复习课的教学内容与所教学生密切相关，因此，确定教学内容应“理解学生”，主要从“认知基础”“内在联系”“逻辑结构”与“可能的难点”等方面考虑．

本课所选内容正是学生感觉困难的几何到代数表示的选择与化归，因此设计中三个例题都是从圆的概念、性质入手，在分析圆的几何特征之后，将“圆过定点”“三点共线”等问题转化为垂直关系进行处理，给了学生明确而坚定的信息，这对于复习课的数学思维能力训练以及相关的思想方法的形成有重要的作用．

第三，关注信息技术的使用．

信息技术与课程整合问题是现代教学论的一个重要理论内容，也是与教学密切相关的实践问题，复习课也无法回避．随着教育的发展以及对学习科学内涵的理解不断深化，技术在教学中的应用前景也远远超越了其传统意义上的范畴．当前，技术不再只是被视为一种传递教学信息的媒介，而是作为

“学习者手中的认知工具”，广泛应用于各种课型教学中.

在复习课教学中，用技术培养学生的创新能力，提高学习思维品质等，同样彰显出巨大的潜力与魅力. 技术在复习课上的应用主要体现在：①教育技术提供的资源便于知识再现和结构梳理；②“多元联系”极大地拓展了复习课的学习空间；③数学对象的形象化、数学关系的显性化对于数学思维有很大的促进作用；④通过数学实验将探究活动引入数学复习课.

在当前应试教育的压力下，数学复习课教学出现了一些异化，学生的好奇、质疑、创新正渐渐消失，如何谋求学生的长期利益是每个数学教师必须直面的问题. 而作为复习课前期的教学设计，只有从“理解数学、理解学生、理解教学、理解技术”等四个理解的角度讨论复习课的关注点，才能完善复习课的教学设计，从根本上实现教育的育人功能.

第五章

“图”解经典

本章内容主要来自指尖数学的教学实践，从问题、“图”解、拓展等角度，用 TI 手持技术解决了一些经典的数学问题，本章是从“融合技术”的角度用教学案例的片断对指尖数学的教学主张进一步注解，所展示的这些教学片断既可以是丰富的教学资源，也可以是 TI 手持技术的学习案例，更可以成为校本课程拓展研究的源头.

第 1 节　探究指、对数函数图象的公共点个数

1. 问题呈现

很多人都认为，当 $0<a<1$ 时，指数函数 $f(x)=a^x$ 与对数函数 $g(x)=\log_a x$ 的图象有且只有一个公共点；当 $a>1$ 时，没有公共点，事实果真如此吗?

已知常数 $a>0$ 且 $a\neq1$，试探究 $f(x)=a^x$ 与 $g(x)=\log_a x$ 图象有公共点时 a 的取值范围.

2. **技术支持**

新建一个图形页面，按键**菜单** **1**（动作）**B**（插入游标），插入一个游标，标签为变量 a，并将步长属性设置为 0.01，将游标最小化，再分别作出函数 $f(x)=a^x$ 与 $g(x)=\log_a x$ 的图象，控制游标改变变量 a 的值，容易发现当 $0<a<1$时，两个函数的图象有公共点，如图 5－1－1 所示.

当 $a>1$ 时，两个函数的图象可能有公共点，控制游标改变变量 a 的值，发现当 $a\approx1.44$ 时，两个函数的图象恰有一个公共点，继续改变变量 a 的值，发现当 $1<a<1.44$ 时，两个函数的图象有公共点，如图 5－1－2 所示.

综上所述，当 $0<a<1$ 或 $1<a\leqslant1.44$（近似值）时，两个函数的图象有公共点.

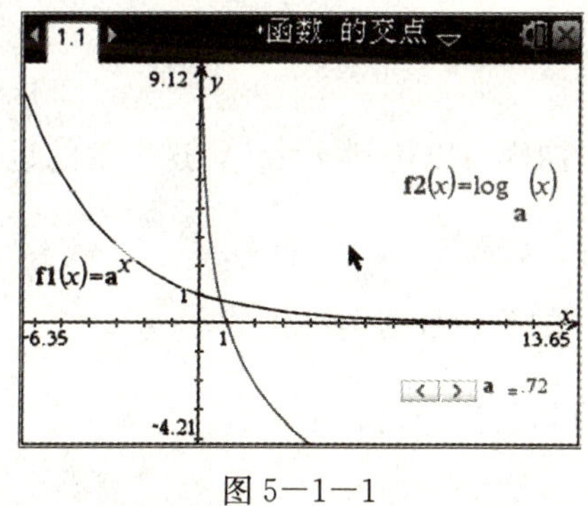

图 5－1－1

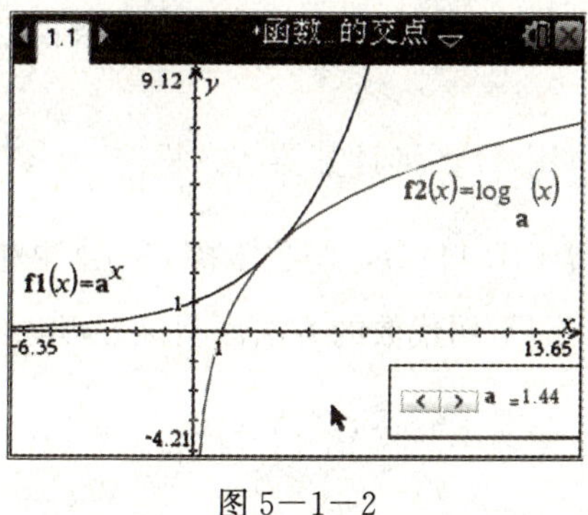

图 5－1－2

3. **问题解决**

很显然，从数学严谨性的角度考虑两个函数的图象有交点的情况，应通过构造函数进行转化，令 $F(x)=f(x)-g(x)=a^x-\log_a x$，$x\in(0,+\infty)$.

①当 $0<a<1$ 时，因为 $a^a<a^0=1$，所以 $F(a)=a^a-1<0$，而 $F(1)=a-0>0$，所以 $F(a)\cdot F(1)<0$.

又因为 $F(x)$ 在 $[a,1]$ 上连续，所以存在 $\xi\in(a,1)$，使得 $F(\xi)=0$，

即 $f(\xi)=g(\xi)$，因此当 $0<a<1$ 时，函数 $f(x)=a^x$ 与 $g(x)=\log_a x$ 的图象有公共点.

②当 $a>1$ 时，因为函数 $f(x)=a^x$ 与 $g(x)=\log_a x$ 互为反函数，它们的图象关于直线 $y=x$ 对称，所以我们只要研究函数 $f(x)=a^x$ 的图象与直线 $y=x$ 相切的情形，即可找到两个函数图象相切时 a 的临界值，再结合图形分析，即可得到两个函数图象有公共点时 a 的取值范围.

现设直线 $y=x$ 与 $f(x)=a^x$ 的图象相切，且切点为 $P(x_0,\ y_0)$，因为 $f'(x)=a^x\ln a$，根据切点在曲线 $y=a^x$ 上，切点在切线 $y=x$ 上，以及切点处的导数等于切线的斜率等三个条件，可得 $\begin{cases} y_0=a^{x_0}, \\ y_0=x_0, \\ a^{x_0}\ln a=1, \end{cases}$ 消去 y_0 可得 $a^{x_0}=x_0$，

又 $x_0\ln a=1$，即 $x_0=\dfrac{1}{\ln a}$，将 $x_0=\dfrac{1}{\ln a}$ 代入 $a^{x_0}=x_0$，可得 $\dfrac{1}{\ln a}=a^{\frac{1}{\ln a}}$，因为 $a^{\frac{1}{\ln a}}=a^{\log_a e}=e$，所以 $\ln a=\dfrac{1}{e}$，解得 $a=e^{\frac{1}{e}}$.

用 TI 图形计算器解方程 $\dfrac{1}{\ln a}=a^{\frac{1}{\ln a}}$，同样可以得到 $a=e^{\frac{1}{e}}$，这个解的近似值等于 1.44467，与技术探究的结果相符，如图 5—1—3 所示.

以下用代数的方法证明该方程有唯一的解，且这个解就是 $a=e^{\frac{1}{e}}$.

事实上，令 $G(x)=\dfrac{1}{\ln x}-x^{\frac{1}{\ln x}}$，$x\in(0,\ 1)\cup(1,\ +\infty)$，

则 $G'(x)=\dfrac{-1}{x(\ln x)^2}<0$，

所以 $G(x)$ 的单调递减区间是 $(0,\ 1)$，$(1,\ +\infty)$，

而当 $x\in(0,\ 1)$ 时，$G(x)<0$，可见 $G(x)$ 至多一个零点，该方程至多有一个解.

又因为 $G(e^{\frac{1}{e}})=\dfrac{1}{\ln e^{\frac{1}{e}}}-(e^{\frac{1}{e}})^{\frac{1}{\ln e^{\frac{1}{e}}}}=e-(e^{\frac{1}{e}})^{e}=0$，

所以该方程有唯一的解 $a=e^{\frac{1}{e}}$，如图 5—1—4 所示.

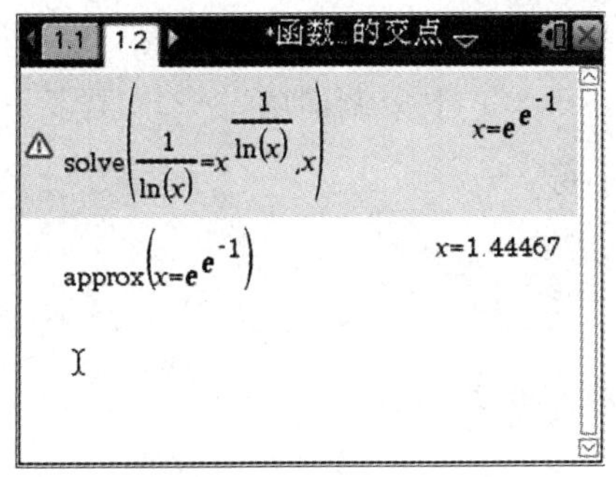

图 5—1—3

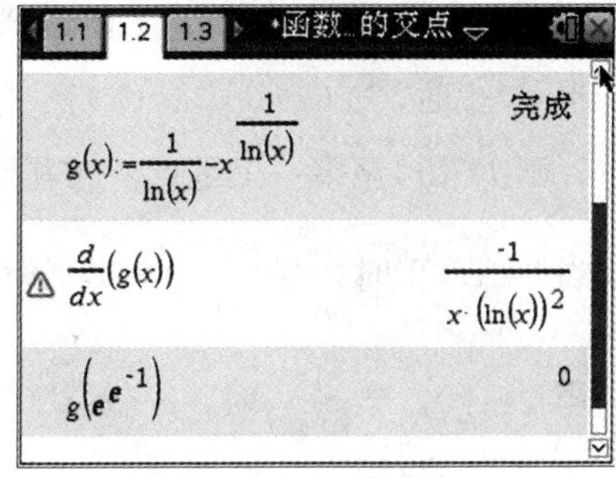

图 5—1—4

综上所述，当 $a\in(0,1)\cup(1,e^{\frac{1}{e}}]$ 时，函数 $f(x)=a^x$ 与 $g(x)=\log_a x$ 的图象有公共点.

4. **拓展阅读**

关于指数函数 $f(x)=a^x$ 与对数函数 $g(x)=\log_a x$ 图象的公共点个数问题，有两个想当然的结论：其一，当 $a>1$ 时，这两个函数的图象没有公共点；其二，当 $0<a<1$ 时，这两个函数的图象有唯一的公共点. 不过，这两个结论都是错误的.

当 $a>1$ 时，前面已经讨论了两个函数图象有公共点时 a 的取值范围；当 $0<a<1$ 时，借助 TI 图形计算器可以发现，函数 $f(x)=a^x$ 与 $g(x)=\log_a x$ 图象的交点可能有三个. 以下我们探究函数 $f(x)=a^x$ 与 $g(x)=\log_a x$ 图象有三个公共点时 a 的取值范围.

为此，令 $H(x)=a^x-\log_a x$，$x\in(0,+\infty)$，我们只要讨论函数 $H(x)$ 有三个零点时需要满足的条件即可.

因为 $H'(x)=a^x\ln a-\dfrac{1}{x\ln a}$，$x\in(0,+\infty)$，且 $H(x)$是光滑曲线，

所以 $H'(x)$至少有两个零点 x_1，x_2，且 $H(x_1)\cdot H(x_2)<0$.

令 $H'(x)=0$，得 $x\cdot a^x=\dfrac{1}{\ln^2 a}$，这个方程无法直接求解.

继续令 $\varphi(x)=x\cdot a^x-\dfrac{1}{\ln^2 a}$，$x\in(0,+\infty)$，

则 $\varphi'(x)=(x\ln a+1)\ a^x$，$x\in(0,\ +\infty)$.

当 $a>1$ 时，$\varphi'(x)>0$，$\varphi(x)$在 $(0,\ +\infty)$ 上单调递增，$\varphi(x)$至多一个零点，则 $H'(x)$至多一个零点，与题意不符；

当 $0<a<1$ 时，令 $\varphi'(x)=0$，解得 $x=-\frac{1}{\ln a}$.

当 $x\in\left(0,\ -\frac{1}{\ln a}\right)$时，$\varphi'(x)<0$，$\varphi(x)$单调递减；

当 $x\in\left(-\frac{1}{\ln a},\ +\infty\right)$时，$\varphi'(x)>0$，$\varphi(x)$单调递增.

所以函数 $\varphi(x)$在 $x=-\frac{1}{\ln a}$处取得极大值（也是最大值）.

又因为$\lim\limits_{x\to 0}\varphi(x)<0$，$\lim\limits_{x\to+\infty}\varphi(x)<0$，所以当 $\varphi\left(-\frac{1}{\ln a}\right)>0$，即$-\frac{1}{\ln a}\cdot a^{-\frac{1}{\ln a}}>\frac{1}{\ln^2 a}$，亦即 $0<a<\mathrm{e}^{-\mathrm{e}}$时，$\varphi(x)$至少有两个零点，则 $H'(x)$至少有两个零点.

至此，我们可得当 $a\in\left(0,\ \frac{1}{\mathrm{e}^{\mathrm{e}}}\right)$时，函数 $f(x)=a^x$ 与 $g(x)=\log_a x$ 的图象有三个公共点.

下面我们从另一个角度验证上述结论，首先结合 TI 图形计算器提供的图象，可以得到只有当 $0<a<1$ 时，函数 $f(x)=a^x$ 与 $g(x)=\log_a x$ 的图象才有三个公共点，并且有三个公共点时，两个函数的底数 a 的临界值 a_0，应能使两个函数的图象与直线 $y=x$ 有相同的交点，且在交点处的切线斜率为-1，如图 5－1－5 所示. 这样由 $f'(x)=a^x\ln a$，$g'(x)=\frac{\log_a \mathrm{e}}{x}$知，只要解方程组 $\begin{cases}a^x\ln a=-1,\\ \frac{\log_a \mathrm{e}}{x}=-1,\end{cases}$ 即可得到切点为 $(\mathrm{e}^{-1},\ \mathrm{e}^{-1})$，及 $a_0=\frac{1}{\mathrm{e}^{\mathrm{e}}}$，如图 5－1－6 所示. 进而得到当 $a\in\left(0,\ \frac{1}{\mathrm{e}^{\mathrm{e}}}\right)$时，函数 $f(x)=a^x$ 与 $g(x)=\log_a x$ 的图象有三个公共点，与上述结论相符.

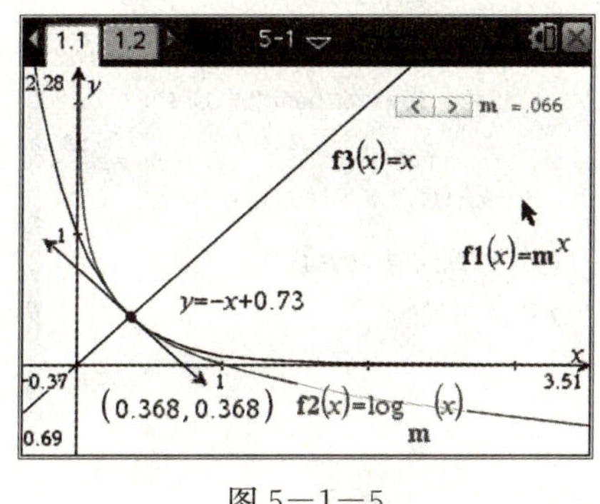

图 5—1—5

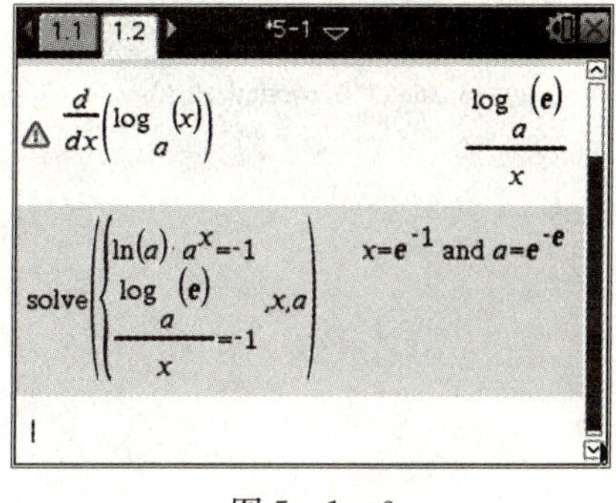

图 5—1—6

第 2 节　猜生日游戏

1. 问题呈现

每个人都有一个生日（出生月份与日期），每个生日由两个正整数构成（当然有特定的范围要求），把某人的出生月份数乘以 29，把出生日期数乘以 36，然后再把所得两数相加，就变为 1 个正整数了，根据这个整数我们可以猜出这个人的生日．如果觉得所得数字太小或太大，容易被猜中，不妨加上 1260 的任意整数倍，只要说出最终的结果，我们还是可以猜出这个人的生日．

2. 技术支持

新建一个计算器页面，计算“出生月份数×29＋出生日期数×36＋1260×randint(－10，10)”的结果，比如以 2 月 28 日为例，输入“2×29＋28×36＋1260×randint(－10，10)”，计算求得结果－7754（该结果可能随着随机整数的取值的变化而改变），如图 5—2—1 所示．

现在运行事先编制好的程序命令 birthday()，输入－7754 即可获得结果，正确猜出生日了，如图 5—2—2 所示．

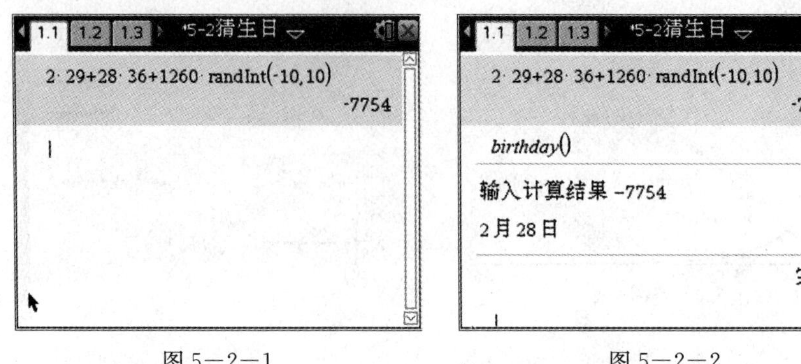

图 5—2—1　　　　图 5—2—2

【注】随机整数命令格式：randint（下界，上界［，试验次数］）.

3. **问题解决**

首先，出生月份只有 12 种结果，而且，确定了月份也就确定了出生日期. 其次，出生月份乘以 29 后模 12 的结果也有 12 种（如下表），将出生月份乘以 29 所得结果与日期的 36 倍以及 1260 的任意整数倍相加，是不影响模 12 的结果的，因为 36 和 1260 都是 12 的倍数.

月份	乘以 29	模 12	月份	乘以 29	模 12
1	29	5	7	203	11
2	58	10	8	232	4
3	87	3	9	261	9
4	116	8	10	290	2
5	145	1	11	319	7
6	174	6	12	348	0

事实上，设出生月份为 x，日期为 y，计算结果 $a=29x+36y+1260k$，$k\in\mathbf{Z}$.

因为 $12|36y$，$12|1260k$，所以 $a\equiv 29x \bmod 12$.

所以最终结果模 12 所得结果与 $29x$ 模 12 的结果是相同的，对照表格就能找到对应的月份.

找到月份后，将最终结果减去月份的 29 倍，所得数是由日期的 36 倍与 1260 的整数倍的和构成的，注意到 36 和 1260 都是 36 的倍数，同除以 36 后的得数为$\frac{36y+1260k}{36}=y+35k$，因为 $y+35k\equiv y \bmod 35$，所以将取差后所得的结果除以 36 再取模 35，即得日期，问题得解.

其实，上述运算中的 29、36 和 1260 都可以改变，月份所乘的数能保证模 12 后的结果有 12 种，日期所乘的数是 12 的倍数即可，加上的 1260 不能影响取模运算的结果，也不能干扰日期计算，当然，随着所选的数改变，表格也应该随之改变.

这样通过动笔计算来制作上述表格有点麻烦，用对照的方法查找月份，再计算日期也较不简便，我们希望借助 TI 图形计算器设计一个程序，如图 5－2－3所示，列出每个月份与乘积和取模相对应的表格，再设计一个程序并运行，如图 5－2－4 所示，只要输入最终的运算结果，就可以输出生日，这样问题就完美解决了.

```
Request "输入月份乘数" ,n
b:={}
For i,1,12
a:={mod(i*n,12)}
b:=augment(b,a)
EndFor
Disp b
```

图 5－2－3

```
Request  "输入计算结果" ,a
m:=mod(a,12)
b:=string(120510030801061104090207)
x:=mid(b,2*m+1,2)
y:=mod(((a-29*expr(x))/(36)),35)
Disp expr(x),  "月" ,y, "日"
```

图 5－2－4

【注】取模运算命令格式：mod（表达式 1，表达式 2）；字符串提取命令格式：mid（源数组，起点［，计数］）；数字转换为字符串命令格式：string（表达式）；字符串转换为数字命令格式：expr（字符串）.

4. **拓展阅读**

借助 TI 图形计算器提供的算法程序模块，我们可以编程解决一些计数问题，这些问题的解决思路就是“逐一验证”．例如，不定方程 $3x+4y+5z=100$ 的正整数解（x，y，z）有多少组？

我们可以穷尽正整数解（x，y，z）的所有取值，逐一验证每一组（x，y，z）是否满足不定方程，用变量 n 累加符合要求的组数，设计程序如图 5—2—5 所示，最后运行该程序，即可得到不定方程 $3x+4y+5z=100$ 的正整数解（x，y，z）有 74 组．

```
n:=0
For i,1,34
  For j,1,25
    For k,1,20
      If 3*i+4*j+5*k=100 Then
        n:=n+1
      EndIf
    EndFor
  EndFor
EndFor
Disp n
```

图 5—2—5

第 3 节　最值问题的三种处理

1．背景阐述

在运动变化中，研究某个量的最值（最大值或最小值），是一类经典的数学问题，有着广泛的应用，在 TI 图形计算器的环境下，解决这类问题有了更多的方法、更新的思路．

2．问题呈现

铁路上 AB 段的距离为 100 km，工厂 C 距 A 处 20 km，$AC\perp AB$，要在

AB 线上选定一点 D 向工厂修一条公路，如图 5—3—1 所示．已知公路与铁路每公里货运价之比为 5∶3，为使货物从 B 运到工厂 C 的总运费最省，问 D 点应如何取？

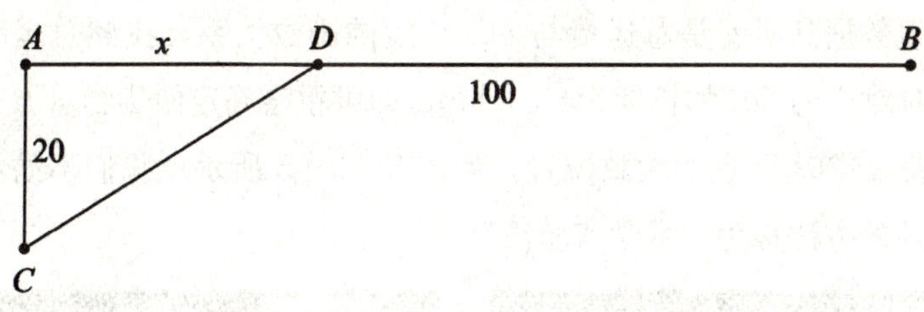

图 5—3—1

3．**技术支持**

新建一个几何页面，并改变单位长度，然后用线段工具画出线段 AB 和 AC，测量它们的长度并移动点 B 和点 C，将线段长度调整到与题意相符，在线段 AB 上任取一个动点 D，连接 CD 和 DB，并测量它们的长度，如图 5—3—2所示．

接着，在几何页面上添加一个文本 $5a+3b$，将光标指向该文本并按键 ctrl 菜单，在这个页面的下拉菜单中选择计算，然后分别选择 CD 和 DB 的长度作为变量 a 和 b 的值，即可求得总运费，如图 5—3—3 所示．

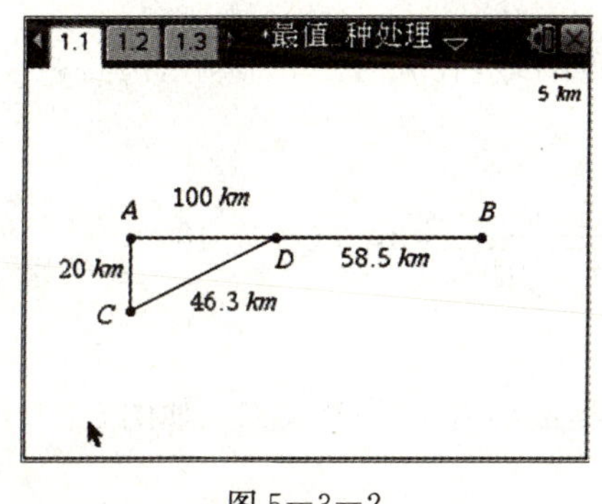

图 5—3—2

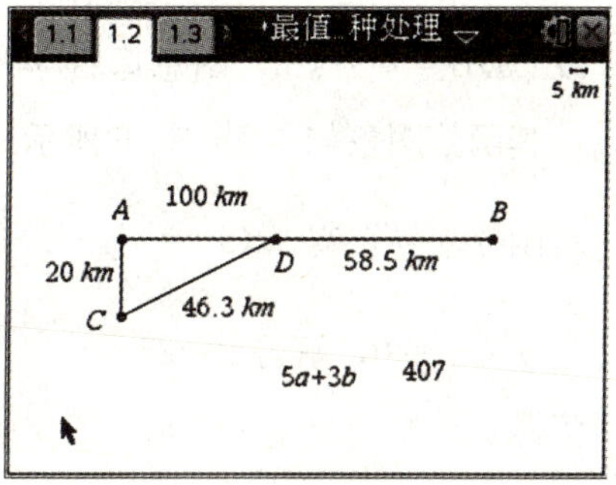

图 5—3—3

移动点 D，可以发现 DB 的长度和总运费发生了改变，分别用变量 dotx 和 doty 保存 DB 的长度和总运费，即可获得两组对应数据，如图 5—3—4 所示.

这两组数据其实就是总运费与 DB 长度的函数关系，找到总运费取得最小值 381 时对应的 DB 的长度为 85.2 km，即可粗略确定使货物从 B 运到工厂 C 的总运费最省时 D 点的大致位置，如图 5—3—5 所示. 我们不妨将这种解决最值问题的方法称为“数学实验法”.

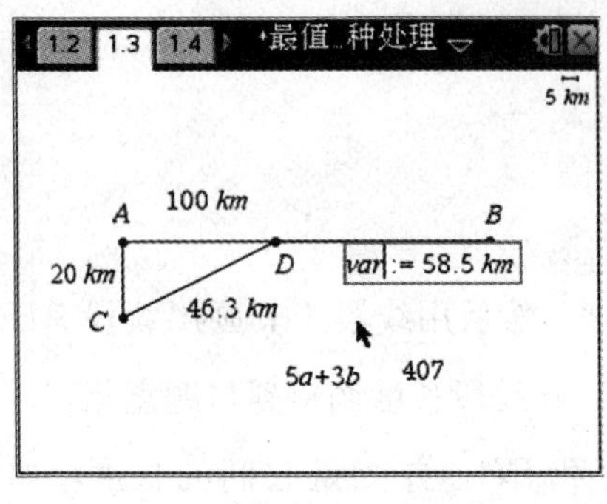

图 5—3—4

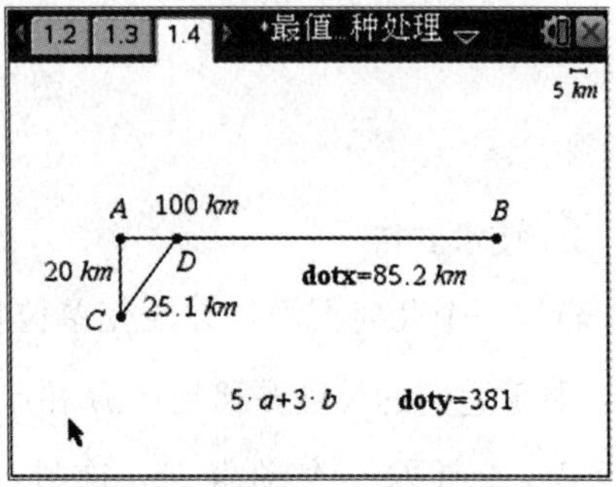

图 5—3—5

【注】在几何页面，用光标点选右上角的比例尺，可以改变默认的“1 cm”比例尺，比如输入“2 km”，将得到以“2 km”为单位的比例尺，并在该页面中关联测量长度的单位.

4. **问题解决**

设 $|DB|=x$ km，则总运费 $f(x)=5\sqrt{(100-x)^2+20^2}+3x$，$x\in[0,100]$，其函数图象如图 5—3—6 所示.

对函数求导，得 $f'(x)=\dfrac{5(x-100)}{\sqrt{x^2-200x+10400}}+3$，$x\in(0,100)$，

令 $f'(x)=0$，解得 $x=85$.

依题意可知，当 $x=85$ 时，$f(x)$ 取得最小值 $f(85)=380$，如图 5—3—7 所示.

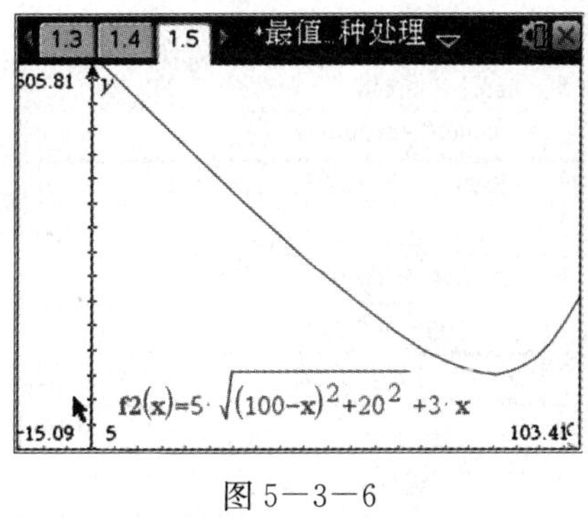

图 5—3—6

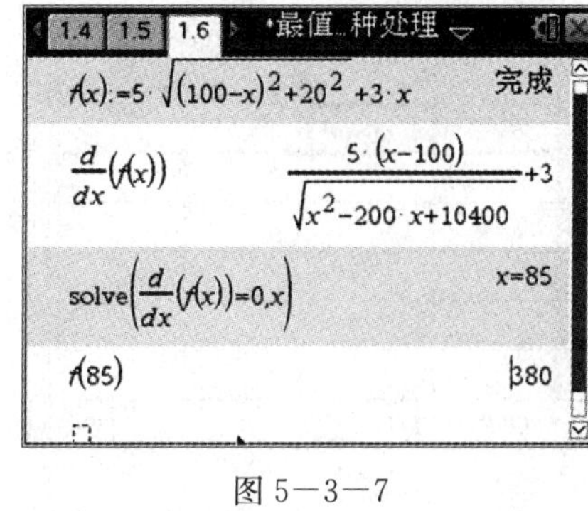

图 5—3—7

5. **拓展阅读**

本节在技术支持中采用“数学实验法”求得总运费最小时对应的 D 点位置，这种方法所求结论精度较低. 在问题解决中采用“纯粹数学法”，借助导数工具求得总运费的最小值以及相应的 D 点的位置，这是一种常规方法. 以下我们在“数学实验法”的基础上，将实验收集的数据进行拟合，并对拟合函数进行分析，从而求得函数的最小值以及相应的自变量的值，我们将这种方法称为“拟合分析法”.

新建一个列表与电子表格页面，将光标移到 A 列中的列公式单元格（从顶部起第二个单元格，左侧标注“＝”符号），按键 菜单 3（数据）2（数据捕获）1（自动），并将默认变量改为 dotx，用表格 A 列自动捕获变量 dotx 的每个变化值. 同样，用表格 B 列自动捕获变量 doty 的相应变化值. 如图 5—3—8 所示.

返回到几何页面，任意移动点 D，可以发现列表与电子表格页面收集到大量的对应数据，现将 A、B 列数据分别命名为 listx 和 listy，如图 5—3—9 所示.

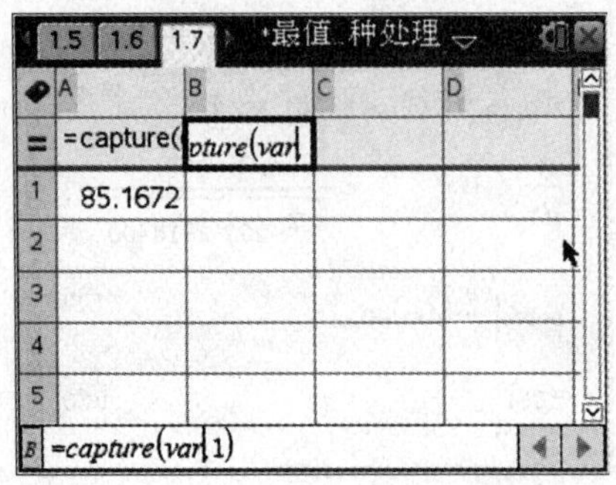

图 5—3—8

	A listx	B listy	C	D
=	=capture(	=capture(		
3	68.0603	393.801		
4	70.576	390.791		
5	74.098	387.054		
6	76.1106	385.221		
7	78.1232	383.652		

A7 =78.123194384317

图 5—3—9

添加一个图形页面，将图形类型改为散点图，将 listx 作为 x 数据，将 listy 作为 y 数据，作出散点图，并将窗口重新布局设计，得到总运费关于 DB 的长度的函数图象，从图象可以看出，总运费随着 DB 的增大先减后增，因此存在最小值，如图 5—3—10 所示.

返回列表与电子表格页面，按键[菜单][4]（统计）[1]（统计计算）[7]（三次回归），用三次函数进行拟合（经过多次尝试，三次函数的拟合效果较好），如图 5—3—11 所示.

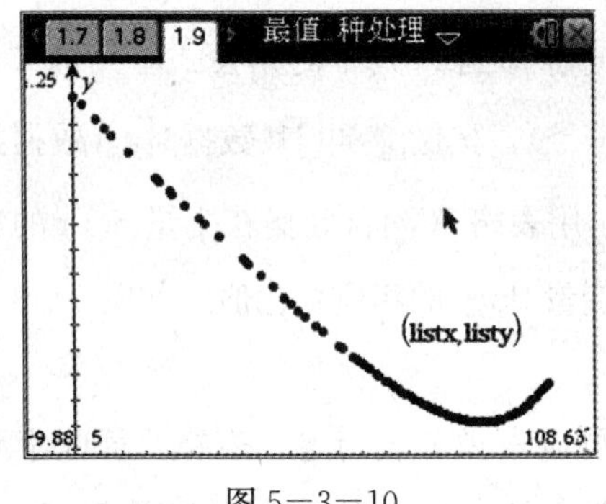

图 5—3—10

	A listx	B listy	C	D
=	=capture(	=capture(		=CubicRe
1	58.5006	407.088	标题	三次回归
2	65.0414	397.718	RegEqn	a*x^3+b...
3	68.0603	393.801	a	0.000268
4	70.576	390.791	b	-0.02834
5	74.098	387.054	c	-0.9843...

A1 =58.500552874883

图 5—3—11

在图形页面画出拟合函数的图象，发现函数图象与散点图较吻合，如图 5—3—12所示.

最后，用图象工具中的最小值命令进行图象分析，确定最小值以及取得最小值时的自变量的值，可以发现根据“拟合分析法”所得结果与“纯粹数学法”相当接近，如图 5—3—13 所示.

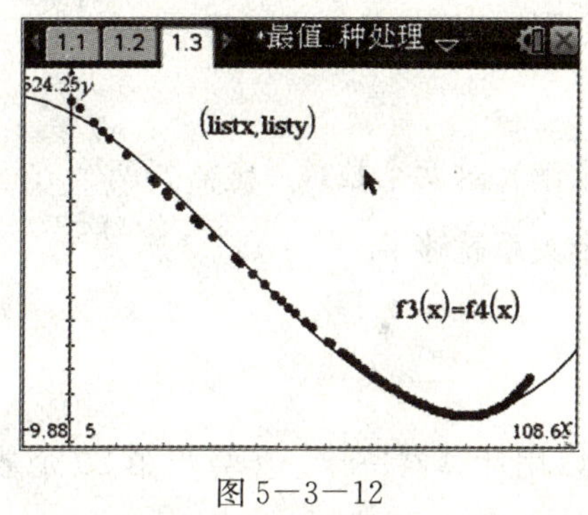

图 5—3—12

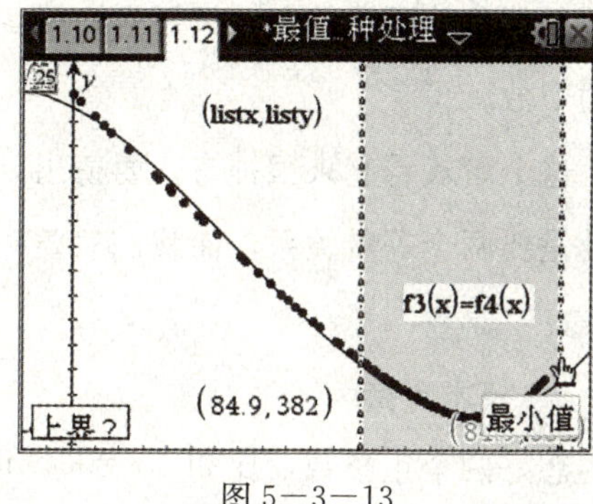

图 5—3—13

至此，关于解决最值问题，我们既有“数学实验法”，也有“纯粹数学法”，更有“拟合分析法”可供选择．我们有理由相信，在解决数学问题时引入技术，将开拓解题的视野，为数学问题的解决提供更贴近生活的新方法．

第 4 节　“以一搏二” 的数字游戏

1．背景阐述

随便写下两个不同的正整数，然后做加法运算，若已知它们的和是 156，能猜出这两个正整数分别是什么吗？

显然不行，猜中的可能性太小了．学过方程的人都知道，假如用 x，y 表示开始时写下的两个数，不定方程 $x+y=156$，x，$y\in\mathbf{N}^*$ 的所有的解都有可能是这两个数．

但如果按要求继续做一些简单的运算，并告知运算的结果，我们就可以很有把握地猜出这两个数．

2．问题呈现

随便写下两个不同的正整数作为数列 $\{a_n\}$ 的前两项，从第三项起，每一项都等于前两项的和，只要告知第 20 项的结果，我们就能猜出开始时写下的两个数.

这个游戏看起来很神奇，要猜出（求解）这两个数，一定需要两个方程，也就是要两个等量关系，而我们只要一个关系就够了.

3. **技术支持**

想好两个正整数，比如 10,256，可以用计算器一步一步算出第 20 个数，但这样重复性的加法工作较烦琐，所以我们需要 TI 图形计算器帮助我们完成这些重复性的加法计算过程.

新建一个列表与电子表格页面，在表格的 A1，A2 位置分别输入 10，256，并将输入框留在 A3 位置，如图 5—4—1 所示，输入“=A1+A2”，按键**enter**，将前两项求和，得到第 3 项，然后按键▲将输入框移回到 A3 位置，按键**菜单** **3**（数据）**3**（填充），此时输入框的四周多了虚线框，不断按键▼，将光标移动到 A20 位置，按键**enter**，这时就会按我们的要求生成一列数，如图 5—4—2 所示. 此时若改变 A1，A2 位置的数字，可以发现整个数列也随之改变.

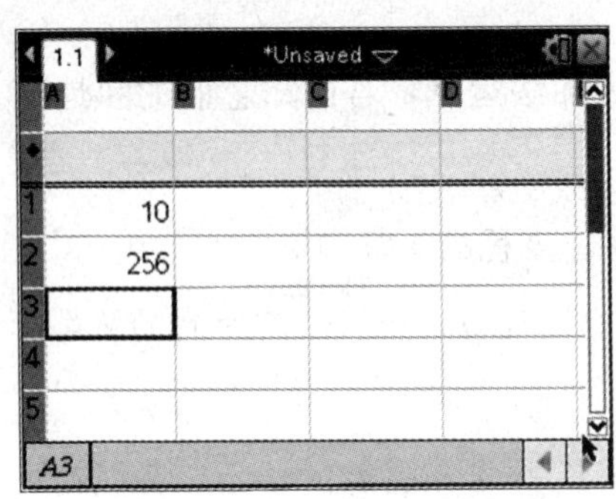

图 5—4—1

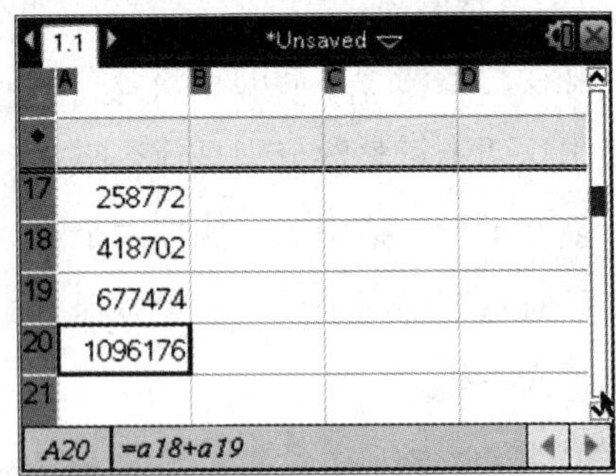

图 5—4—2

4. **问题解决**

数列 $\{a_n\}$ 是仿照斐波那契数列构造的，不论初始的两项是什么，我们发现随着项数的增大，后一项与前项的比值趋于$\frac{1+\sqrt{5}}{2}\approx 1.618$，如图 5—4—3 所示．因此，根据提供的第 20 项的数字，我们可以猜测第 21 项是 int（$a_{20}\cdot\frac{1+\sqrt{5}}{2}$），再构造一个算法程序逆推就可得到第 1，2 项，如图 5—4—4 所示．当然，这种方法有一定风险，当猜测的第 21 项与实际第 21 项不相同时，就会出错．

【注】尽管出错的概率很大，但出错时，猜测的第 21 项往往只比实际第 21 项小 1，所以在出错时，只要调整这个数值，就可得到正确的结果了．

2.1 | 2.2 | 2.3 | *猜数字

	A	B	C	D
◆				
16	159930	1.61804		
17	258772	1.61803		
18	418702	1.61803		
19	677474	1.61803		
20	1096176	1.61803		

A23

图 5—4—3

```
Request "输入第 20 个数",n
m:=int(n*(1+√5)/2)
For i,1,19
s:=m-n
m:=n
n:=s
EndFor
Disp "第 1 个数是",s
Disp "第 2 个数是",m
```

图 5—4—4

5．**拓展阅读**

斐波那契数列指的是这样一个数列：1，1，2，3，5，8，13，21，34，55，89，144，…，这个数列从第三项开始，每一项都等于前两项之和．

即数列 $\{F_n\}$ 满足 $F_1=F_2=1$，$F_n=F_{n-1}+F_{n-2}$，$n\in\mathbf{N}^*$，且 $n\geqslant 3$．

数列 $\{F_n\}$ 是一个线性递推数列，其特征方程为 $x^2=x+1$．

解得特征根 $x_1=\frac{1+\sqrt{5}}{2}$，$x_2=\frac{1-\sqrt{5}}{2}$．

可以求得通项公式为 $F_n=\frac{1}{\sqrt{5}}\left[\left(\frac{1+\sqrt{5}}{2}\right)^n-\left(\frac{1-\sqrt{5}}{2}\right)^n\right]$．

斐波那契数列具有众多有趣的性质，用 TI 图形计算器超强的计算功能，可以迅速验证得到的其中一个性质：

$$\lim_{n\to+\infty}\frac{F_{n+1}}{F_n}=\frac{1+\sqrt{5}}{2}\approx 1.618.$$

斐波那契数列这个优美的性质，是与黄金分割数密不可分的. 在自然界也有众多诸如此类的巧合，在现代物理、准晶体结构、化学等领域也都有广泛而直接的应用.

更妙的是，按斐波那契数列模式构造的任意数列，例如已知数列 $\{L_n\}$ 满足：$L_1=a$，$L_2=b$（a，b 为正整数常数），$L_n=L_{n-1}+L_{n-2}$，$n\in\mathbf{N}^*$，$n\geqslant 3$，那么这个数列也有上述的性质，即 $\lim\limits_{n\to+\infty}\frac{L_{n+1}}{L_n}=\frac{1+\sqrt{5}}{2}$.

事实上，根据定义可得 $L_n=aF_{n-2}+bF_{n-1}$，$n\in\mathbf{N}^*$，$n\geqslant 3$. 从而，

$$\lim_{n\to+\infty}\frac{L_{n+1}}{L_n}=\lim_{n\to+\infty}\frac{aF_{n-1}+bF_n}{aF_{n-2}+bF_{n-1}}=\lim_{n\to+\infty}\frac{a\cdot\frac{F_{n-1}}{F_{n-2}}+b\cdot\frac{F_n}{F_{n-1}}\cdot\frac{F_{n-1}}{F_{n-2}}}{a+b\cdot\frac{F_{n-1}}{F_{n-2}}}$$

$$=\frac{\lim\limits_{n\to+\infty}\left(a\cdot\frac{F_{n-1}}{F_{n-2}}\right)+\lim\limits_{n\to+\infty}\left(b\cdot\frac{F_n}{F_{n-1}}\cdot\frac{F_{n-1}}{F_{n-2}}\right)}{\lim\limits_{n\to+\infty}\left(a+b\cdot\frac{F_{n-1}}{F_{n-2}}\right)}.$$

记 $\lim\limits_{n\to+\infty}\frac{F_{n+1}}{F_n}=\lambda$，显然 $a\lambda+b\neq 0$，则 $\lim\limits_{n\to+\infty}\frac{L_{n+1}}{L_n}=\frac{a\lambda+b\lambda^2}{a+b\lambda}=\lambda$，从而将斐波那契数列的一个性质加以推广.

很显然，数列 $\{L_n\}$ 与 $\{F_n\}$ 的递推关系的发现与性质的推广和 TI 图形计算器密切相关，技术的引进极大拓展了思维的空间.

第 5 节　宝藏埋在哪里

1. 问题呈现

有一个宝藏埋藏在一个岛上，岛上只有两棵树，一棵是橡树，一棵是松

树，如图 5—5—1 所示. 地图上显示，从一个岩石开始沿直线方向步行到橡树，按顺时针方向转弯 90°后走相同的路程到第一标志位置，然后回到岩石，开始沿直线方向步行到松树，按逆时针方向转弯 90°后走相同的路程到第二标志位置，两个标志位置的中点就是宝藏埋藏点. 若岩石不见了，要怎么找到被埋藏的宝藏呢？

2. **技术支持**

新建一个几何页面，先任意假定一个地点作为岩石的位置，作出相应的图形，然后拖动岩石的位置，发现标志位置 1 和 2 发生了改变，但宝藏的位置不变，这说明假定岩石在什么位置并不重要. 这样，我们可以任意取一个位置作为出发点，按要求确定两个标志位置，在两个标志位置的中点即可找到宝藏，只要动手就能发现问题的解决办法，如图 5—5—2 所示.

图 5—5—1

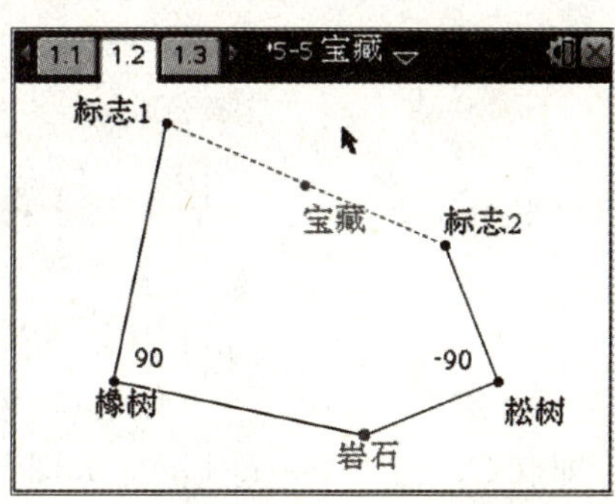

图 5—5—2

3. **问题解决**

为什么改变岩石的位置并不影响宝藏埋藏点呢？

我们先将图中相应位置分别用不同的字母表示，如图 5—5—3 所示，本问题等价于已知平面内定点 A，B 和动点 P，将线段 AP 绕 A 点逆时针旋转 90°得到线段 AC（等同于从岩石步行到橡树，按顺时针方向转弯 90°后走相同的路程），同样将线段 BP 绕 B 点顺时针旋转 90°得到线段 BD，求证线段 CD 的中点 M 是定点.

现在，建立平面直角坐标系，用解析法加以证明.

以直线 AB 为 x 轴，线段 AB 的中点为原点 O 建立平面直角坐标系，并记 $A(-a,0)$，$B(a,0)$，如图 5—5—4 所示.

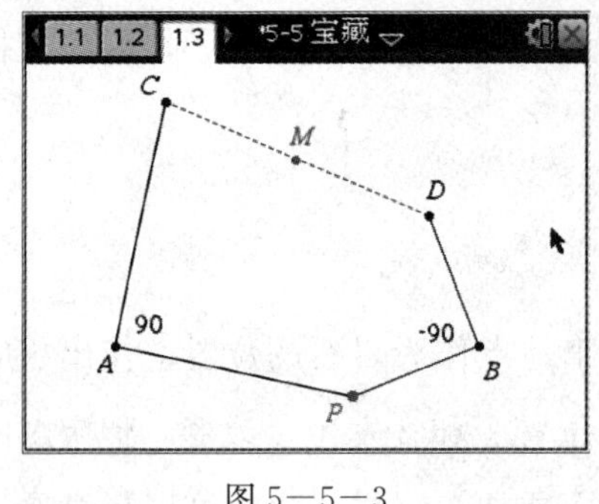

图 5—5—3

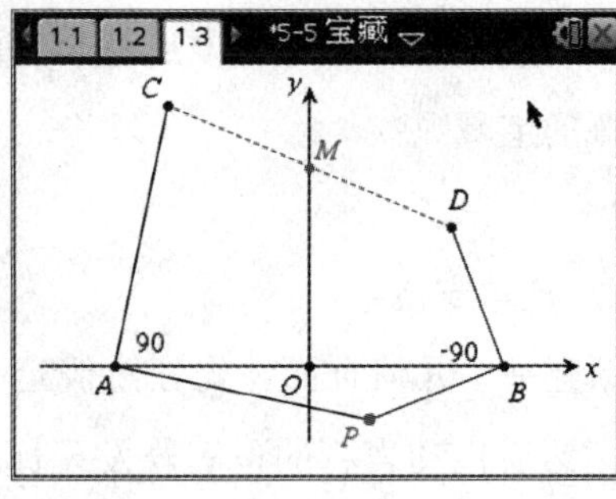

图 5—5—4

设点 $P(x_0,y_0)$，则 $\overrightarrow{AP}=\begin{pmatrix}x_0+a\\y_0\end{pmatrix}$，根据逆时针旋转 90°对应的矩阵 $N_1=\begin{pmatrix}0&-1\\1&0\end{pmatrix}$，

可得 $\overrightarrow{AC}=N_1\cdot\overrightarrow{AP}=\begin{pmatrix}0&-1\\1&0\end{pmatrix}\cdot\begin{pmatrix}x_0+a\\y_0\end{pmatrix}=\begin{pmatrix}-y_0\\x_0+a\end{pmatrix}$，

即 $\begin{cases}x_C+a=-y_0,\\y_C=x_0+a,\end{cases}$ 所以 $\begin{cases}x_C=-y_0-a,\\y_C=x_0+a,\end{cases}$

即点 $C(-y_0-a,x_0+a)$，如图 5—5—5 所示.

同理 $\overrightarrow{BP}=\begin{pmatrix}x_0-a\\y_0\end{pmatrix}$，根据顺时针旋转 90°对应的矩阵 $N_2=\begin{pmatrix}0&1\\-1&0\end{pmatrix}$，

可得 $\overrightarrow{BD}=N_2\cdot\overrightarrow{BP}=\begin{pmatrix}0&1\\-1&0\end{pmatrix}\cdot\begin{pmatrix}x_0-a\\y_0\end{pmatrix}=\begin{pmatrix}y_0\\-x_0+a\end{pmatrix}$，

即 $\begin{cases}x_D-a=y_0,\\y_D=-x_0+a,\end{cases}$ 所以 $\begin{cases}x_D=y_0+a,\\y_D=-x_0+a,\end{cases}$

即点 $D(y_0+a,-x_0+a)$，如图 5—5—6 所示.

从而 $\begin{cases}x_M=\dfrac{1}{2}(x_C+x_D)=0,\\y_M=a,\end{cases}$

即点 $M(0, a)$.

从点 M 的坐标可知 M 为定点，且 $\triangle MAB$ 是等腰直角三角形.

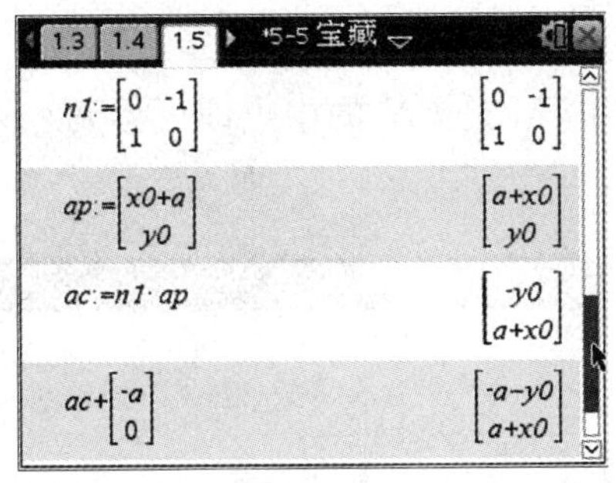

图 5—5—5

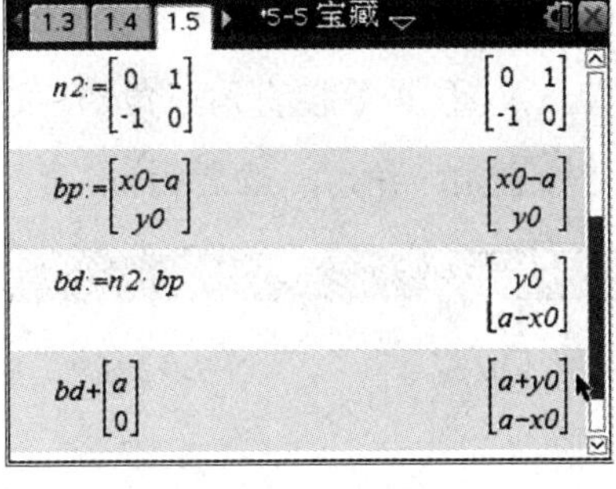

图 5—5—6

4. **拓展阅读**

上述问题能否用平面几何的方法进行研究呢？

从以上证明过程可以得到点 M 是定点，而且 $\triangle MAB$ 是等腰直角三角形. 因为 A，B 是定点，所以用平面几何的方法进行证明，等价于证明以下命题.

如图 5—5—7 所示，已知平面内定点 A，B 和动点 P，将线段 AP 绕 A 点逆时针旋转 90°得到线段 AC，同样将线段 BP 绕 B 点顺时针旋转 90°得到线段 BD，M 是线段 CD 的中点，求证 $\triangle MAB$ 是等腰直角三角形.

证明过程如下.

延长 BM 到点 N，使得 $MN=BM$，连接 AN，如图 5—5—8 所示.

因为 $MD=MC$，$MB=MN$，$\angle DMB=\angle CMN$，所以 $\triangle BDM\cong\triangle NCM$，

所以 $NC=DB=PB$，$\angle NCM=\angle BDM$.

又因为 $\triangle APC$ 和 $\triangle BPD$ 是等腰直角三角形，

所以 $\angle APB=\angle CPD+\angle APC+\angle BPD=\angle CPD+90^\circ$，而

$$\begin{aligned}\angle ACN &=360^\circ-\angle ACP-\angle PCD-\angle NCM\\ &=360^\circ-45^\circ-\angle PCD-\angle BDM\\ &=315^\circ-\angle PCD-\angle PDM-45^\circ.\end{aligned}$$

注意到 $\angle PCD+\angle PDM=180^\circ-\angle CPD$，所以有 $\angle ACN=\angle CPD+90^\circ$，

因此 $\angle APB=\angle ACN$，又 $AP=AC$，

所以$\triangle APB \cong \triangle ACN$，

所以$AB=AN$，且$\angle NAC=\angle BAP$，

进而$\angle NAB=\angle NAC+\angle CAB=\angle BAP+\angle CAB=90°$，

即$\triangle NAB$是等腰直角三角形，这样由M是BN的中点即可得到$\triangle MAB$也是等腰直角三角形，命题得证.

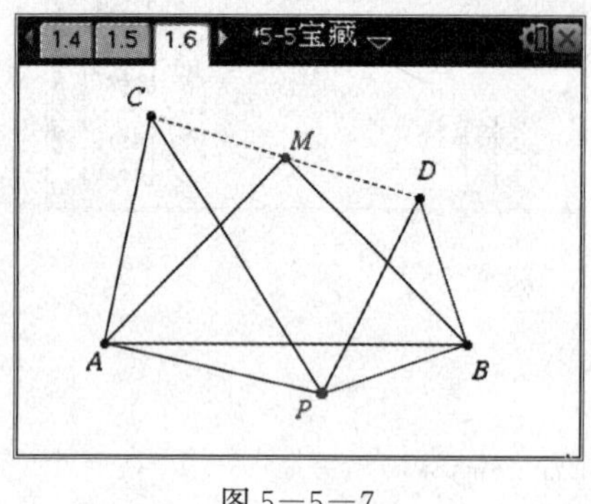

图 5—5—7

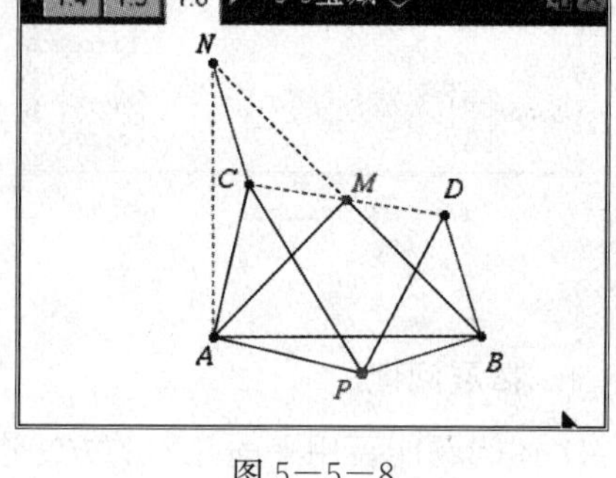

图 5—5—8

本题通过操作获得解题思路，借助多元联系以及符号代数系统的功能进行解析证明，同时在动手实践中，获得几何证明的灵感. 可见，动手操作就是探究，多元联系产生灵感，TI手持技术已经引起数学问题以及研究方法的深刻变化，为数学提供了广阔的研究空间.

第6节　方程的曲线与轨迹

1. 背景阐述

圆锥曲线作为平面内满足特定条件的动点轨迹，被广泛关注并深入研究. 现在模仿圆锥曲线的定义，适当改变动点满足的条件，探寻轨迹的形状，将发现以往我们很少关注到的情形.

2. **问题呈现**

平面内到两个定点的距离之积为定值的点的轨迹是什么?

3. **技术支持**

新建一个几何页面，按键[菜单][4](点/线)[1](点)，绘制定点 F_1，F_2 以及动点 P，再按键[菜单][4](点/线)[5](线段)，作出线段 PF_1，PF_2，如图5—6—1所示. 然后按键[菜单][6](测量)[1](长度)，分别测出线段 PF_1，PF_2 的长度，如图 5—6—2 所示.

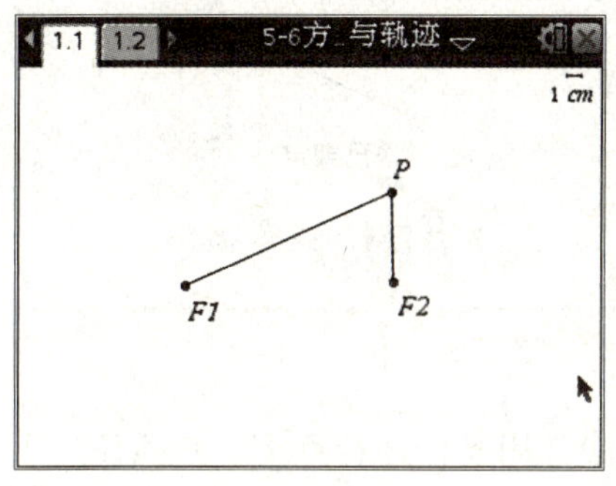

图 5—6—1

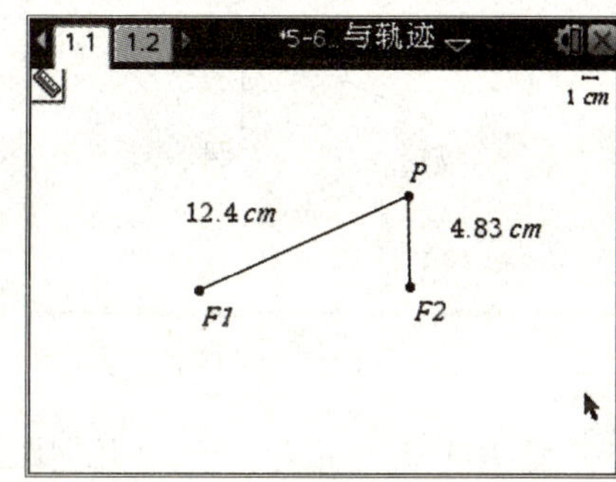

图 5—6—2

按键[菜单][1](动作)[7](文本)，在页面上输入文本"$a \cdot b$"，如图5—6—3所示. 然后按键[菜单][1](动作)[8](计算)，移动光标点击刚输入的文本表达式，这时出现对话框显示"选择 a?(或按 VAR)"，如图 5—6—4 所示.

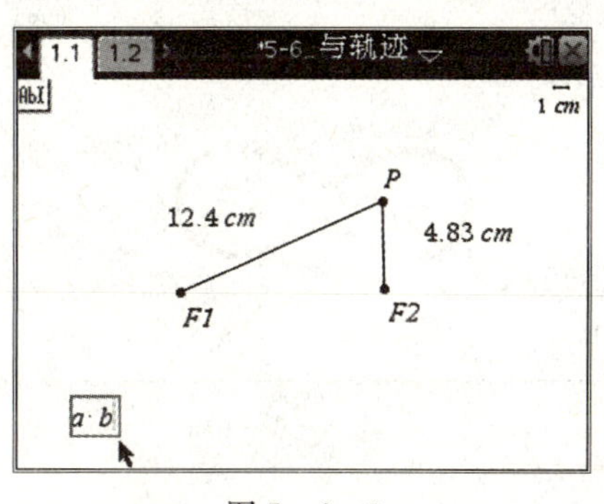

图 5—6—3

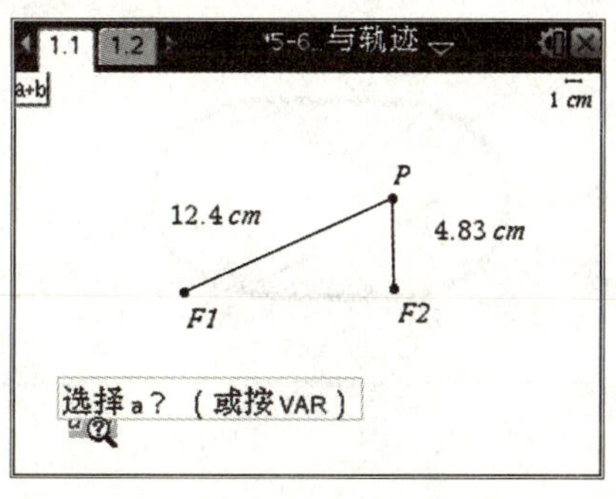

图 5—6—4

移动光标依次点击线段 PF_1，PF_2 的长度的测量值，将测量值赋值给表达式中的 a 和 b，并将计算得到的 $a \cdot b$ 的结果“60.1”放置在页面上，如图5—6—5所示. 现在，按键菜单 1（动作）4（属性），移动光标点击选中计算结果，并按键▲▶enter改变“对象未锁定”属性为“对象已锁定”（图标从开的锁变为闭的锁），如图5—6—6 所示，此时，我们已经将线段 PF_1，PF_2 的长度的乘积固定，抓住点 P 并移动，可以发现线段 PF_1，PF_2 的长度发生改变，但乘积不变.

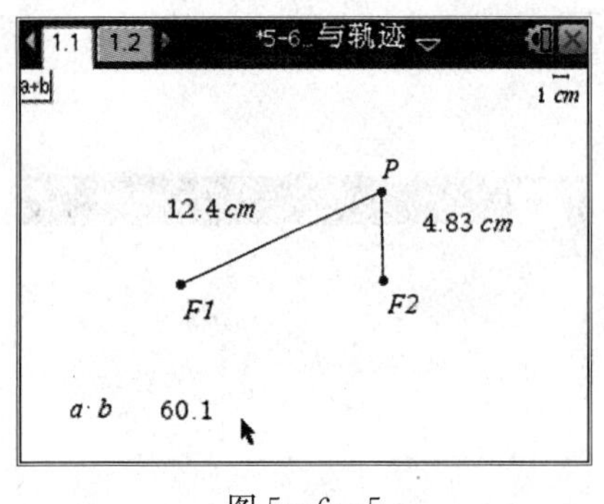

图 5—6—5

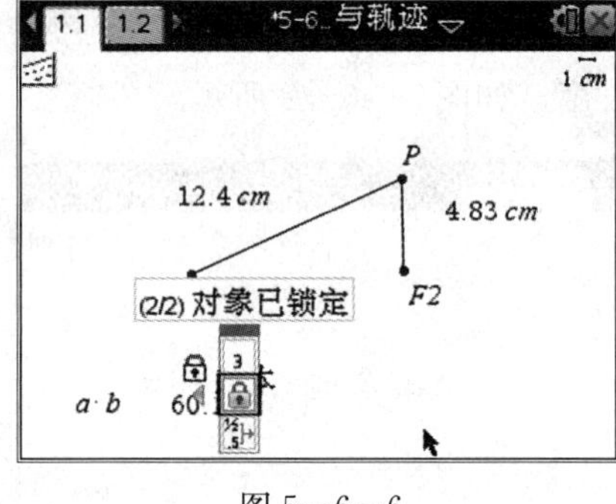

图 5—6—6

按键菜单 3（跟踪）1（几何跟踪），用光标选择点 P，并抓住点 P 然后移动，即可得到乘积为定值时的动点轨迹，如图 5—6—7 所示，动点的轨迹与跑道相似. 改变定值（需先将乘积对象的属性改为“对象未锁定”），所得的动点轨迹发生较大变化，如图 5—6—8 所示.

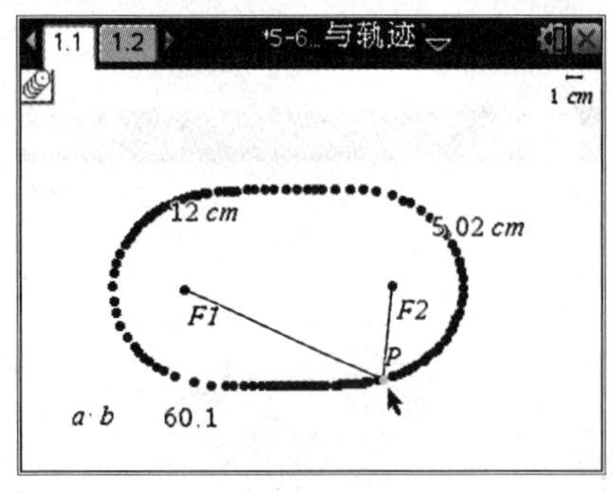

图 5—6—7

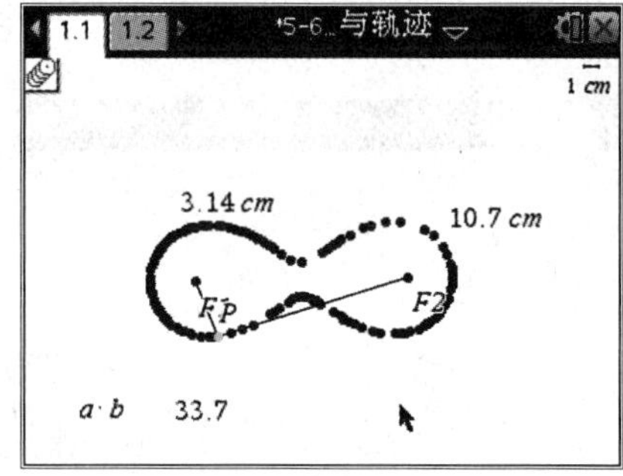

图 5—6—8

4. **问题解决**

为了全面了解不同定值下的动点轨迹的形状，我们取 $|F_1F_2|=2$，并建立直角坐标系，假设 $F_1(-1, 0)$，$F_2(1, 0)$，根据条件可得，动点 P 的集合为 $\{P||PF_1|\cdot|PF_2|=m\}$，其中 m 为正常数，设 $P(x, y)$，根据两点间的距离公式得到 $\sqrt{(x+1)^2+y^2}\cdot\sqrt{(x-1)^2+y^2}=m$，等式两边平方后得到轨迹方程为 $[(x+1)^2+y^2]\cdot[(x-1)^2+y^2]=m^2$.

在 TI 图形计算器的图形页面，按键 **菜单** **1**（动作）**B**（插入游标），插入游标控制 m 值的改变，并设定游标最小值为 0，最大值为 10，步长为 0.1，然后在函数提示符"$f_1(x)=$"后面，输入"zeros($[(x+1)^2+y^2]\cdot[(x-1)^2+y^2]-m^2$, y)"，得到曲线，改变 m 的值，将得到相应 m 值的不同轨迹形状，如图 5—6—9 所示的是 $m=1$ 时的轨迹，如图 5—6—10 所示的是 $m=3.1$ 时的轨迹.

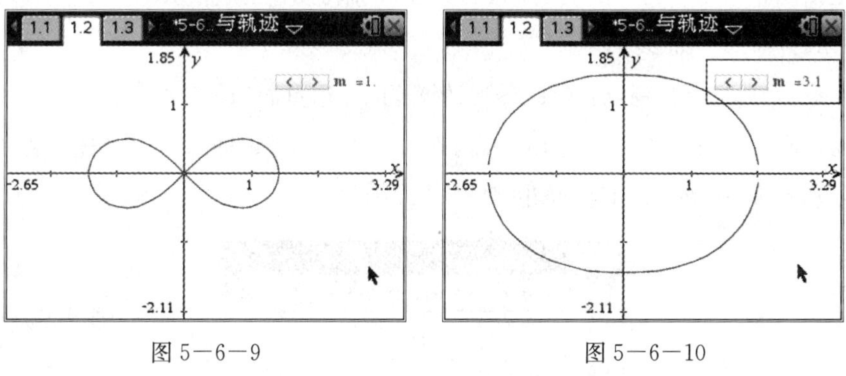

图 5—6—9　　　　图 5—6—10

【注】 要绘制方程 $f(x, y)=0$ 的曲线，可以在函数提示符"$f_1(x)=$"后面，输入"zeros($f(x, y)$, y)"，TI 图形计算器强大的代数运算功能可以通过求解相应的方程，得到函数关系式，进而绘制出图象.

5. **拓展阅读**

理论上，只要给足运算的时间，TI 图形计算器就可以绘制出任意方程的曲线，这是一项很好的功能和设计理念，我们可以用它来解决 2014 年高考福建文科卷的第 12 题.

试题如下：

在平面直角坐标系中，两点 $P_1(x_1, y_1)$，$P_2(x_2, y_2)$ 间的"L－距离"定义为 $\|P_1P_2\|=|x_1-x_2|+|y_1-y_2|$，则平面内与 x 轴上两个不同的定点 F_1，F_2 的"L－距离"之和等于定值（大于 $\|F_1F_2\|$）的点的轨迹可以是（　　）.

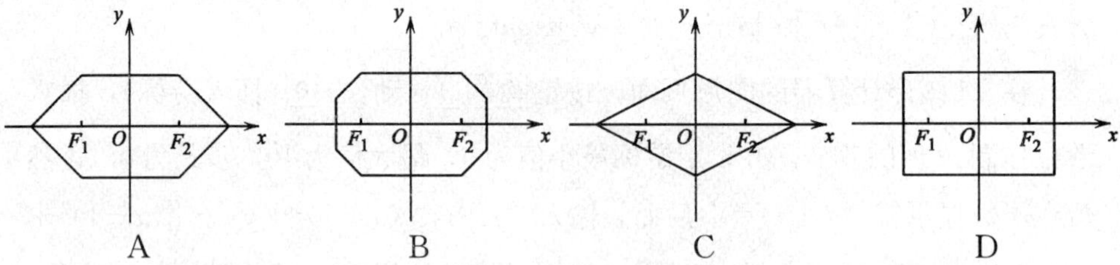

试题模仿椭圆的定义，在"L－距离"下研究动点的轨迹，解题可以还原研究椭圆的过程. 假设 $F_1(-c, 0)$，$F_2(c, 0)$，根据新定义，动点 (x, y) 满足 $|x+c|+|x-c|+2|y|=2a(2a>2c)$，因此只要绘制方程 $|x+c|+|x-c|+2|y|=2a$ 的曲线.

取 $a=2$，$c=1$，然后在 TI 图形计算器的图形页面的函数提示符"$f_1(x)=$"后面，输入"zeros($|x+c|+|x-c|+2|y|-2a$, y)"，即可作出上述方程的曲线，其形状与选项 A 相符，如图 5－6－11 所示.

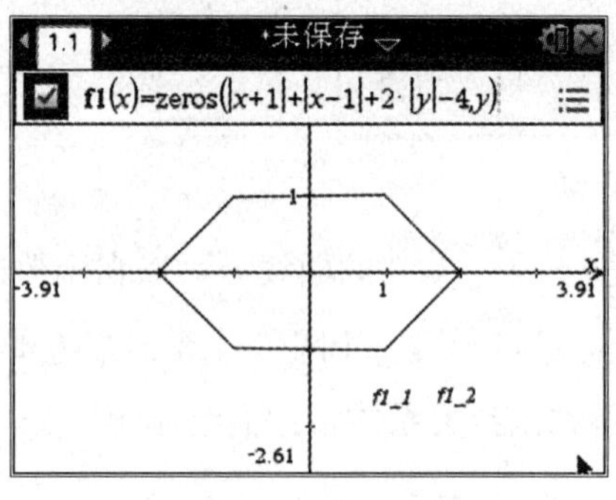

图 5－6－11

第 7 节　相同生日的概率估计

1. 背景阐述

你正坐在一间有 50 名学生的教室里，你认为教室里一定有相同生日的学生吗？至少有 2 名学生生日相同的概率有多大呢？如果给你下列四个选项，你会选什么呢？

A. 低于 10%　　B. 大约 45%　　C. 大约 81%　　D. 高于 90%

教室里可能有相同生日的学生，可能没有，这是随机事件，有相同生日的学生的可能性有多大，就是概率问题. 如果告诉你这个概率高于 90%，你肯定感到不可思议，觉得有点不靠谱，因为一年有 365 天，而教室里只有 50 名学生，学生的人数与一年的日期总数差距太大了，但事实上，有相同生日的可能性真的很大.

2. 问题呈现

在一间有 50 名学生的教室里，你认为一定有相同生日的学生吗？至少有 2 名学生生日相同的概率有多大呢（一年视作 365 天)？

你能估计出这个概率吗？

3. 技术支持

这个概率值可以用随机模拟（蒙特卡罗）方法进行估计.

新建一个列表与电子表格页面，在 A 列中的列变量单元格（从顶部起第一个单元格）中输入“birthday”，在列公式单元格（从顶部起第二个单元格）中输入“randint(1，365，50)”，用计算器产生 50 个从 1 到 365 的一组随机整数（数组名为 birthday)，代表 50 名学生的生日，如图 5—7—1 所示.

按键文档▾ 5（页面布局）2（选择布局）3（布局 3），将页面布局改为上下两部分的情形（便于后续观察），按键文档▾ 4（插入）7（数据与统计），在新布局的下半部分添加一个数据与统计页面，在这个页面的下方正中间，单击添加变量“birthday”，得到数组 birthday 的圆点图，如图 5—7—2 所示.

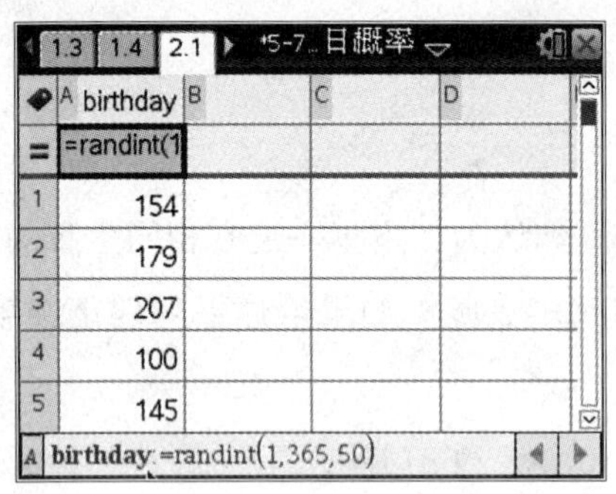

图 5—7—1

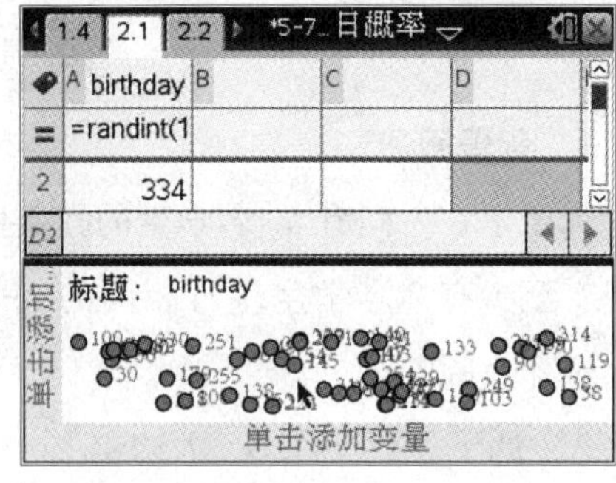

图 5—7—2

按键菜单 1（绘图类型）3（柱状图），将圆点图改为柱状图，如图 5—7—3 所示.

按键菜单 2（绘图属性）2（柱状图属性）2（块设置）1（相等块宽度），在跳出的对话框中，设置宽度（即组距）为 1，基准值为 1，如图 5—7—4 所示. 这样将以 1 作为柱状图的起点，以块宽度为 1 重新绘制柱状图，从这样的柱状图中可以清楚地看出数组 birthday 中是否有相同的数字.

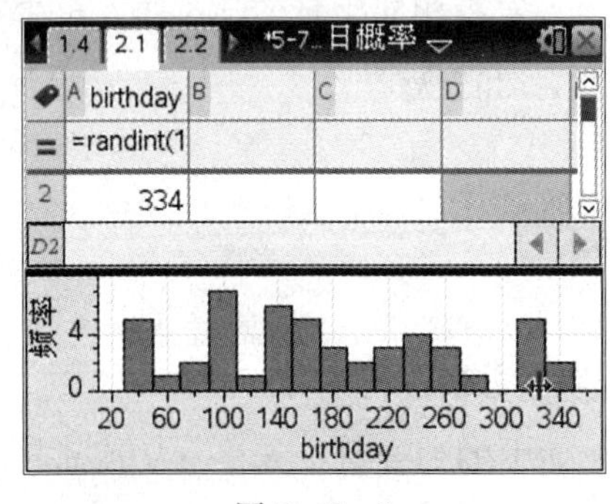

图 5—7—3

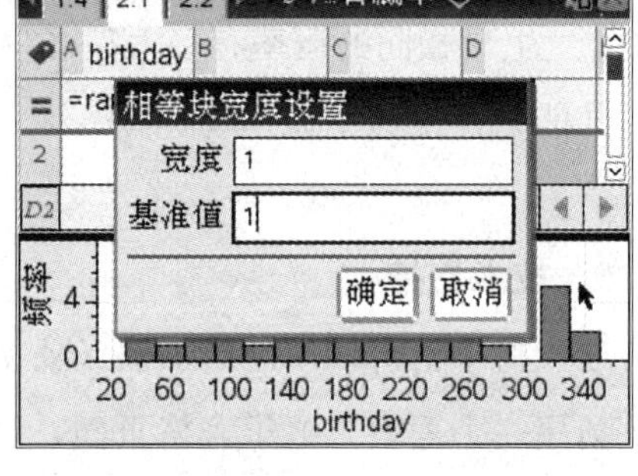

图 5—7—4

如果有相同的数出现，则表明本次试验有相同生日的学生，如图 5—7—5 所示的就是有相同生日的情形. 按键 ctrl tab，激活布局的上半部分，按键

ctrl R，刷新页面，可以发现用随机整数命令生成的数组 birthday 发生改变，布局的下半部分的柱状图也发生改变. 如图 5—7—6 所示的就是没有相同生日的情形，因为这时每一个数据的频数都是 1.

图 5—7—5

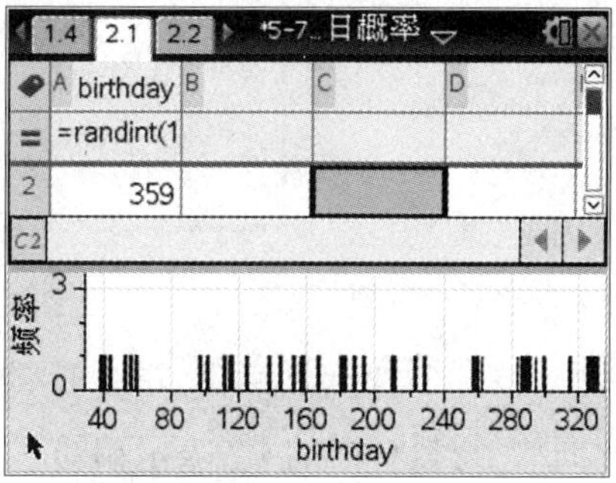

图 5—7—6

每刷新一次页面可以视作一次试验.

这种试验做 100 次，1000 次，乃至 10000 次，计算有生日相同的学生的频数，我们就可以得到有相同生日的试验频率，并用频率来估计所求的概率. 当试验的次数足够多时，我们将发现有相同生日的学生的概率估计值为 97%.

【注】均匀随机整数的命令格式如下：randint(a，b [，n])，其中 a，b 为上下边界，[] 表示可选项，n 为正整数，表示生成随机整数的个数，没有参数 n 时生成 1 个随机整数. 例如，randint(1，365，50)，生成 50 个从 1 到 365 的随机整数.

4. **问题解决**

要是你学过了古典概率模型，又知道计数原理，求出这个概率并不难，根据古典概型，50 名学生中至少有 2 名学生的生日相同的概率 $P=1-\dfrac{A_{365}^{50}}{365^{50}}$. 可惜计算量有点大，现在利用 TI 图形计算器的计算功能可以迅速求出，这个概率 $P\approx 0.970374$，如图 5—7—7 所示，与我们试验的结果基本一致.

【注】排列数命令格式如下：nPr(n，m)，其中 n，$m\in\mathbf{N}$，且 $n\geqslant m$，与

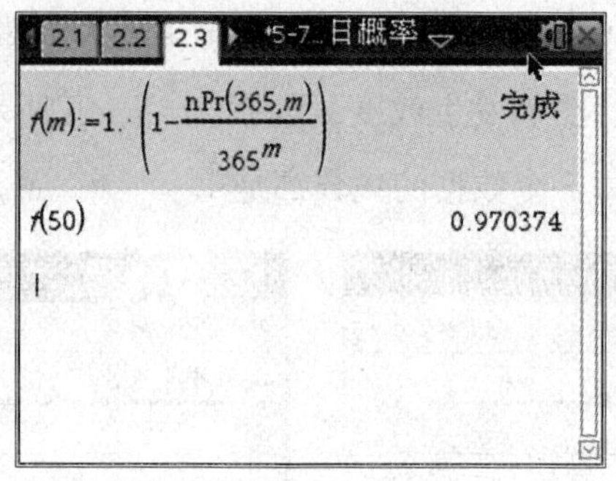

图 5—7—7

教材中的 A_n^m 表示相同；组合数命令格式如下：cPr(n，m)，其中 n，$m\in\mathbf{N}$，且 $n\geqslant m$，与教材中的 C_n^m 表示相同.

5. **拓展阅读**

蒙特卡罗方法也称为随机抽样方法，或统计实验法，是指使用随机数（或更常见的伪随机数）模拟随机实验，并用试验成功的频率估计概率，进而解决相关问题的方法. 蒙特卡罗方法是二十世纪四十年代中期由于科学技术的发展和电子计算机的发明，而被提出的一种以概率统计理论为指导的一类数值计算方法，随着计算机的不断进步和信息技术的日益普及，蒙特卡罗方法在数学、机械、金融、医学等领域的应用越来越广泛，它已经成为解决数学和物理的特定问题的重要方法.

例如，在人教 A 版数学必修 3 教材中，有一个用随机整数估计概率的问题.

天气预报说，在今后的三天中，每一天下雨的概率均为 40%. 这三天中恰有两天下雨的概率大概是多少？

首先用均匀随机数模拟一天中下雨的概率为 40%，解决方案有两个，方案一：产生一个区间 [0，9] 上的均匀随机整数，可以选用 0，1，2，3 表示下雨，选用 4，5，6，7，8，9 表示不下雨，这样可以用来模拟概率为 40%的下雨现象；方案二：产生一个区间 [0，1] 上的均匀随机数，如果这个数属于 [0，0.4) 则表示下雨，如果属于 [0.4，1] 则表示不下雨. 因区间 [0，

0.4）的长度是区间［0，1］长度的 40%，因此可以用来模拟概率为 40%的下雨现象.

现在采用方案一，新建一个列表与电子表格页面，用均匀随机整数命令 randint(0，9，500)，分别在表格的 A、B、C 列生成 500 个从 0 到 9 的随机整数，并将 A、B、C 列的数组分别用 day1、day2、day3 表示. 接着，以每一行的三个随机数作为一组，模拟三天的天气情况，这样 A、B、C 列中的 500 行数据，就代表 500 次模拟试验的结果，如图 5—7—8 所示.

在 D 列的 D1 单元格中输入"＝countif(a1：c1,? ≤3)"命令，可以统计 A1、B1、C1 三个单元格中小于或等于 3 的数据个数，得到第一组的三天时间里下雨的天数，因为第一组的三天数据分别为 9，3，7，所以统计结果为 1，表示下雨的天数为 1，如图 5—7—9 所示.

2.2 2.3 3.1 *5-7...日概率

	A day1	B day2	C day3	D
=	=randint(0	=randint(0	=randint(0	
1	9	3	7	
2	1	5	9	
3	9	2	4	
4	8	7	2	
5	8	9	4	

C day3:=randint(0,9,500)

图 5—7—8

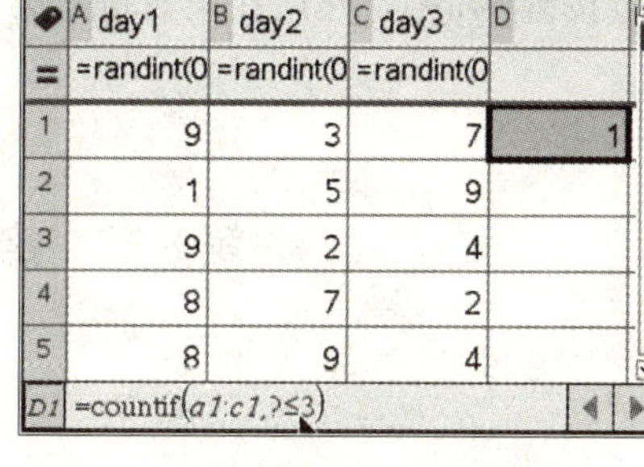

图 5—7—9

按键**菜单** 3 （数据） 3 （填充），用向下填充的方法，在 D2 到 D500 单元格中统计出每一组的三天时间里下雨的天数，如图 5—7—10 所示. 在 E1 单元格中输入"＝countif(d1：d500,? ＝2)"，统计 500 次试验中恰有两天下雨的次数，最后用所得次数与 500 的比值计数频率，就可用频率来估计所求的概率了，如图 5—7—11 所示.

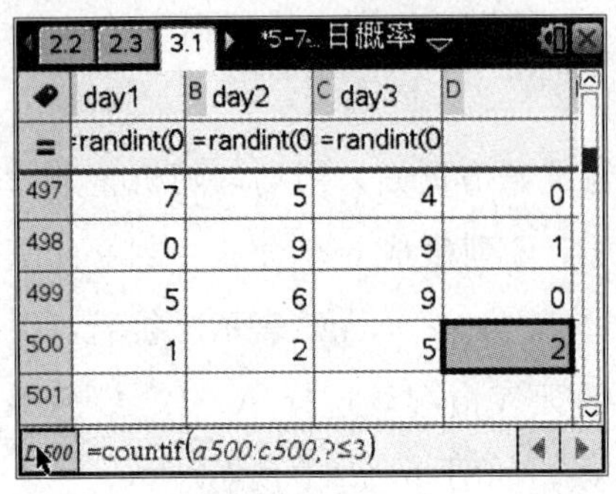

图 5—7—10

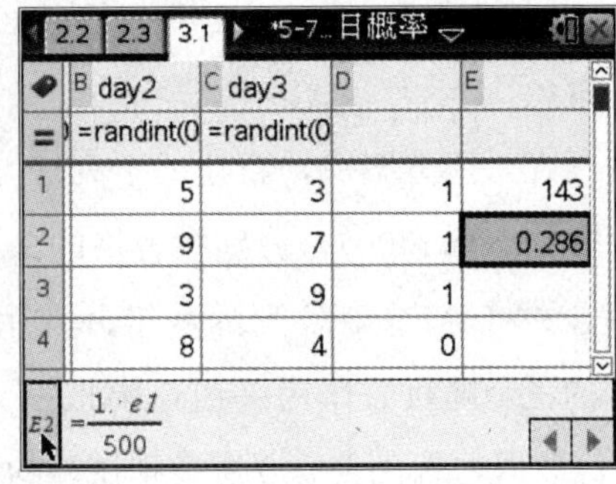

图 5—7—11

【注】条件计数统计命令格式：countif(数组，条件)，其中数组可以使用数组变量名（例如 day1)，也可以使用两个单元格围成的数表（例如 a2：c11)；条件可以是值、表达式、字符串或含有虚拟变量“?”的布尔表达式(例如 ? ＜10)，需注意，命令中用到的问号“?”不能通过按键[?!▸]得到，必须通过按键[📖][4]，然后在第 5 行、第 6 列中找到.

第 8 节　定积分的应用

1. 问题呈现

某同学由于求不出定积分 $\int_1^e x\ln x\mathrm{d}x$ 的准确值，所以决定用“随机模拟方法”和“定积分几何意义”来求近似值. 你能求出准确值吗? 你能为他设计一个用数学随机模拟试验求出近似值的方法吗?

2. 技术支持

用 TI 图形计算器求出 $\int_1^e x\ln x\mathrm{d}x$ 的准确值并不难.

新建一个计算器页面，用计算模板输入式子 $\int_1^e x\ln x\mathrm{d}x$，即可求得准确值为$\frac{e^2+1}{4}$，近似值为2.09726，如图5—8—1所示.

用“随机模拟方法”和“定积分几何意义”来求近似值，其实也是一种重要的方法.

注意到函数$f(x)=x\ln x$在区间$[1, e]$上单调递增，且值域是$[0, e]$，所以可以构造集合$S=\{(x, y)|x\in[1, e], y\in[0, e]\}$，在集合$S$中任取一个点$(x_0, y_0)$，该点落在如图5—8—2所示的阴影部分的概率$P=\frac{S_{阴影}}{S_{总}}=\frac{S_{阴影}}{(e-1)e}$，因此$S_{阴影}=P\cdot(e-1)e$. 为了求$S_{阴影}$，只要求出$P$即可，而$P$的值可以用随机模拟实验中点落在阴影部分的频率来估计.

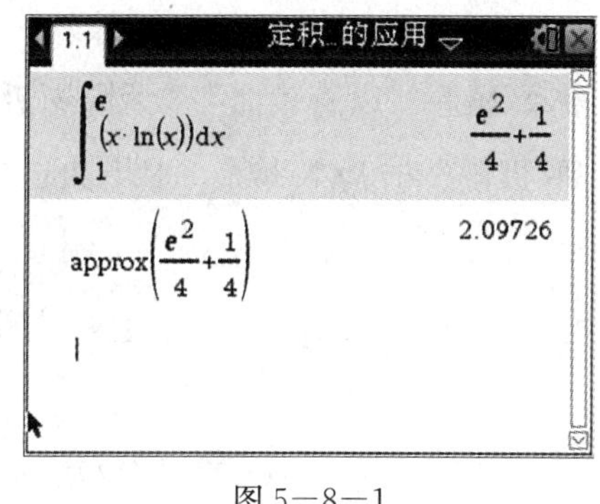

图5—8—1

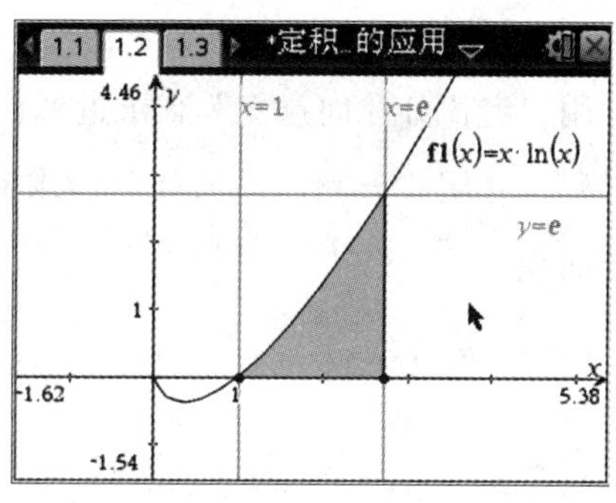

图5—8—2

现在用TI图形计算器编写一个程序实现“随机模拟”实验，程序如图5—8—3所示. 其中x_1：=1+(e−1)∗rand ()与y_1：=e∗rand ()是调用均匀随机数命令，生成$x_1\in[1, e-1]$，$y_1\in[0, e]$，当$y_1\leqslant f(x_1)$时，本次实验生成的点(x_1, y_1)就落在图中阴影部分.

运行相应程序，输入试验次数10000，可得概率近似值为0.4462，定积分的近似值为2.0841，与准确值的差异不大，如图5—8—4所示.

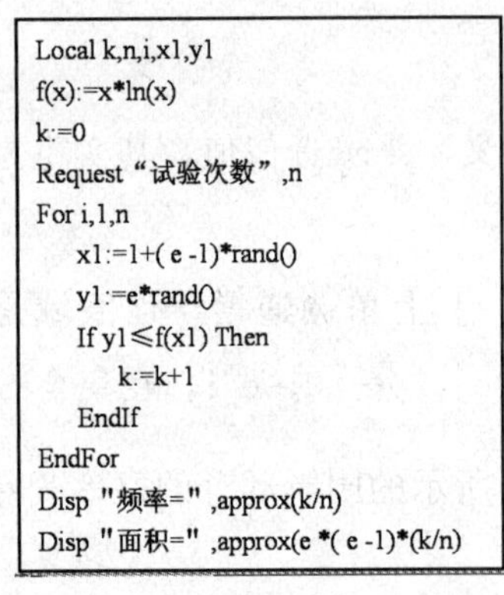

```
Local k,n,i,x1,y1
f(x):=x*ln(x)
k:=0
Request "试验次数",n
For i,1,n
    x1:=1+(e-1)*rand()
    y1:=e*rand()
    If y1≤f(x1) Then
        k:=k+1
    EndIf
EndFor
Disp "频率=",approx(k/n)
Disp "面积=",approx(e*(e-1)*(k/n)
```

图 5—8—3

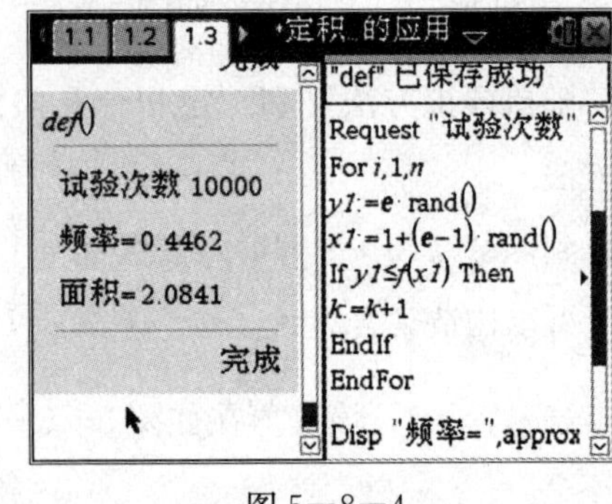

图 5—8—4

3. **问题解决**

用"定积分几何意义"来求近似值，需要还原"以直代曲""无限逼近"的过程，并用"分割、近似代替、求和、取极限"的基本步骤，求出曲边梯形的面积.

首先将区间［1，e］等分成 n 个小区间：$\left[1,\ 1+\frac{1(\mathrm{e}-1)}{n}\right]$，$\left[1+\frac{1(\mathrm{e}-1)}{n},\ 1+\frac{2(\mathrm{e}-1)}{n}\right]$，…，$\left[1+\frac{(n-1)(\mathrm{e}-1)}{n},\ \mathrm{e}\right]$. 接着，取 $f(x)$ 在每个区间$\left[1+\frac{(i-1)(\mathrm{e}-1)}{n},\ 1+\frac{i(\mathrm{e}-1)}{n}\right]$（$i=1，2，3，…，n$）的左、右端点处的函数值 $f\left[1+\frac{(i-1)(\mathrm{e}-1)}{n}\right]$与 $f\left[1+\frac{i(\mathrm{e}-1)}{n}\right]$作为 $f(x)$在区间上的近似值，计算曲边梯形的面积 S 的不足近似值 $a(n)=\sum_{i=1}^{n}\left\{\frac{\mathrm{e}-1}{n}\cdot f\left[1+\frac{(i-1)\ (\mathrm{e}-1)}{n}\right]\right\}$和过剩近似值 $b(n)=\sum_{i=1}^{n}\left\{\frac{\mathrm{e}-1}{n}\cdot f\left[1+\frac{i\ (\mathrm{e}-1)}{n}\right]\right\}$.

最后，分别取 $n=40，1000，…$，计算相应的 $a(n)$，$b(n)$的值，以及相应的精确度 $c(n)=b(n)-a(n)$，当 n 足够大时，得到的近似值与定积分基本一致，如图 5—8—5 所示.

若在表格中呈现相应 n 值下的结果，可以发现随着 n 值的增大，区间被分得越细，$a(n)$与$b(n)$作为S的近似值的误差就越小，如图 5－8－6 所示.

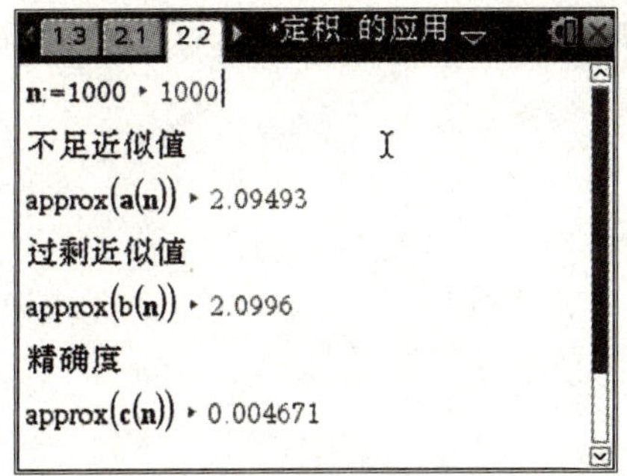

图 5－8－5

	A xn	B xan	C xbn	D xcn
=				
1	40	2.03903	2.1558	0.116769
2	100	2.07393	2.12064	0.046708
3	1000	2.09493	2.0996	0.004671
4	4000	2.09668	2.09785	0.001168
5	8000	2.09697	2.09756	0.000584

图 5－8－6

4. **拓展阅读**

根据微积分基本定理（牛顿－莱布尼兹公式），计算定积分$\int_1^e x\ln x\mathrm{d}x$的值，关键是求出被积函数$f(x)=x\ln x$的原函数，即找到满足$F'(x)=f(x)$的函数$F(x)$. 通常情况下，原函数可以运用基本初等函数的求导公式和导数的四则运算法则，从反方向求出，但对于那些由两个不同函数的积（或商）构成的被积函数，由于逆用导数的四则运算法则应用起来比较生疏，所以在实际解题中造成困难，下面针对这个问题的解决作拓展说明，并据此方法计算上述定积分的值.

已知函数$u(x)$，$v(x)$可导，根据导数的四则运算法则，可得

$[u(x)v(x)]'=u'(x)v(x)+u(x)v'(x)$，

从而

$u'(x)v(x)=[u(x)v(x)]'-u(x)v'(x)$，

在区间$[a，b]$上，对等式两边的函数分别求定积分，可得

$$\int_a^b u'(x)v(x)\mathrm{d}x=\int_a^b [u(x)v(x)]'\mathrm{d}x-\int_a^b u(x)v'(x)\mathrm{d}x,$$

即

$$\int_a^b u'(x)v(x)\mathrm{d}x=u(x)v(x)\Big|_a^b-\int_a^b u(x)v'(x)\mathrm{d}x.$$

现在开始解决上述定积分问题，取 $u(x)=\frac{1}{2}x^2$，$v(x)=\ln x$，则

$u'(x)=x$，$v'(x)=\frac{1}{x}$.

因此，

$$\begin{aligned}\int_1^{e} x\ln x\mathrm{d}x &=\frac{1}{2}x^2\ln x\Big|_1^{e}-\int_1^{e}\frac{1}{2}x^2\cdot\frac{1}{x}\mathrm{d}x\\ &=\frac{1}{2}x^2\ln x\Big|_1^{e}-\frac{1}{4}x^2\Big|_1^{e}\\ &=\frac{1}{4}e^2+\frac{1}{4}.\end{aligned}$$

从计算过程中还可发现，函数 $f(x)=x\ln x$ 的原函数是 $F(x)=\frac{1}{2}x^2\ln x-\frac{1}{4}x^2+c$，$c$ 为常数.

第 9 节　费马数总是质数吗

1. 背景阐述

质数是指在一个大于 1 的整数中，除了 1 和此整数自身外，没法被其他整数整除的数. 换句话说，只有两个正因数（1 和本身）的自然数即为质数. 几千年来，数学家们一直在寻找一个能给出质数的公式，至今未能如愿.

2. 问题呈现

1640 年，法国数学家费马思考一个问题：当 n 为自然数时，式子 $2^{2^n}+1$ 的值是否一定为质数？当 n 取 0，1，2，3，4 时，这个式子对应的值分别为 3，5，17，257，65537，费马发现这五个数都是质数. 由此，费马用归纳推

理提出猜想：形如 $2^{2^n}+1$ 的数一定为质数．在给朋友梅森的一封信中，费马写道："我已经发现形如 $2^{2^n}+1$ 的数永远为质数，很久以前我就向分析学家们指出了这个结论是正确的．"费马同时承认他自己未能找到一个完全的证明．

后人称 $F_n=2^{2^n}+1$，$n=0$，1，2，…为费马数，费马数总是质数吗?

3．**技术支持**

新建一个计算器页面，将第 6 个费马数 F_5 进行质因数分解，按键[菜单][3](代数)[2](因子分解)，然后输入"$2^{2^5}+1$"，可得 641 • 6700417，这表示 $F_5=2^{2^5}+1=641\times6700417$ 不是质数，如图 5—9—1 所示．

若先构造函数 $f(n)=2^{2^n}+1$，则可以简化输入过程，得 $F_6=274177\times67280421310721$，$F_7=59649589127497217\times5704689200685129054721$ 不是质数（分解 F_7 时间较长，需耐心等待），如图 5—9—2 所示．

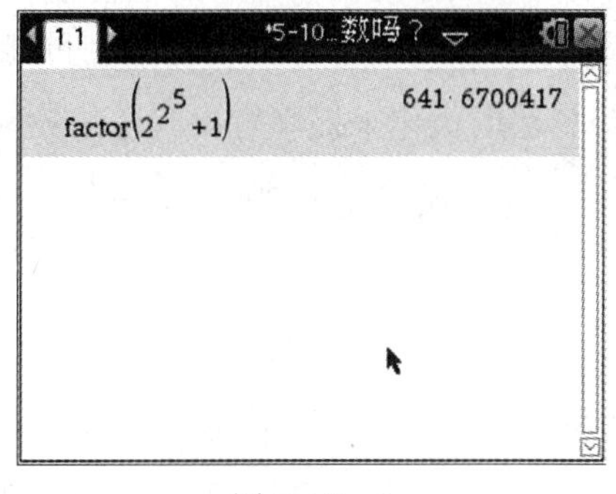

图 5—9—1

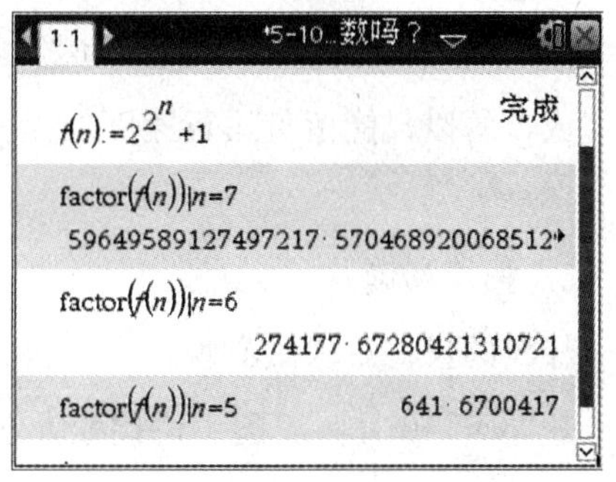

图 5—9—2

可见费马数不全是质数，费马的这个猜想是错误的．在对费马数的研究上，费马这位伟大的数论天才过分看重自己的直觉，轻率地作出了错误猜测．更为不幸的是，研究的进展表明费马不但是错的，而且非常可能是大错特错了．

4．**问题解决**

若能举出一个反例说明某个费马数不是质数，就可以推翻费马的猜想，因此技术上对 F_5 进行质因数分解的过程已经完成了这个猜想的证明．

现在还能用算法程序解决这个问题，输入以下程序，如图 5—9—3 所示.

运行该程序，可得 $F_5=641\times6700417$ 不是质数，这说明 F_5 不是质数，如图 5—9—4 所示.

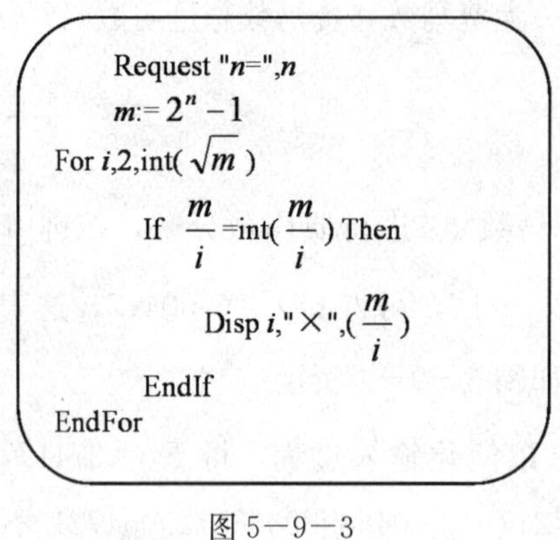

图 5—9—3

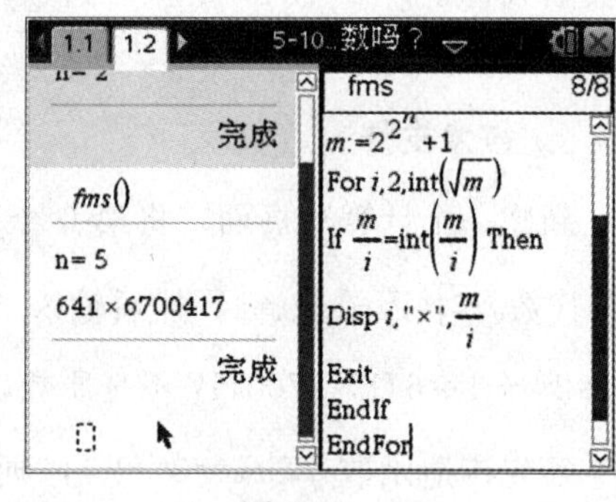

图 5—9—4

进一步检验，可以发现 F_6，F_7 也不是质数，用算法程序理论上可以解决后续费马数是否为质数的判断，但实际运行中受运行速度的条件限制可能无法完成，所以只能留待运行速度的提高与算法的优化来提高解决问题的效率.

5. **拓展阅读**

经典的反例令人赏心悦目.

1903 年 10 月，美国哥伦比亚大学的科尔教授作了一场特殊的报告，他走上了讲台，没有说一句话，只是用粉笔在黑板上满满地写下两个数式的运算过程，一个数式是 $2^{67}-1=$ 147 573 952 589 676 412 927，另一个是 $193707721\times761838257287=$ 147 573 952 589 676 412 927，两个数式的运算结果完全相同，这时，全场爆发出经久不息的掌声.

这个无声胜有声的报告之所以精彩，是因为科尔教授用反例证明了 $2^{67}-1$ 不是质数，而是合数. 早在 1644 年，法国数学家马林·梅森断言，不大于 257 的各素数中，只有 $p=2$，3，5，7，13，17，19，31，67，127，257，能使 2^p-1 是素数，尽管梅森本人实际只验算了前面的 7 个，但长期以来，人们一直认为梅森的断言是正确的. 我们知道，要证明一个命题为真命题很困难，要判定这个命题是假命题，只要举出一个反例，它符合命题的题设，但不满足结论就可以了．然而，举一个恰当的反例也不是一件容易的事情，有时比证明一个命题是真命题更难．多年以后，有人问科尔，为了找到 $2^{67}-1$ 的两个因数，花了多少时间，科尔答道：“三年里所有的星期天”．

现在，我们可以用 TI 图形计算器的数值运算功能轻松地验证梅森的断言，如图 5－9－5 所示．当 $p=2$，3，5，7，13，17，19，31，127 时，2^p-1确实是素数，但当 $p=67$ 时，2^p-1 是合数；当 $p=257$ 时，2^p-1 数值太大，无法计算．

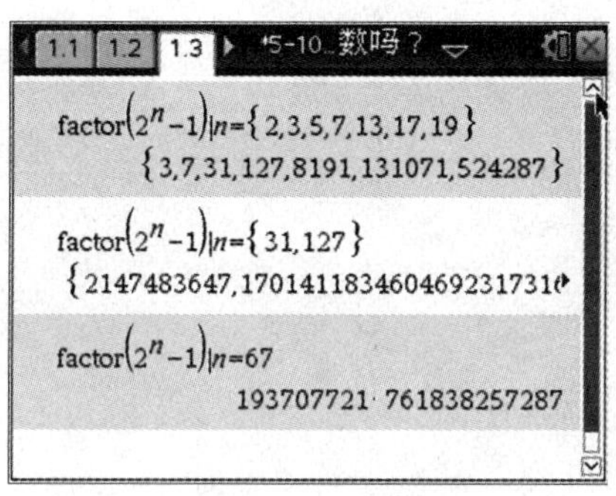

图 5—9—5

如果你愿意，还可以设计一个程序来验证梅森的断言，如图 5－9－6 所示，运行这个程序，输入 $n=67$，也能找到了 $2^{67}-1$ 的两个因数（注：该程序运行时间较长）．

```
    Request "n=",n
    m:= 2^n - 1
For i,2,int(√m)
      If m/i =int(m/i) Then
          Disp i,"×",(m/i)
      EndIf
EndFor
```

图 5—9—6

科尔教授演示的这简单算式中所蕴含的勇气、毅力和努力，比洋洋洒洒的万言报告更具魅力，他的无声报告也因此被人们所津津乐道．今天，我们已经能真正体验工具的改进带来的不可思议的变化了．

第六章

“掌”握数学

本章内容主要来自学生的学习实践，展示 TI 手持技术在数学实验、校本课程、研究性学习等数学第二课堂开展的丰富多彩的学习活动. 这是指尖数学主张下丰富的学习与研究成果的呈现，体现了教学主张与教育主体的衔接以及教学主张可持续发展的生命力.

第 1 节　最浪漫的曲线

17 世纪法国著名数学家笛卡尔发明了坐标系，从而创立了解析几何这门学科，为几何和代数之间架起了桥梁. 后人为了纪念他，赋予他与公主浪漫的爱情故事，虽然这个故事可信度不大，但故事中在极坐标系下绘制的“心脏线”却成了最浪漫的曲线.

新建一个图形页面，将页面改为极坐标系，并插入游标，标记为变量 a，然后绘制极坐标方程为 $r=a(1-\cos\theta)$ 的曲线，即可得到“心脏线”，变量 a

可以控制曲线的大小，如图 6—1—1 所示.

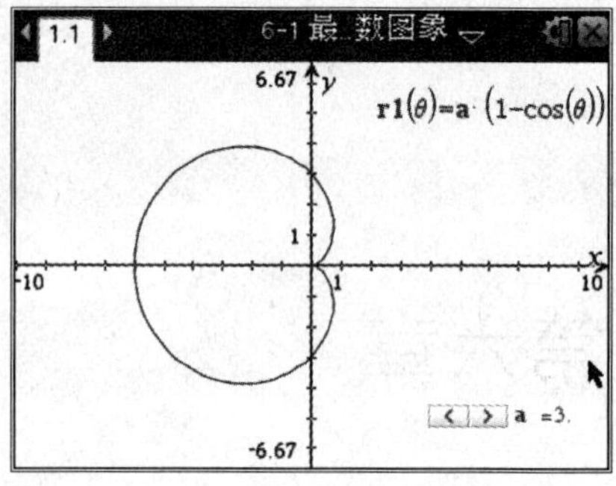

图 6—1—1

其实，浪漫的曲线不止一种.

在极坐标系下，可以用不同的极坐标方程绘制美丽的心形曲线，这些曲线如此之美，不禁令人赞叹现代技术的力量.

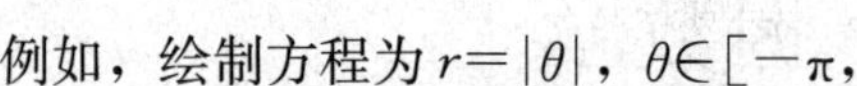

例如，绘制方程为 $r=|\theta|$，$\theta\in[-\pi, \pi]$ 的曲线，就是最简单的浪漫心形曲线图，如图 6—1—2 所示；绘制方程为 $r=(1-|\theta|)(1+3|\theta|)$，$\theta\in[-1, 1]$ 的曲线，如图 6—1—3 所示.

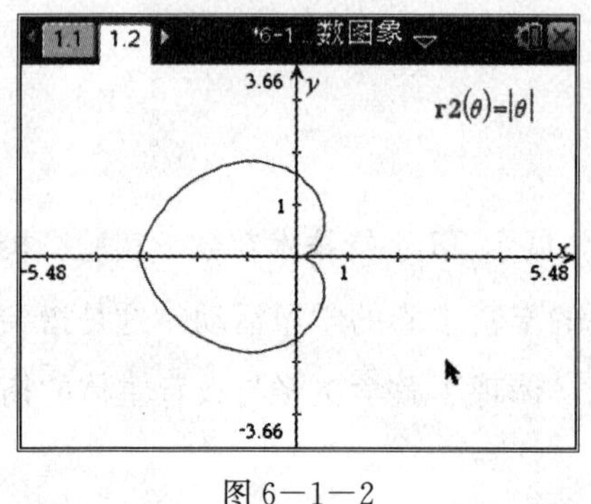

图 6—1—2

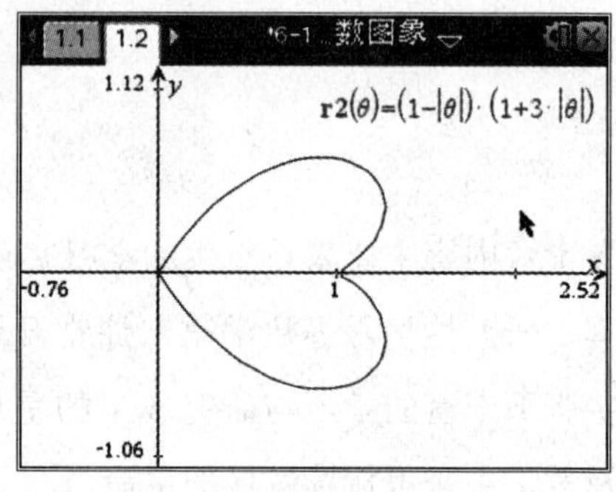

图 6—1—3

在直角坐标系下，我们可以用 zeros() 命令绘制方程的曲线，这些曲线同样令人惊叹.

例如，要绘制方程为 $(x^2+y^2-1)^3-x^2y^3=0$ 的曲线，只要在函数提示符“$f_1(x)=$”之后，输入“zeros$((x^2+y^2-1)^3-x^2y^3, y)$”，即可得到相应曲线，如图 6—1—4 所示.

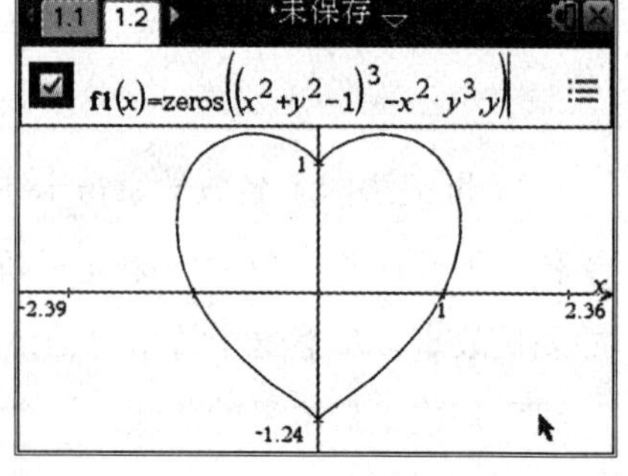

图 6—1—4

有趣的是形如 $x^2+2(y-m|x|^n)^2=1$ 的方程，对 m 和 n 赋值，将得到一系列心形曲线，如图 6—1—5 所示的是 m

$=\frac{1}{2}$，$n=\frac{1}{2}$的情形；如图 6—1—6 所示的是$m=1$，$n=\frac{1}{2}$的情形.

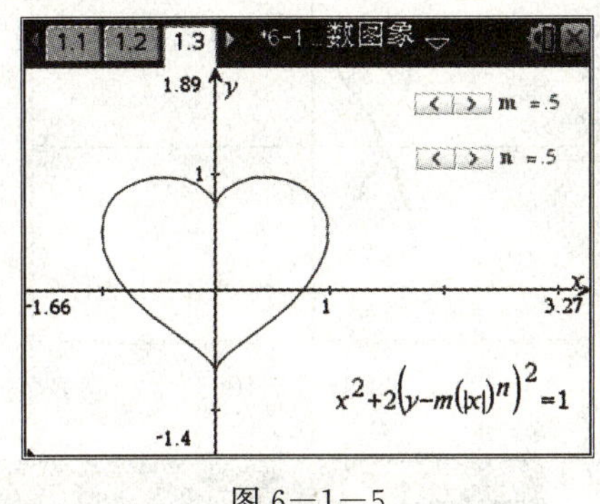

图 6—1—5

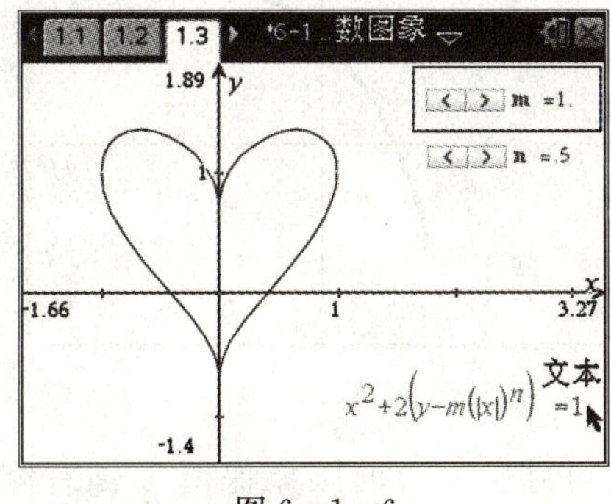

图 6—1—6

如图 6—1—7 所示的是$m=\frac{3}{2}$，$n=\frac{1}{2}$的情形；如图 6—1—8 所示的是$m=\frac{1}{2}$，$n=1$的情形.

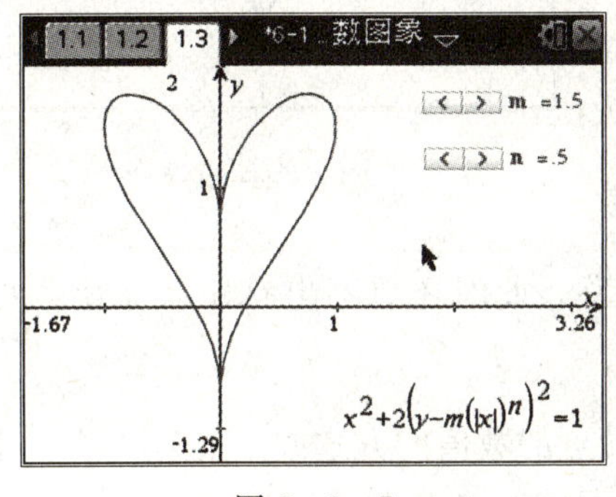

图 6—1—7

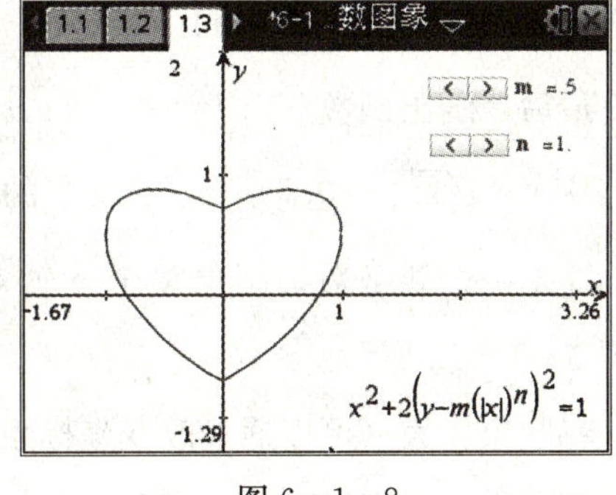

图 6—1—8

更妙的是从一个函数图象开始，用图象变换的方法也能得到浪漫的曲线.

比如$f(x)=x+\sqrt{1-x^2}$，作出它的图象，如图 6—1—9 所示，看不出有什么奇妙.

现在将$f(x)$的图象关于x轴实施对称变换，得到$g(x)$的图象，连同$f(x)$的图象在同一坐标系中画出，如图 6—1—10 所示.

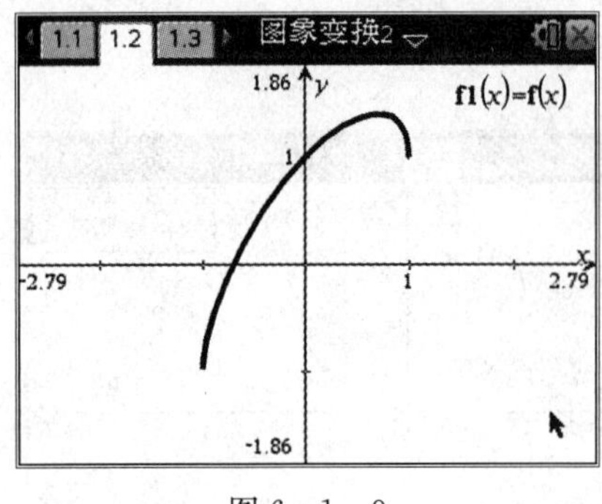

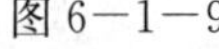
图 6—1—9

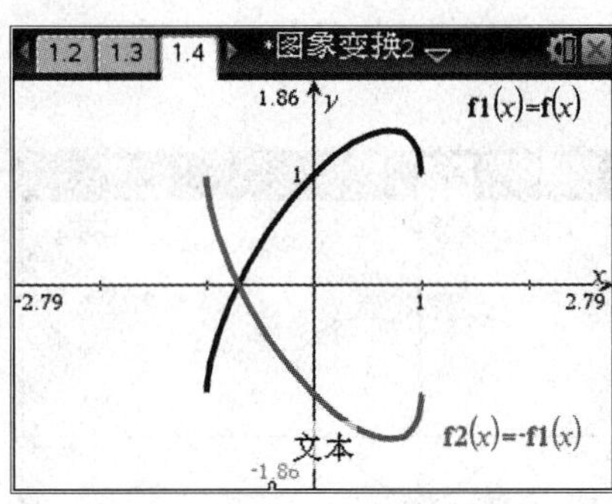

图 6—1—10

再把 $f(x)$ 的图象保留 y 轴右侧部分，去掉左侧部分，并作关于 y 轴对称（即翻折变换），把 $g(x)$ 的图象保留 y 左侧部分，去掉右侧部分，并作关于 y 轴对称，同样实施翻折变换，将得到浪漫的心形曲线，如图 6—1—11 所示.

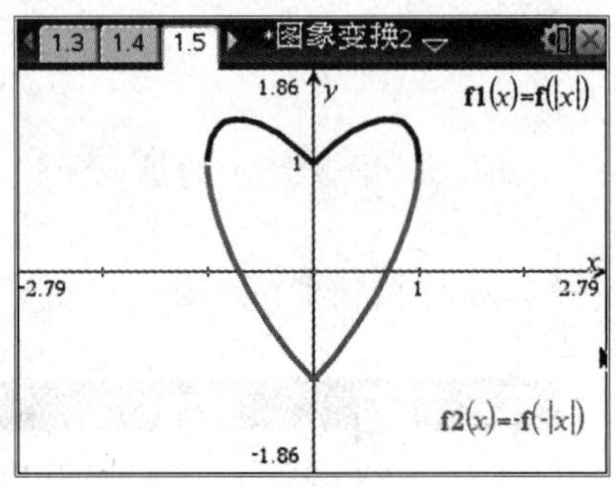

图 6—1—11

最后，画出函数 $f(x)=\left(\sqrt{\cos x}\cdot\cos 200x+\sqrt{|x|}-0.7\right)\left(4-x^2\right)^{0.01}$ 的图象，这是一个偶函数，图象关于 y 轴对称，此时还看不出有什么奇妙之处，如图 6—1—12 所示.

将图象放大（可以通过改变坐标系端点的数值的方式或用菜单设置），就豁然开朗了，如图 6—1—13 所示.

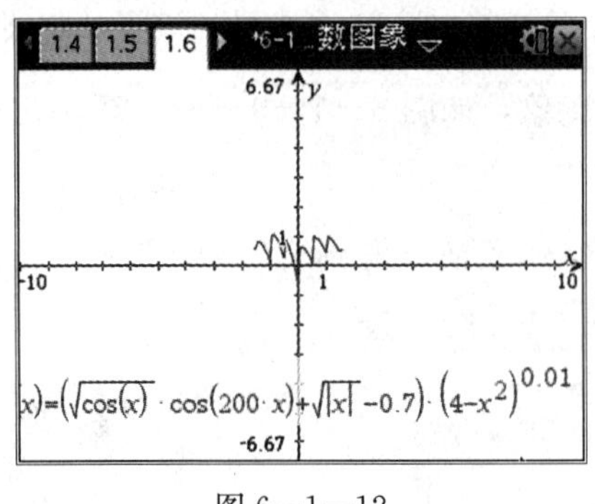

图 6—1—12

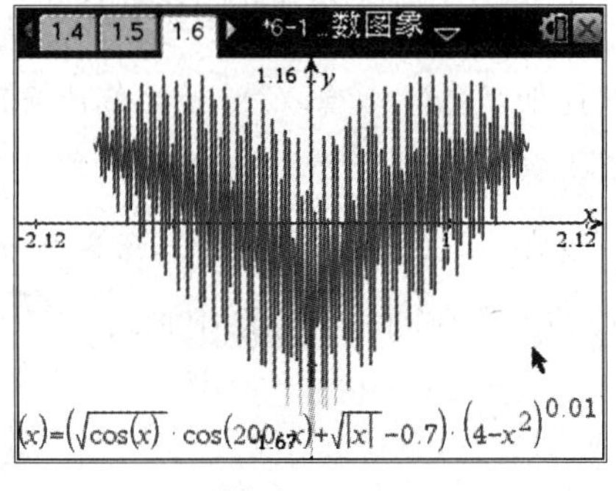

图 6—1—13

第 2 节　流行的“囧函数”

2011 年上海市高三六校联考中，出现了绝对值型的“囧函数”试题，从而引发了对“囧函数”图象的关注，试题如下：

形如 $y=\dfrac{b}{|x|-a}(a>0,\ b>0)$ 的函数因其图象类似于汉字“囧”的形状，故生动地称之为“囧函数”，并把其图象与 y 轴的交点关于原点的对称点称为“囧点”，凡是以“囧点”为圆心且与“囧函数”图象有公共点的圆，皆称之为“囧圆”. 则当 $a=1$，$b=1$ 时，所有的“囧圆”中，面积的最小值为____________.

用 TI 图形计算器作出“囧函数”图象和“囧圆”，发现当“囧圆”与“囧函数”图象相切时，面积最小，如图 6－2－1 所示.

根据“囧函数”图象与 y 轴交于点 $(0,\ -1)$，可得“囧圆”的圆心为 $C(0,\ 1)$，在“囧函数”图象上任取一点 $P(x,\ y)$，则 $|CP|=\sqrt{x^2+(y-1)^2}=\sqrt{x^2+\left(\dfrac{1}{|x|-1}-1\right)^2}$ 的最小值即最小“囧圆”的半径 r.

在 TI 图形计算器的计算器页面，定义函数 $f(x)=x^2+(y-1)^2\,|\,y=\dfrac{1}{x-1}$，再用函数最小值点命令 fMin () 求得函数 $f(x)$ 取得最小值时 x 的值，取 $x=\dfrac{\sqrt{5}+1}{2}$，代入函数 $f(x)$ 即可求得 $r^2=3$，因此所有的“囧圆”中，面积的最小值为 3π，如图 6－2－2 所示.

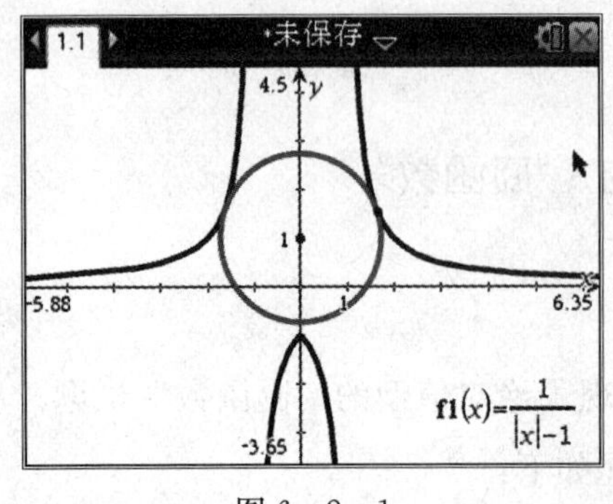

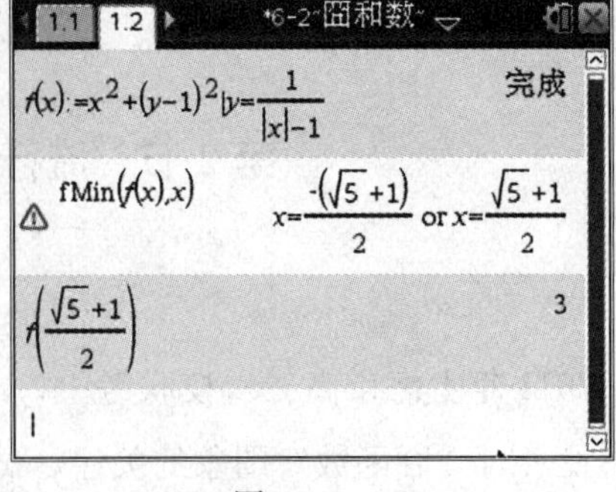

图 6—2—1　　　　　　　　图 6—2—2

【注】 函数最小值点命令格式：fMin（表达式，变量）；

fMin（表达式，变量，下界）；

fMin（表达式，变量，下界，上界）；

fMin（表达式，变量）|下界≤变量≤上界.

其实常见的“囧函数”类型还有很多，下面例举几个.

1. 偶次方型的“囧函数”

形如 $y=\frac{b}{x^m-a}+c$（$a>0$，$b>0$，$c\in\mathbf{R}$，m 为偶数）的函数.

例如，用 TI 图形计算器画出函数 $y=\frac{1}{x^4-1}$的图象，如图 6—2—3 所示.

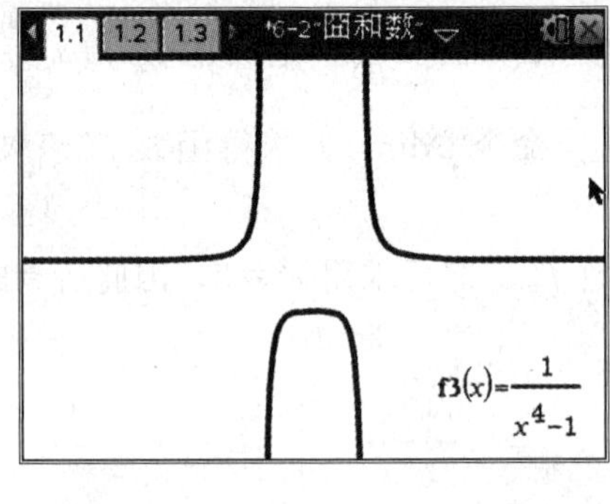

图 6—2—3

2. **图象变换的“囧函数”**

形如 $y=\frac{b}{x^m-a}+c$（$a>0$，b，$c\in\mathbf{R}$，m 为奇数）的函数图象，基本具备了“囧函数”要素，但需要实施图象变换.

例如，用 TI 图形计算器画出函数 $f(x)=\frac{1}{1-x^3}$ 的图象，如图 6—2—4 所示，实施关于 y 轴的翻折变换，可以得到函数 $f(|x|)$ 的图象，如图 6—2—5 所示.

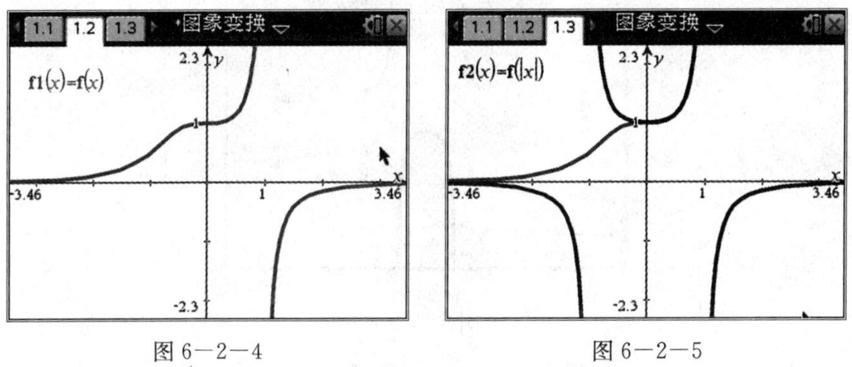

图 6—2—4　　　　图 6—2—5

现在只要将所得图象继续实施关于 x 轴的对称变换，得到函数 $y=-f(|x|)$ 的图象即可，如图 6—2—6 所示.

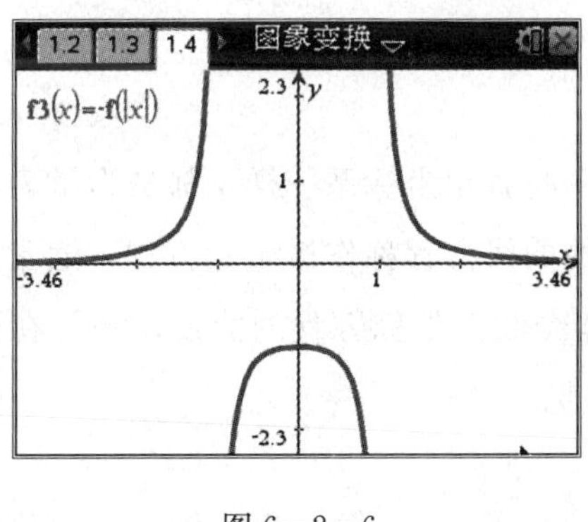

图 6—2—6

3. **余弦型的“囧函数”**

形如 $y=a-\dfrac{b}{\cos x}$（$a>0$，$b>0$，$-\pi<x<\pi$）的函数，称为余弦型的“囧函数”.

例如，用 TI 图形计算器画出函数 $y=1-\dfrac{1}{\cos x}$，$x\in(-\pi,\ \pi)$ 的图象，如图 6－2－7 所示.

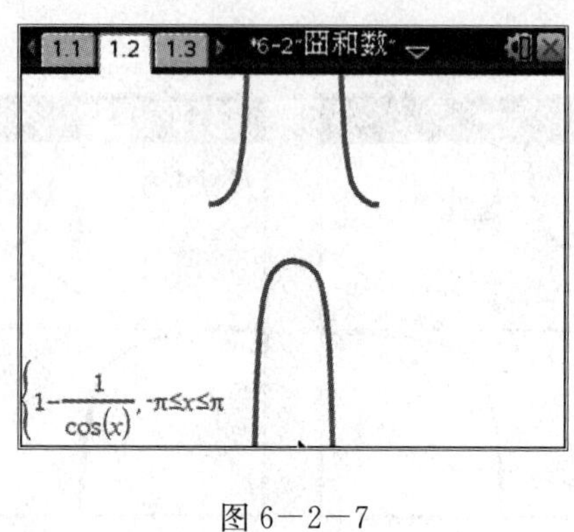

图 6－2－7

第 3 节　极坐标方程绘图

平面内，极坐标系与直角坐标系一样，都是为了表示点的位置而引入的参照系. 极坐标系下的曲线方程称作极坐标方程，通常用 r 关于 θ 的函数表示. 用 TI 图形计算器绘制极坐标方程的曲线，需要在图形页面，将图形输入/编辑方式改为极坐标.

1. **极坐标方程的曲线**

新建一个图形页面，在极坐标方程模式下，直接输入以下曲线的极坐标方程（若没作特别说明，自变量 θ 的取值范围与变化步长采用默认值），即可得到美丽的曲线.

如图 6—3—1 所示的是方程为 $r=a(1-\cos\theta)$ 的心形线，取 $a=4$；如图 6—3—2 所示的是方程为 $r=\mathrm{e}^{\sin\theta}-2\cos 4\theta+\left(\sin\dfrac{2\theta-\pi}{24}\right)^5$ 的蝴蝶曲线.

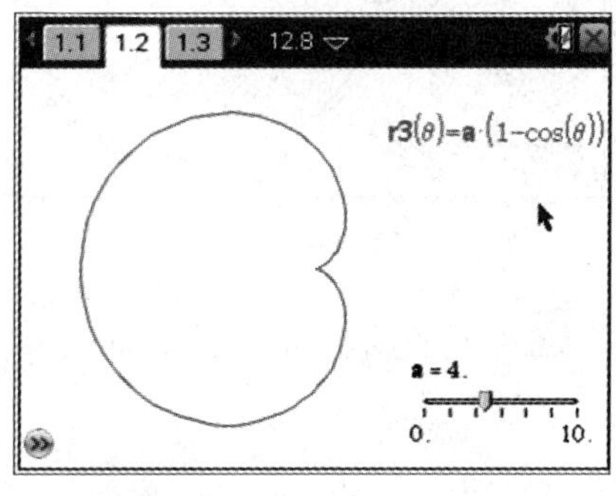

图6—3—1

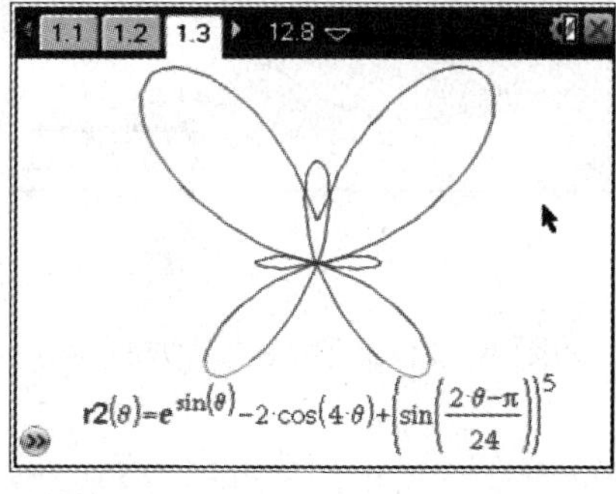

图 6—3—2

如图 6—3—3 所示的是方程为 $r=2a\sin 2\theta\cos\theta$（$a=5$）的双叶曲线；如图 6—3—4 所示的是方程为 $r=\dfrac{k^2}{a}\cos\theta-\dfrac{a^2}{\cos\theta}$（$k=6$，$a=3$）的 de Sluze 螺旋线.

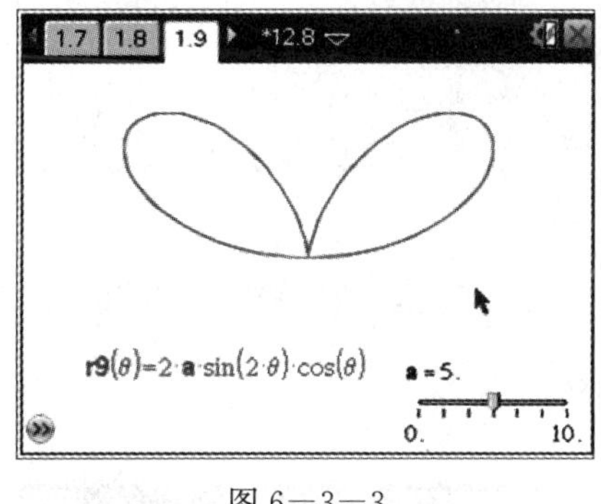

图 6—3—3

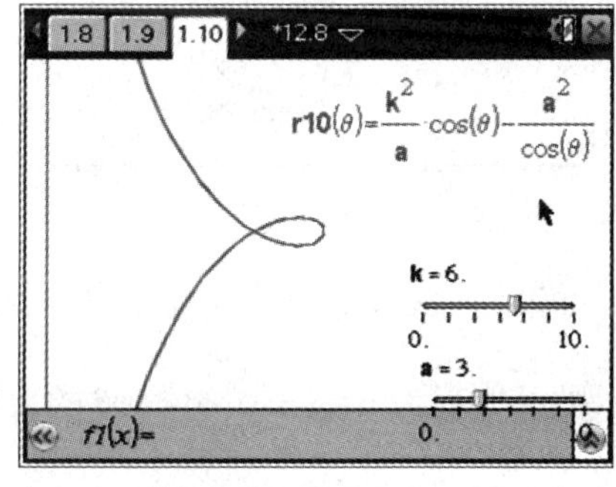

图 6—3—4

如图 6—3—5 所示的是方程为 $r=\mathrm{e}^{a\theta}\left(a=\dfrac{1}{5},\ \theta\in[0,\ 4\pi)\right)$的对数螺线；如图 6—3—6 所示的是方程为 $r=\dfrac{3a\sin\theta\cos\theta}{\sin^3\theta+\cos^3\theta}$的笛卡尔叶形线.

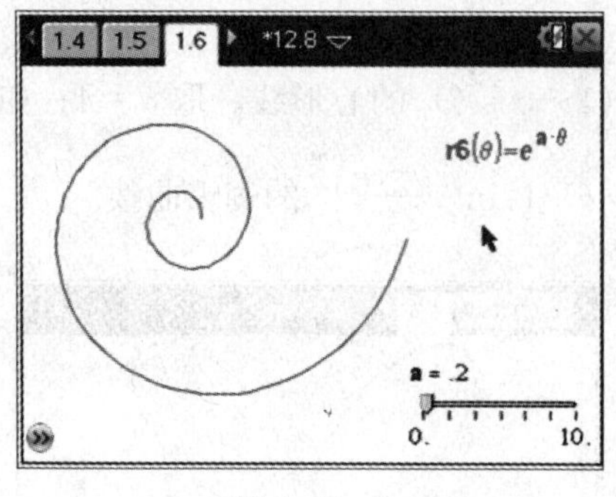

图 6—3—5

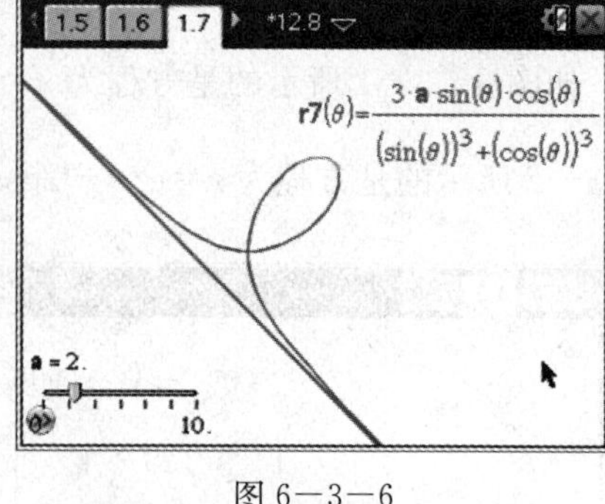

图 6—3—6

如图 6—3—7 所示的是方程为 $r=\sin\theta+\sin^3\dfrac{5\theta}{2}(\theta\in[0,\ 4\pi])$ 的莲花线；如图 6—3—8 所示的是方程为 $r=2+\dfrac{1}{\cos\theta}$的蚌线.

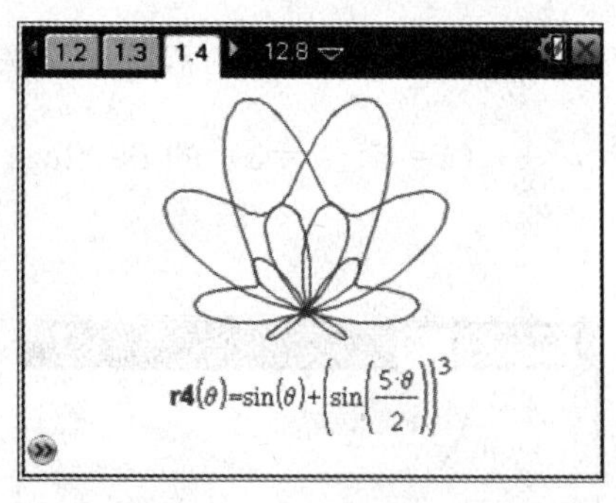

图 6—3—7

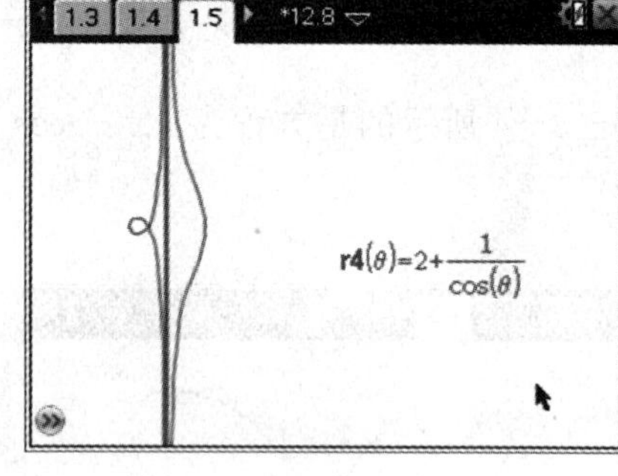

图 6—3—8

如图 6—3—9 所示的是方程为 $r=6+2\sin 30\theta$ 的向日葵线；如图6—3—10 所示的是方程为 $r=1+\dfrac{3}{2}\cos 50\theta$ 的太阳线.

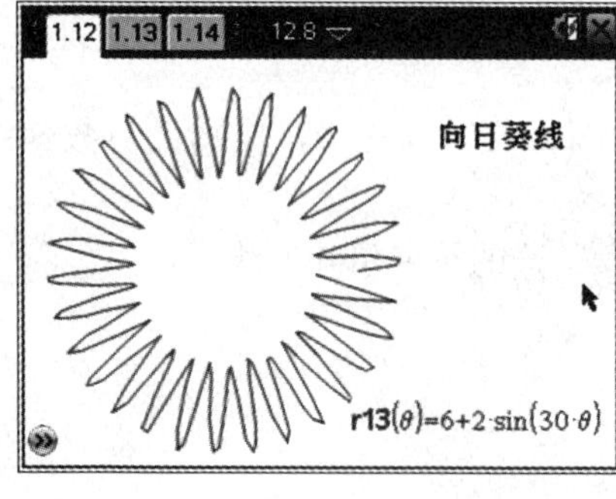

图 6—3—9

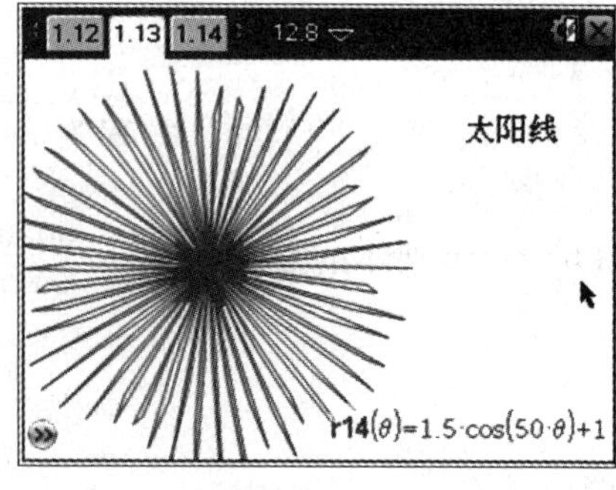

图 6—3—10

借用零点的命令，可以画出方程型的极坐标曲线．如图 6—3—11 所示的是极坐标方程为 $r^2=a^2\cdot\theta$ 的费马螺旋线；如图 6—3—12 所示的极坐标方程为 $r^2=\frac{a}{\theta}$ 的连锁螺线．

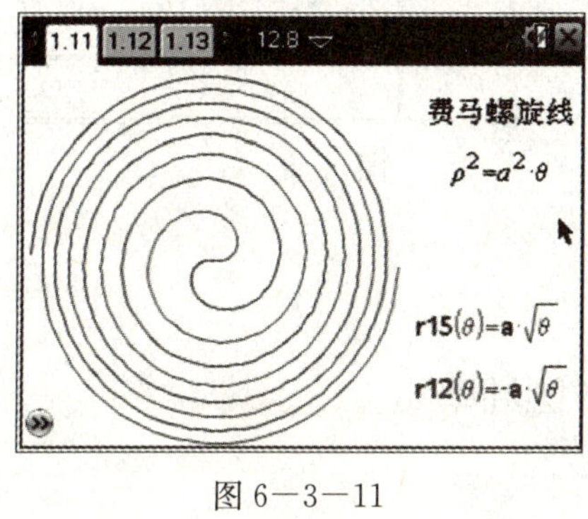

图 6—3—11

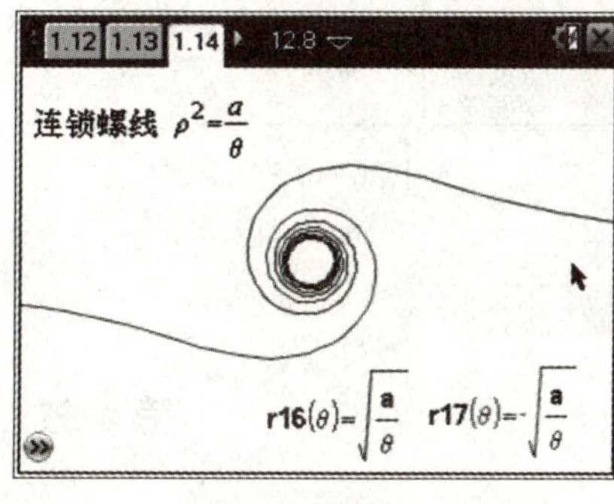

图 6—3—12

2．**直角坐标方程的曲线**

在极坐标系下，绘制直角坐标方程的曲线，需要进行坐标转化，转化公式如下：

$$\begin{cases}x=r\cos\theta,\\ y=r\sin\theta.\end{cases}$$

例如，直角坐标系下，方程为 $(x^2+y^2)^2=2a^2xy$ 的曲线称为伯努利双纽线，化为极坐标方程得到 $r^2=a^2\sin 2\theta$，将图形页面改为极坐标方程模式，在极坐标方程提示符“$r_1(\theta)=$”后输入 zeros$(r^2-a^2\sin 2\theta,\ r)$（自变量 θ 的取值范围与变化步长采用默认值），借用零点的命令，可以画出方程型的极坐标曲线，如图 6—3—13 所示．用同样的方法，化伯努利双纽线的直角坐标方程 $(x^2+y^2)^2=a^2(x^2-y^2)$ 为极坐标方程 $r^2=a^2\cos 2\theta$，在同一极坐标系下作出曲线，如图 6—3—14 所示．

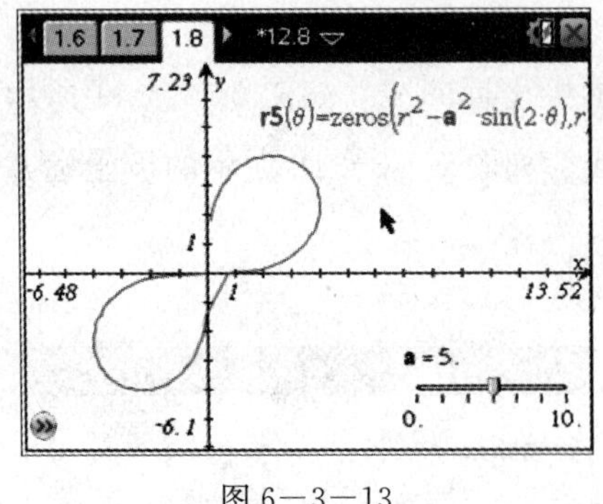

图 6－3－13

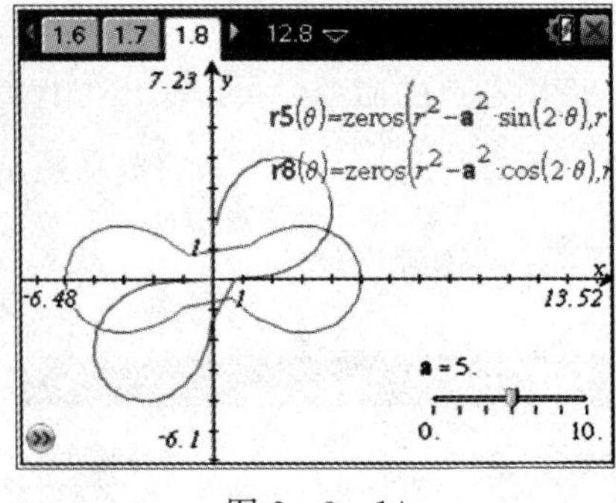

图 6－3－14

第 4 节　求圆周率

圆周率 π 等于多少呢?

这个问题有许多种答案，我们通过不同的答案，回顾圆周率的历史和经历的时期，并借助 TI 图形计算器进行相关的数学实验.

1. $\pi=\frac{c}{d}$，$\pi=\frac{S}{r^2}$：实验时期

这个答案是人类经过长期探索发现的智慧结晶.

几千年前，人们就希望通过测量直径来求圆的周长，很幸运，他们发现任意一个圆的周长与直径的比值是一个常数，这个常数被称为圆周率（现在用 π 表示），$\pi=\frac{c}{d}$是圆周率的定义.

尽管历史上早有圆周率的记载，如希腊欧几里得的《几何原本》（公元前 3 世纪），中国古算书《周髀算经》（公元前 2 世纪）等，但早期采用的圆周率，大多是通过实验得到的近似值. 比如，一块古巴比伦石匾（约产于公元前 1900 年至 1600 年）清楚地记载了圆周率＝3.125；中国古代从先秦时期开始，也取“周三径一”进行圆的有关计算，即圆周率为 3，这个时期被称为实验时期.

今天，我们用TI图形计算器的测量与计算的功能可以轻松进行数学实验，并获得这个近似值. 新建一个几何页面，作一个圆和它的半径，分别测量圆的周长 l 与半径 r，计算求得 $\frac{l}{2r}=3.141592654$，得到 π 的近似值，如图6—4—1所示；新建一个几何页面，作一个圆和它的半径，分别测量圆的面积 S 与半径 r，计算求得 $\frac{S}{r^2}=3.141592654$，得到 π 的近似值，如图 6—4—2所示.

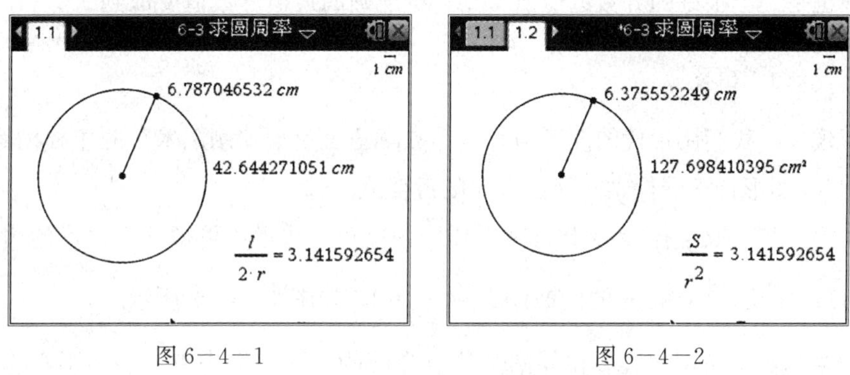

图 6—4—1　　　　图 6—4—2

显然，我们用先进的技术测得的圆周率比实验时期的准确多了.

2. $\pi=3.14$，$\pi=\frac{22}{7}$，$\pi=\frac{355}{113}$：**几何法时期**

这个答案是圆周率最常见的近似值，是用几何法算出的.

圆周率是无理数，也是计算圆的周长、面积和球的体积等问题的关键参数，实验时期的结果太粗糙了，因此引发古今中外的智者不断努力设法求出它尽量准确的近似值. 最早，发挥了突出贡献的是几何法，典型的代表是中国古代数学家刘徽和古希腊数学家阿基米德，这一时期称为几何法时期.

魏晋时期的刘徽经过深入研究，首创了用圆的内接正多边形的面积来逼近圆面积的方法：随着圆内接正多边形边数的增加，其周长与面积越来越接近圆周长和圆面积. 刘徽是中国古代最伟大的数学家之一，他的方法中隐含了现代的极限思想，他还指出“割之弥细，所失弥少，割之又割，以至于不可割，则与圆周合体而无所失矣”．这种方法称为“割圆术”，在求圆的面积的过程中，刘徽用此法算得 π 值为 3.14，这个数据的精确度是当时前所未有的，3.14 称为“徽率”．

南北朝时期的数学家祖冲之用刘徽发明的“割圆术”进一步算出精确到小数点后 7 位的圆周率的近似值，并给出两个近似分数值，分别称为密率$\frac{355}{113}$与约率$\frac{22}{7}$．祖冲之给出的 π 值的精确性，保持了近千年的历史记录，给出的密率也是一个很好的分数近似值，比它更准确的近似分数值要取到$\frac{52263}{16204}$，所以称$\frac{355}{113}$为“祖率”．

现在，我们用现代的图形与符号等数学语言呈现“割圆术”的主要内容，并用 TI 图形计算器探索几何法求 π 的近似值．

第一步，取半径 $r=1$ 作圆，并作圆内接正六边形，可得正六边形的边长 $a_1=1$，周长 $l=6a_1$，π 的近似值 $P_1=\frac{l}{2r}=3$，如图 6—4—3 所示．

第二步，在正六边形相邻两个顶点之间的圆弧上取中点，连同正六边形的 6 个顶点共得 12 个等分点，依次用线段连接各等分点，作出圆内接正十二边形，根据勾股定理和圆的相关知识，可知 $OD=\sqrt{r-\left(\frac{1}{2}a_1\right)^2}$，$DC=r-OD$，所以 $AC=\sqrt{AD^2+DC^2}$，求得正十二边形的边长 $a_2=\sqrt{2-\sqrt{4-{a_1}^2}}\approx 0.51763809020505$，周长 $l=12a_2$，π 的近似值 $P_2=\frac{l}{2r}\approx 3.1058285412303$，如图 6—4—4 所示．

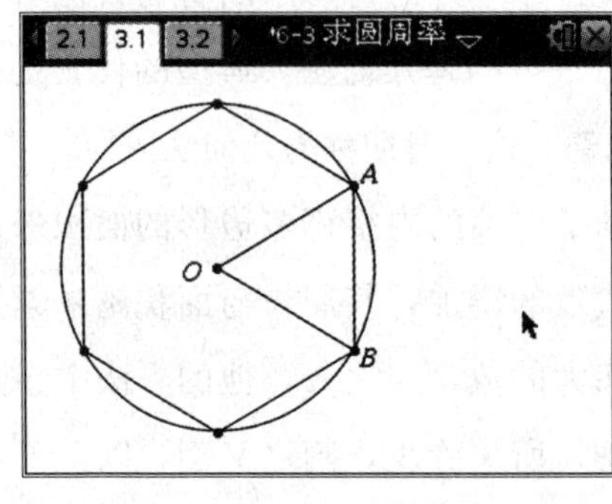

图 6—4—3

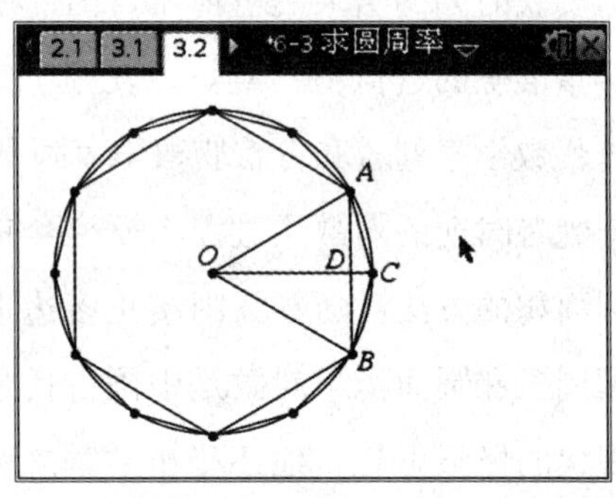

图 6—4—4

第三步，按第二步的方法，作圆内接正二十四边形，根据勾股定理和圆的相关知识，求得正二十四边形的边长 $a_3=\sqrt{2-\sqrt{4-a_2^2}}\approx 0.26105238444017$，周长 $l=24a_3$，π 的近似值 $P_3=\dfrac{l}{2r}\approx 3.1326286132821$，如此类推.

现假设已作出圆内接正 $6n$ 边形，它的边长为 a_n，$n=1$，2，3，….

仿上述方法，可得当 $n\geqslant 2$ 时，$a_n=\sqrt{2-\sqrt{4-a_{n-1}^2}}$，且 $a_1=1$.

新建一个列表与电子表格页面，根据上述递推关系式，在 A 列的列公式单元格里输入“$=\mathrm{seqgen}\left(\sqrt{2-\sqrt{4-u\,(n-1)^2}},\ n,\ u,\ \{1,\ 10\},\ \{1\},\ 1\right)$”命令生成一个序列，即可得到正 $6n$ 边形的边长数列 $\{a_n\}$；在 B 列的列公式单元格里输入“$=\mathrm{seq}(6\cdot 2^{n-1},\ n,\ 1,\ 10,\ 1)$”命令，生成边数的数列 $\{b_n\}$；在 C 列的列公式单元格里输入“=a[] * b[]/2”命令，生成 π 的近似值数列. 观察数列可以发现，算到正 96 边形时，得到的圆周率 π 的近似值达到了 3.14 精确度，如图 6—4—5 所示. 算到正 3072 边形时，得到的圆周率 π 的近似值与祖冲之得到的基本一致了，如图 6—4—6 所示.

3.1 3.2 3.3 *6-3 求圆周率

	A	B	C
=	=seqgen((2-(4-(u(	=seq(6	=a[]*b[]/2
1	1	6	3
2	0.517638090205	12	3.10582854123
3	0.26105238444	24	3.13262861328
4	0.13080625846	48	3.13935020305
5	0.065438165644	96	3.14103195089

C5 =3.1410319508931

图 6—4—5

3.1 3.2 3.3 *6-3 求圆周率

	A	B	C
=	=seqgen((2-(4-(u(	=seq(6	=a[]*b[]/2
6	0.032723463253	192	3.14145247233
7	0.016362279209	384	3.14155760805
8	0.008181208053	768	3.1415838922
9	0.004090612582	1536	3.14159046335
10	0.002045307361	3072	3.14159210614

C10 =3.1415921061352

图 6—4—6

3. $\dfrac{\pi}{4}=\sum\limits_{k=0}^{\infty}\dfrac{(-1)^k}{2k+1}$，$\dfrac{\pi^2}{6}=\sum\limits_{k=1}^{\infty}\dfrac{1}{k^2}$ 等：分析法时期

无穷乘积式、无穷连分数、无穷级数等各种 π 值表达式的出现，使得人们摆脱了“割圆术”的繁复计算，进入了分析法时期，这一时期人们开始利

用无穷级数或无穷连乘积求 π，使得 π 值的计算精度迅速提高.

(1) $\frac{\pi}{4}=4\arctan\frac{1}{5}-\arctan\frac{1}{239}$.

第一个快速算法由英国数学家梅钦提出，1706 年梅钦利用上述公式计算 π 值突破 100 位小数大关，其中 $\arctan x$ 可由泰勒级数算出.

(2) $\frac{\pi}{4}=\sum\limits_{k=0}^{\infty}\frac{(-1)^k}{2k+1}$.

展开式$\sum\limits_{k=1}^{\infty}\frac{(-1)^k}{2k+1}$是一个无穷级数，被称为莱布尼茨级数，这个级数收敛到$\frac{\pi}{4}$，因此根据以上等式，可用于求 π 的近似值.

首先，证明等式成立.

根据等比数列求和公式，得

$$\frac{1}{1+x^2}=1-x^2+x^4-\cdots+(-1)^n x^{2n}+\frac{(-1)^{n+1}x^{2n+2}}{1+x^2},$$

上式方程没有包括无穷级数，并且对任意实数 x 均成立，故方程两端从 0 到 1 积分，得

$$\frac{\pi}{4}=1-\frac{1}{3}+\frac{1}{5}-\cdots+\frac{(-1)^n}{2n+1}+(-1)^{n+1}\int_0^1\frac{x^{2n+2}}{1+x^2}\mathrm{d}x.$$

对于$|x|<1$，当$n\to\infty$时，除积分项之外的项，收敛到莱布尼茨级数，而

$\int_0^1\frac{x^{2n+2}}{1+x^2}\mathrm{d}x<\int_0^1 x^{2n+2}\mathrm{d}x=\frac{1}{2n+3}\to 0$（当 $n\to\infty$时），

所以$\frac{\pi}{4}=1-\frac{1}{3}+\frac{1}{5}-\cdots+\frac{(-1)^n}{2n+1}+\cdots$，即$\frac{\pi}{4}=\sum\limits_{k=0}^{\infty}\frac{(-1)^k}{2k+1}$.

接着，我们就可以开始计算了.

在计算器页面，因为求和计算无法实施到无穷大（用极限也无法实现），所以我们分别取 $n=100$，$n=10000$，用 $\pi\approx 4\cdot\sum\limits_{k=1}^{n}\frac{(-1)^k}{2k+1}$ 近似计算的方法估算，可以得到 π 的近似值，如图 6—4—7 所示.

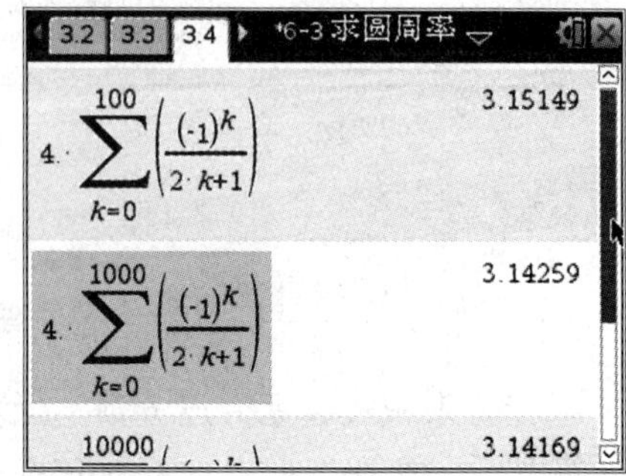

图 6—4—7

4. π **值精确到小数点后 10 万亿位：计算机时代**

电子计算机的出现使 π 值计算有了突飞猛进的发展，1950 年，里特韦斯纳、冯纽曼和梅卓普利斯利用世上首部电脑 ENIAC（Electronic Numerical Integrator And Computer），计算出 π 的 2037 个小数位，用时 70 小时. π 值的千位突破代表了计算机时代的到来. 五年后，IBMNORC（海军兵器研究计算机）只用了 13 分钟，就算出 π 的 3089 个小数位.

现在，计算圆周率的记录已经突破小数点后 10 万亿位.

德国数学史家康托曾说："历史上一个国家所算得的圆周率的准确程度，可以作为衡量这个国家当时数学发展水平的指标."直到 19 世纪初，求圆周率的值应该说是数学中的头号难题，因此也成为古代数学家们的奋斗目标. 为求得圆周率的值，一代一代的数学家为此献出了自己的智慧和劳动. 以前人们计算圆周率，是想验证它是否为有理数，但现在，人们继续把圆周率的数值算得这么精确，实际意义已经不大，主要是为了验证计算机的计算能力或只是兴趣而已.

随着数学的发展，计算圆周率的近似值的方法出现了趣味性的变化. 比如，我们可以用频率估计概率的方法，借助已知概率进行计算.

根据几何概型，向正方形内随机投一个点，这个点落在正方形的内切圆内的概率 $P=\frac{\pi}{4}$，因此 $\pi=4P$，这里的概率 P 可用随机模拟的频率进行估计.

在 TI 图形计算器中，我们用以下方法实现.

首先，添加一个页面，分成左右两栏，左边是图形页面，右边是记事本页面. 在左边的页面设置游标，标记为变量 n. 接着，添加一个列表与电子表格页面，用命令"2rand(n)−1"生成两列［−1，1］之间的随机数各 n 个，并命名为数组 xlot 和 ylot，如图 6−4−8 所示.

然后切换到图形页面，画出单位圆和与之相切的边长为 2 的正方形，分别以 xlot 和 ylot 为横、纵坐标画出散点图. 接着，切换到记事本页面，用自定义的函数 mt（n，xlot，ylot）计算点落在单位圆内的频率，并跟踪变量 n

和 π 的近似值的变化，如图 6—4—9 所示.

	A xlot	B ylot	C	D
=	=2*rand('n)-	=2*rand('n)-		
1	0.059405	-0.224191		
2	-0.451943	0.681485		
3	0.651802	-0.269456		
4	-0.496814	0.70195		
5	0.713229	0.703548		

A xlot:=2·rand('n)−1

图 6—4—8

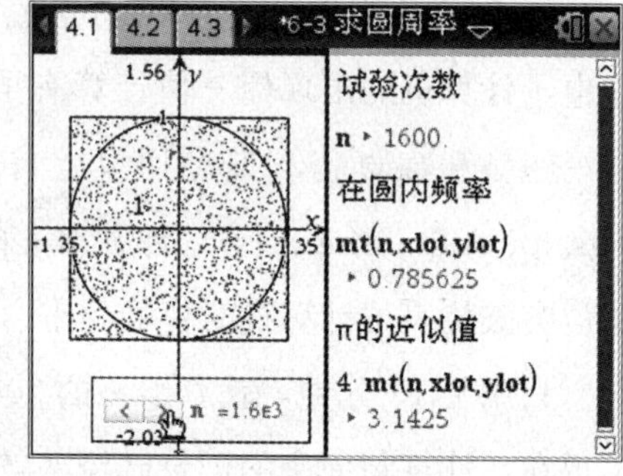

图 6—4—9

自定义函数 mt（n，xlot，ylot）的程序如图 6—4—10 所示.

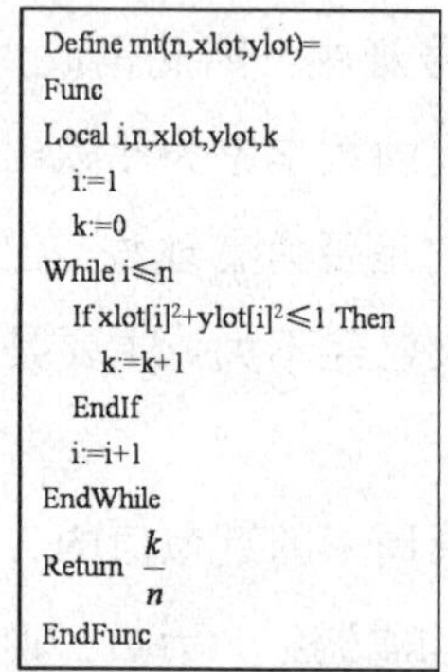

```
Define mt(n,xlot,ylot)=
Func
Local i,n,xlot,ylot,k
  i:=1
  k:=0
While i≤n
  If xlot[i]²+ylot[i]²≤1 Then
    k:=k+1
  EndIf
  i:=i+1
EndWhile
Return k/n
EndFunc
```

图 6—4—10

第 5 节　构成三角形的概率

上海市曹杨第二中学桂思铭老师曾指出技术使用的三条途径：①用传统的数学方法来解决问题，然后用技术来支持你的观点，确认结果；②用技术的方法来解决问题，然后用传统的数学方法来论证计算你的结果；③在传统的方式不能解决问题的情况下，用技术的方式来解决问题.

这对实施“指尖数学”教学，或在教研中使用手持技术均有重要的启示.

例如，有一个求概型的数学问题：随机产生 3 个给定区间 $[a, b]$ 上的正数作为三条边的长度，求这三条边能构成一个三角形的概率.

用传统的数学方法解决，一般过程如下.

设产生的 3 个数分别为 x，y，z. 不妨假设 $x \leqslant y \leqslant z$，则只要 $x+y>z$，就能构成一个三角形，上述不等式等价于 $\frac{x}{z}+\frac{y}{z}>1$. 令 $x'=\frac{x}{z}$，$y'=\frac{y}{z}$.

则问题转化为：在 $(0, 1]$ 上任取 x'，y'，求 $x'+y'>1$ 的概率.

这是几何概型，现用点 (x', y') 表示所有的试验结果，则点 (x', y') 构成了一个正方形区域，其面积 $S=1$，其中事件 $x'+y'>1$ 构成的区域面积 $S'=\frac{1}{2}$，如图 6－5－1 所示.

所以这三条边能构成一个三角形的概率 $P=\frac{S'}{S}=\frac{1}{2}$.

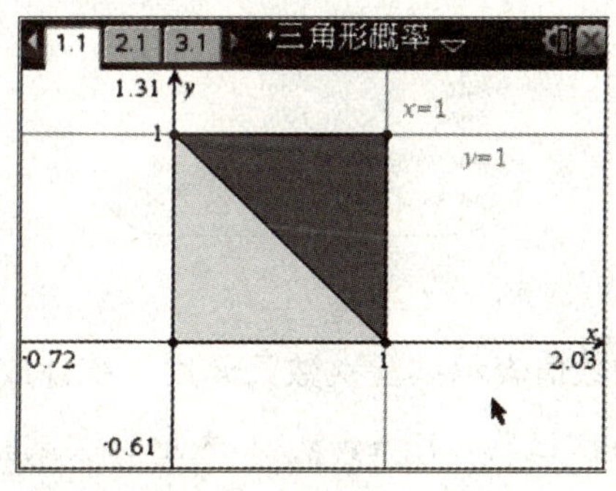

图 6－5－1

用传统的数学方法解决了问题，为了确认结果，可以用技术进行验证.

验证的理论基础是贝努里大数定律：设 n 重贝努里试验中事件 A 出现的次数（成功的次数）为 μ_n，事件 A 在每次试验中出现（成功）的概率为 P，则当 $n \to \infty$ 时，$\frac{\mu_n}{n} \to P(A)$.

由贝努里大数定律知，只要试验次数足够大，则可用试验成功的频率估计事件 A 的概率，大数定律是近年来发展迅速的随机算法和随机模拟方法的理论基础之一.

接着，设计验证的方案：给定一个区间 $[a, b]$，在这个区间上任取三个数，判断以这三个数为边长是否能构成一个三角形，用 n 表示试验次数，用 m 表示成功次数，则$\frac{m}{n}$就是成功的频率. 当 n 取比较大的数时，试验所得结果应该近似于构成一个三角形的概率.

用 TI 图形计算器进行编程，程序如图 6—5—2 所示.

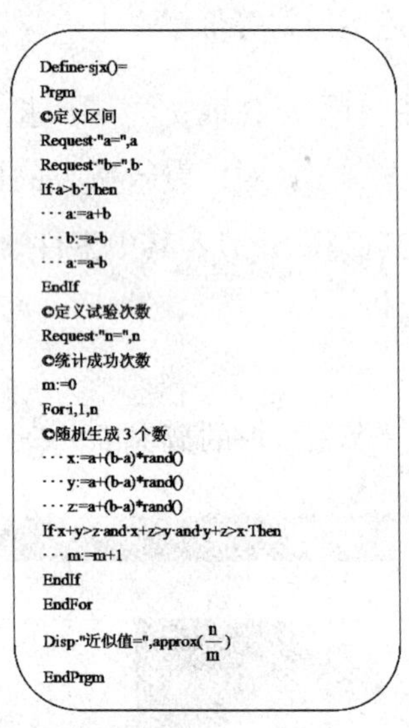

```
Define sjx()=
Prgm
©定义区间
Request "a=",a
Request "b=",b
If a>b Then
··· a:=a+b
··· b:=a-b
··· a:=a-b
EndIf
©定义试验次数
Request "n=",n
©统计成功次数
m:=0
For i,1,n
©随机生成 3 个数
··· x:=a+(b-a)*rand()
··· y:=a+(b-a)*rand()
··· z:=a+(b-a)*rand()
If x+y>z and x+z>y and y+z>x Then
··· m:=m+1
EndIf
EndFor
Disp "近似值=",approx(n/m)
EndPrgm
```

图 6—5—2

其中，输入 n 的数值表示试验次数，m 用于统计成功次数. 这里用 For…EndFor 循环重复 n 次试验，用 x，y，z 表示每次试验时，在区间 $[a, b]$ 上随机生成的三个数，用 IF…EndIf 对生成的三个数进行判断，当满足任意两边之和大于第三边时，将成功次数 m 加上 1. 最后是输出区间和试验次数以及根据随机试验的结果得到的频率（概率近似值）.

编译之后开始试验，输入 $a=0$，$b=10$，试验次数 $n=1000$，很显然，所得结果 0.487 与我们用传统数学的方法所得结论基本一致，如图 6—5—3 所示.

再做一次试验，输入 $a=2$，$b=10$，试验次数 $n=1000$，所得结果是 0.776，如图 6—5—4 所示. 这个结果偏大，看似出了些问题. 改为 $a=20$，

$b=40$，再试一次，问题依然存在，到底出了什么问题呢？

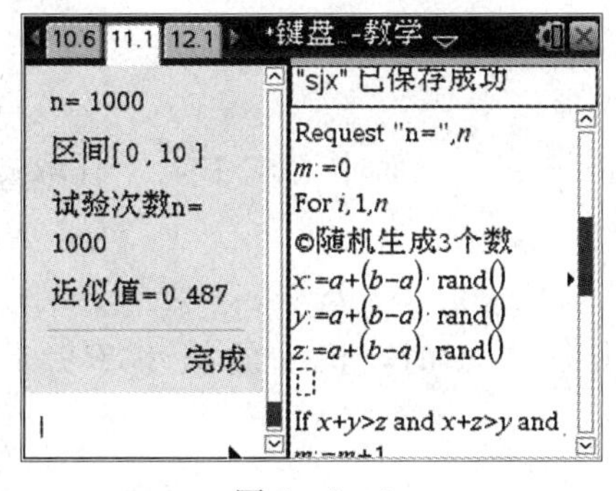

图 6—5—3

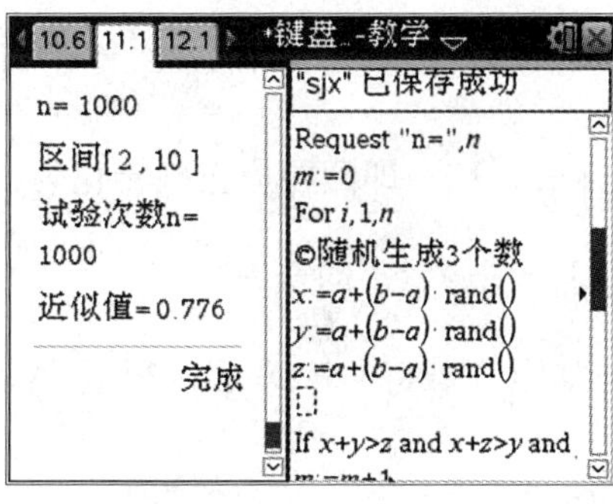

图 6—5—4

根据以往的经验，编程中的错误一般有以下四种可能：①编程中计数或程序错误；②试验次数不够，出现误差；③均匀随机数分布列出错；④数学模型的等价性有误. 这些错误原因需要逐一分析，细心排除.

第一，先排除程序中计数或程序错误，在程序中监控变量 i 和 m 的值，发现没有问题.

第二，加大试验次数，发现问题依然存在.

第三，将生成的均匀随机数 x，y 作为一个点（x，y）的坐标，在直角坐标系中描出这些点，从直观看（借助列表与电子表格、散点图），这些点确实均匀分布在（a，a），（b，b）围成的正方形中，如图 6—5—5 所示.

再将生成的所有的均匀随机数 z 汇总为一个数组，用统计的方法分析这个数组的分布，可以看出这些数确实是均匀分布在区间［a，b］上，如图 6—5—6 所示.

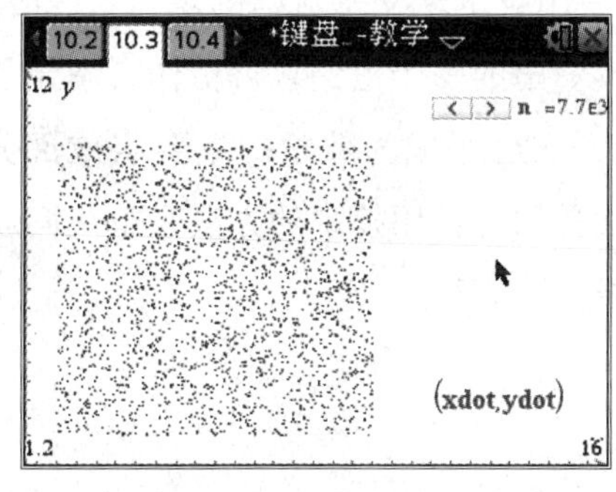

图 6—5—5

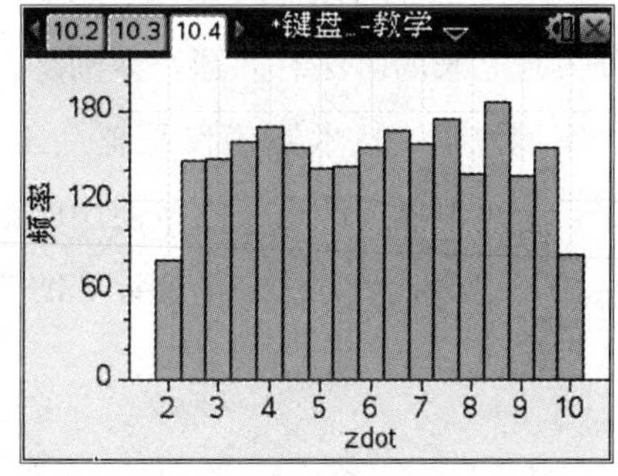

图 6—5—6

以上的分析和尝试告诉我们，数学模型的等价转化出现了问题.

事实上，在令 $x'=\frac{x}{z}$，$y'=\frac{y}{z}$时，由于 x，$z\in[a, b]$，且 $x\leqslant z$，所以 $x'\in\left[\frac{a}{b}, 1\right]$；即问题应正确转化为：在$\left[\frac{a}{b}, 1\right]$（而非（0，1]）上任取 x'，y'，求 $x'+y'>1$ 的概率.

如图 6－5－7 所示，很显然，当 $\frac{a}{b}<\frac{1}{2}$时，正确的概率 $P=1-\frac{\frac{1}{2}\left(1-2\cdot\frac{a}{b}\right)^2}{\left(1-\frac{a}{b}\right)^2}$. 该结论与 a，b 的取值有关，例如，当 $a=2$，$b=10$ 时，求得正确的概率等于 0.71875，这与技术验证相符；当然，当 $a=0$ 时，$P=\frac{1}{2}$时，与传统解法的结论一致，所以第一次验证没有发现问题.

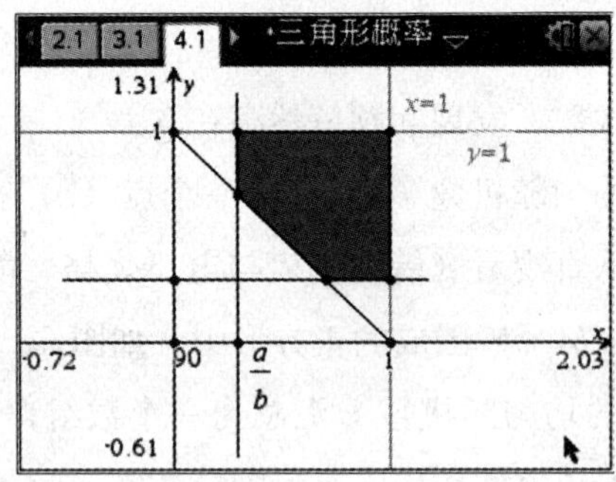

图 6－5－7

用传统的数学方法来解决问题，然后用技术来支持自己的观点，有时竟意外发现原来的解法有问题，本例是一本书中的一个范例，可惜作者解错了. 这个案例说明，技术不仅仅是辅助工具，它已经成为数学的重要组成部分. 同时，这个案例还印证了技术使用的第二种情况：用技术的方法来解决问题，然后用传统的数学方法来论证计算的结果.

参考文献

[1] 余文森. 名师的教学主张及其研究 [J]. 中小学管理，2014 (1)：57.

[2] 汪基德. 从教育信息化到信息化教育——学习《国家中长期教育改革和发展规划纲要（2010－2020年）》之体会 [J]. 电化教育研究，2011 (9)：5—10，15.

[3] 余文森. 教学主张：教师从优秀走向卓越的生长点 [J]. 中国教育报，2014年1月26日第4版.

[4] 余文森. 名师教学主张的实践研究 [J]. 新教师，2013 (10)：6—7.

[5] B. A. 苏霍姆林斯基. 给教师的建议 [M]. 杜殿坤编译. 北京：教育科学出版社，1984.

[6] B. A. 苏霍姆林斯基. 公民的诞生 [M]. 黄之瑞等译. 北京：教育科学出版社，2002.

[7] 祁靖一，阮滢. 从“起步、应用”到“融合、创新”——中央电教馆王珠珠馆长谈我国未来十年基础教育信息化工作 [J]. 中小学信息技术教育，2012 (1)：8—11.

[8] 陶行知. 陶行知全集（第三卷）[M]. 成都：四川教育出版社，1991.

[9] 徐明聪. 陶行知创造教育思想 [M]. 合肥：合肥工业大学出版社，2009.

[10] 中华人民共和国教育部制订. 普通高中数学课程标准（实验）[M]. 北京：人民教育出版社，2003.

[11] 霍华德·加德纳. 多元智能 [M]. 沈致隆译. 北京：新华出版社，2004.

[12] 伍志刚. 混合学习理论及其对计算机网络实验教学启示 [J]. 中国

现代教育装备，2007（11）：107—108.

［13］黄荣怀，周跃良，王迎．混合式学习的理论与实践［M］．高等教育出版社，2006.

［14］曹一鸣．数学实验教学模式探究［J］．课程·教材·教法，2003（1）：46—48.

［15］黄炳锋．掌握数学——TI手持信息技术支持下的数学实验［J］．福建中学数学，2008（10）.

［16］R. M. 加涅等．教学设计原理（第五版）［M］．王小明等译．上海：华东师范大学出版社，2007.

［17］黄志广，刘效梅．试论创新型人才培养的模式和途径［J］．教育与现代化，2007（4）：9—13.

［18］曹才翰，章建跃．数学教育心理学［M］．北京：北京师范大学出版社，2006.

［19］曹才翰，章建跃．中学数学教学概论［M］．北京：北京师范大学出版社，2006.

［20］Freudenthal，Hans. Didactical Phenomenology of Mathematical Structures［M］. Dordrecht：Reidel，1983.

［21］章建跃．数学·信息技术·数学教学［J］．课程·教材·教法，2012（12）：62—66，94.

［22］曹才翰，章建跃．中学数学教学概论［M］．北京：北京师范大学出版社，2008.

［23］东尼·博赞．思维导图——大脑使用说明书．张鼎昆，徐克茹译．北京：外语教学与研究出版社，2005.

［24］章建跃，朱文芳．中学数学教学心理学［M］．北京：北京教育出版社，2001.

［25］黄炳锋．关于复习课教学设计的框架结构的思考［J］．中小学数学（高中版），2013（1）.

［26］桂思铭．新的技术需要新的设计［J］．数学通报，2012（9）.

后　记

本书由福建教育学院资助出版.

本书是福建省中小学数学名师培养对象的教学主张的思考与呈现，也是福建省电化教育馆教育信息技术研究专项课题《深度融合 TI 手持技术培养学生探究能力的研究》（课题编号：KT1382）和福建省教育科学规划课题《依托数学实验培养学生探究能力的研究》（课题编号：FJJK14－572）的研究成果之一，浓缩了作者长期研究、实践、反思的成果.

本书在撰写过程中，吸收和借鉴的研究成果，大部分已在参考文献中列出，在此表示衷心的感谢，未注明的敬请谅解并致以诚挚的谢意.

由于撰写时间仓促，作者水平有限，书中难免有疏漏和不足之处，恳请专家和同行批评指正！

黄炳锋

2015 年 1 月 1 日